2015年1月27日作者摄于广西邕宁那稔潘氏宗祠

作者简介

潘世雄，男，壮族，研究员。1934年9月生，广西南宁市邕宁区百济镇桥学村屯培坡人。1956年9月至1957年9月在湖北武昌农机学校任教学辅导员，1957年9月至1962年7月就读于中央民族学院（现中央民族大学）历史系历史专业。本科毕业后被分配到广西壮族自治区博物馆工作。1962年9月至1980年5月在广西壮族自治区博物馆从事历史与文物考古工作；1980年5月奉调至广西民族研究所从事民族考古工作至今。1980年5月至1994年9月在广西民族研究所（现广西民族研究中心）工作，先后任民族学研究室主任和广西民族研究所副处级干部。1991年1月9~23日，应泰国暹罗学会邀请，随中国社会科学院出访泰国并进行学术交流，对泰国的历史、文物考古、民族、民俗、语言、文化等方面进行考察。1994年9月退休后，仍力所能及地从事有关民族史与民族考古的研究工作。2004年7月随考察团出访越南。曾被选为中国百越史研究会理事、中国古代铜鼓研究会理事、广西民族史学会理事、广西壮学会理事。

作者长期从事民族史与民族考古研究，尤其在广西民族文化、古代铜鼓、花山崖画方面颇有建树，为繁荣广西民族研究事业做出了积极贡献。已发表的学术论文有：《广西铜鼓纹饰的意义》《铜鼓入土原因论》《濮为越说——兼论濮、越人的地理分布》《水族源流初考》《"蛮"考》《花山崖壁画试探》等30多篇。其中《广西铜鼓纹饰的意义》获1984年广西社会科学研究优秀成果奖一等奖，《濮为越说——兼论濮、越人的地理分布》获1988年中国百越史研究会优秀成果奖三等奖，2005年发表的《史籍中"宜弟"之说考释——兼释广西邕宁顶蛳山新石器时代遗址肢解葬》入选四川省经济文化协会、中国经济文化丛书编纂委员会大型文集《理论·创新·发展》，并被评为优秀成果一等奖。曾参与《广西通志·民族志·水族》《壮族百科辞典·壮族古代史》条目、《广西百科全书·水族》条目的编写工作。

1. 田东南哈坡B鼓——万家坝型

2. 贵港罗泊湾10号鼓——石寨山型

3. 平南大岭鼓——冷水冲型

4. 桂平11号鼓——遵义型

5. 耕田奔马图鼓——麻江型

6. 北流垌尾鼓——北流型

7. 横县广龙鼓——灵山型

8. 柳立蛙鼓——西盟型

1. 云雷纹大铜鼓
(西汉,公元前202~公元8年;广西古代铜鼓以体型硕大、制作精美而著称。云雷纹大铜鼓出土于广西北流市,面径165厘米,重299千克,是迄今发现世界上最大的古代铜鼓,被誉为"铜鼓王")

2. 云雷纹大铜鼓上的云雷纹饰

3. 2011年10月20日,作者与夫人潘燕珍摄于广西民族博物馆

4. 北流型铜鼓之王(101号)
(2011年10月20日作者潘世雄与大女婿彭明飞、二女婿周月文、二女儿潘芳在铜鼓王前合影)

宁明花山壁画组照

1.1991年1月9～23日作者访泰合影（作者居中）

3.1991年1月9～23日作者在泰国北部清莱府近郊农村采访时与农民合影（作者居中）

2.1991年1月9～23日作者访泰留影

4.1991年1月9～23日访泰考察合影

5.2004年7月，作者随考察团出访越南，在河内越南历史博物馆内具有中国文化特点的会客厅留影

1. 1992年11月,作者在贵州省黔东南苗族侗族自治州首府凯里与凯里鼓楼合影

4. 2015年10月2日,作者摄于广西三江侗族鼓楼前

2. 1992年11月,作者在贵州凯里苗寨与铜鼓合影

5. 2015年10月3日,作者摄于广西三江侗族程阳风雨桥前

3. 2015年10月2日,作者考察广西三江侗族鼓楼

6. 广西三江侗族程阳风雨桥

1. 2010年9月11日作者摄于广西横县伏波庙

2. 2010年9月11日作者与广西横县伏波庙管理人员交流

3. 2010年9月11日作者与外孙周星龙在广西横县伏波庙合影

4. 广西防城港市伏波文化公园

5. 广西防城港市伏波文化公园

6. 广西防城港市伏波文化公园

广西南丹县白裤瑶砍牛送葬打铜鼓（潘新民摄于 2014 年 3 月 19 日）

铜鼓新论

潘世雄 著

科学出版社
北京

内 容 简 介

本书是潘世雄先生广西民族史与民族考古研究工作50年重要研究成果的集中反映。由于学界对于铜鼓的纹饰含义、铜鼓在历史上的作用及其用法、铜鼓的铸造和族属等诸多问题缺乏系统、全面的分析研究，因而目前所得出之结论，不免有片面不足之处。为了更好地说明问题，本书就铜鼓的分类、分期、形制、年代、纹饰意义、历史作用、铸造技术、铸造地点和族属等问题分十二章进行论述，彰显了作者在广西铜鼓研究与民族考古方面的学术造诣，比较完整地反映了其对广西铜鼓发展史与民族考古学的基本看法和新观点，对研究和认识广西古代社会发展状况及其特殊性具有重要的价值。

本书适合历史学、民族学、考古学等相关专业师生和专家学者参考阅读。

图书在版编目（CIP）数据

铜鼓新论 / 潘世雄著. —北京：科学出版社，2023.10
ISBN 978-7-03-075927-6

Ⅰ.①铜… Ⅱ.①潘… Ⅲ.①铜鼓—研究—广西 Ⅳ.① K875.54

中国国家版本馆 CIP 数据核字（2023）第 113495 号

责任编辑：胡文俊 雷 英 / 责任校对：邹慧卿
责任印制：赵 博 / 封面设计：文物出版社印刷厂有限公司

科学出版社 出版
北京东黄城根北街16号
邮政编码：100717
http://www.sciencep.com
北京厚诚则铭印刷科技有限公司印刷
科学出版社发行 各地新华书店经销

*

2023年10月第 一 版　开本：720×1000　1/16
2024年 8 月第二次印刷　印张：20 1/2 插页：4
字数：420 000
定价：128.00元
（如有印装质量问题，我社负责调换）

序

潘世雄先生早我两年大学毕业，被分配到广西壮族自治区博物馆工作，我毕业回到广西，也被分配到这个单位，同样被安排在广西壮族自治区博物馆文物考古组，因而与他成为同事。我们不但一起工作，而且有将近10年时间是住在同一平房屋檐下的邻居。他生活简朴，为人和善，办事认真，对学术研究孜孜以求，常发异论，让人难忘。

潘世雄先生是广西邕宁百济镇靠近灵山县边境山区之人，1957年考入中央民族学院历史系，1962年毕业，回到广西，从事民族历史考古研究工作。他在广西壮族自治区博物馆工作期间参加过文物普查和考古发掘。1965年桂林地区文物普查时与我同行，先在桂林市区练兵，后下到桂林地区所属各县。在桂林市区的调查结束后，他被分配到荔浦组，我被分配到兴安组。兴安工作进展较顺利，先完成；荔浦工作困难较多，进展较慢。我在兴安普查完后被调去荔浦支援，又与他在一起。荔浦的汉晋墓很多，我们花了三个多月测绘下来，总共有七千多座。这些古墓大都有明显的封土堆，密密麻麻，一群一群地散布在各个乡镇的山岭上，有时一座小土岭就有十几个。为了掌握古墓分布的确切状况，我们把这些古墓一座一座地测绘在图纸上。一副平板测量仪最少要由两个人掌握，一个人看平板仪，另一个人扛着标杆一个山头一个山头地跑。他年纪比我大，按道理应该由他掌握平板仪，我拿标杆去找目标。但是他说他不会闭眼，瞄不准准星，看不清仪器上的实间格。于是只好换过来，由我掌握平板仪，他拿标杆。每见一个封土堆，他就扛着标杆跑过去，立在封土堆最高处，让我测绘。待我测绘好，他就跑到另一个封土堆上，竖起标杆，又定定地站在那里让我测绘。这样下来，一天要跑好几个甚至十几个山头，做几十个测绘点。那时正逢盛夏，他扶着标杆立于山头，在烈日下暴晒，脚背起泡，又渴又累，没有怨言。

他参加过合浦望牛岭汉墓的发掘，但因不是学田野考古出身的，没有挖墓的经验，去了三天找不到墓边。他参加的最重要的田野考古工作是北流铜石岭冶铜遗址的发掘。这是一处东汉到南朝时期的采铜冶铜遗址，留有采矿坑，地面到处散布着废矿石、炼渣、残风管。他亲自下到废弃的矿坑寻找遗物，观察每一处发掘现象，考察是否与铸造铜鼓有关。他费尽心力，把一只残破的炼炉发掘并复原出来，这件炼炉后来成为文物展览的珍贵展品。

潘世雄先生的主要精力放在民族文物的调查研究上，他对广西古代崖洞葬和左江岩画都有专门研究。1980年前后他就到左右江流域调查崖洞葬，1984年又陪四川省民族研究所专门研究古代崖洞葬的专家陈明芳女士去大新、平果考察。攀藤附葛，登山钻洞，翻岩棺、找遗骨，不避艰辛，写下《对岩葬几个问题的探讨》《广西平果县、大新县岩葬调查及探讨》等论文。1985年广西壮族自治区人民政府组织左江流域崖壁画考察团，他任先遣队副队长，赴崇左、天等等地调查，做了很多崖壁画资料搜集工作，撰写了《花山崖壁画试探》等论文。

潘世雄先生研究民族文物，对铜鼓情有独钟。他很早就注意对铜鼓资料的搜集，到博物馆的第二年（1963年）参加文物普查时，到都安瑶族自治县大兴、下坳、板升、七百弄等乡镇看到许多铜鼓，就多方访问，留心观察，把它们记录下来。为此还学会了制作铜鼓纹饰拓片。为筹备全国首次铜鼓学术讨论会，1979~1980年，广西壮族自治区博物馆组织人员对全国馆藏铜鼓进行调查，并搜集整理铜鼓文献资料，他和黄增庆先生负责对铜鼓历史文献的搜集，从浩繁的历史文献中爬梳摘抄有关铜鼓的资料，辑成了3万多字的《古代铜鼓历史资料》，同时为古代铜鼓学术讨论会撰写了论文《广西铜鼓纹饰的意义》。

他善于观察，勤于思考。比如在研究铜鼓的起源时，为了探究铜釜与铜鼓如何区别，他参观贵州省博物馆时亲手将一面类似铜鼓的B型铜釜用绳索穿系一耳悬挂起来，来回晃动，釜腹一端与釜口一端始终平衡，从而证明此件铜釜应是可供悬挂起来敲击的铜鼓。对于铜鼓各部位的观察，他捕捉到冷水冲型铜鼓腰部的半环小耳和腹腔内的半环小耳，认为其与铜鼓的制音和助音有关。他对北流型、灵山型铜鼓背面的铲削痕仔细观察推考，认为是铜鼓铸成后调音的结果。他还善于利用各种机会搜集资料，连平时看电视也不放过。比如他看中央电视台《探索与发现》栏目时，看到傣族象脚鼓与古代小型陶鼓形制相似就记下来，运用到探索铜鼓起源课题上去。他对红水河流域蚂蜗节所用的青蛙做了专门考察，把这些青蛙抓来，看小青蛙从头部至腰部的中线有一条绿色彩线，这种青蛙发育长大后彩线自然消失，就变成"田鸡"了。蚂蜗节所用青蛙实是幼小的田鸡，壮侗语称为"蛤"。使用铜鼓的民族对铜鼓的瘞藏和启用都很讲究，有烦琐的仪式，为了探索铜鼓瘞藏和启用仪式，他于1983年春节特意跑到田林县和木柄瑶群众一起过年。为了了解红水河流域壮族蚂蜗节使用铜鼓的详细情况，他于春节期间亲临东兰，参与蚂蜗节的全过程。

潘世雄先生在调离广西壮族自治区博物馆前就对我说，他在写一本铜鼓专著，已写到5万多字。调到广西民族研究所后他继续撰写，直到退休还没写完，慢工出细活，年过八十，终成正果，写出了20万言的《铜鼓新论》。

《铜鼓新论》与一般专著不同，它是按专题设章节的，每章一论，甚至是每节一论，都有一个中心主题，包括铜鼓的类别与分布、铜鼓的年代和历史分期、铜鼓的历史作用、铜鼓纹饰的含义、铜鼓的音乐性能、铜鼓的族属等，明确清晰。

关于铜鼓的起源，他主张起源于铜釜说。铜鼓的本名应追溯至铸作铜鼓和使用铜鼓的民族语言。关于铜鼓沉瘞原因，他论证是进行铜鼓卜，即"卜鼓祈年求丰收"的结果，因此他认为铜鼓的主要作用就是"制雷求雨保丰收"。对广西铜鼓的分类他也与众不同，分为骆越铜鼓和俚僚铜鼓两个类型，每个类型又分为早、中、晚三期。总之，他的言论不步别人后尘，不炒旧饭，发前人所未发之论，这些都是"新论"。

我读《铜鼓新论》，发现很多前所未闻的观点，得到许多新信息，受到许多新启发。

作为铜鼓研究学者，我推荐这本铜鼓专著，此为序。

蒋延瑜

2018年11月5日

于南宁铜鼓书屋

自　序

我在广西从事民族史与民族考古研究50多年，因为业务所需，陆陆续续地写了一些相关的论文，大约有30多篇，同时还写了一些科普性的学术短文。已发表的与铜鼓有关的主要代表性学术论文有：《广西铜鼓纹饰的意义》《铜鼓入土原因论》《铜鼓的音乐性能》《"取钗击鼓"探原》《关于铜鼓起源问题的探索》《"马式"铜鼓考》《铜鼓的本名》《铜鼓在历史上的作用》《也谈夜郎族属问题》《壮族源流问题浅识》《濮为越说——兼论濮、越人的地理分布》《花山崖壁画试探》《铜鼓卜丰年（壮、瑶族风俗）》《壮族铜鼓舞》《说"壮"》《"蛮"考》《岳（蜂鼓）》等。

铜鼓研究和族裔源流是我在广西从事有关民族史与民族考古研究工作的重点。在学术研究中注重对铜鼓的研究，以民族学资料为依据，打开铜鼓文化之门，在铜鼓文化研究上可以说是独树一帜。我在铜鼓方面的意见也是与众不同的，主要体现在以下几方面。

1. 铜鼓方面

（1）《广西铜鼓纹饰的意义》，文载《古代铜鼓学术讨论会论文集》，文物出版社，1982年。

在该文中，我以大量的民族学、历史学、考古学资料，对广西铜鼓上25种较主要的花纹做了解释，阐明铜鼓素为南方民族祈雨求丰收之用器，与农业生产有着密切的关系，较系统地说明了铜鼓在历史上的作用为"祈雨求丰收"；当然还有娱乐作用，集中地体现在铜鼓是乐器，古时多用于赛神娱乐及卜鼓祈年求丰收。突破了他人谓"铜鼓为重器，是统治阶级权力象征"之说，从而否定了在铜鼓学界颇为流行的所谓"权威论"。1984年《广西铜鼓纹饰的意义》获广西社会科学研究优秀成果奖一等奖。

（2）《铜鼓的音乐性能》，文载《中国音乐》1982年第4期。

对南方特有的云雷纹、钱纹铜鼓鼓面底壁中心常有的呈扇形的凿铲角和羽人纹铜鼓鼓胸、鼓脚内壁相对两边常有的半环小耳装置，多数人不知所解。我国著名的铜鼓专家中央民族大学闻宥教授在其《古铜鼓图录》中亦谓，此凿铲角是偶然出现的，没有什么意义。我在《铜鼓的音乐性能》中从考古学和音乐学方面论证，上述铜鼓的扇形凿铲角是有意造作的，属于南方铜鼓特有的音乐设施之一。这一点，现已为铜鼓学人所注意。该文从考古上论证此凿铲角及半环小耳属音乐方面的设施，从而有效地说明铜鼓就是乐器之一种，非本质上为"重器"。

（3）《铜鼓入土原因论》，文载《广西民族研究》1985年第2期。

《岭外代答》在提到交趾人来广西买铜鼓后复埋于山时说："未知其何义也。"这始终是个谜。我首次提出"铜鼓卜"的问题，并以壮、瑶族的铜鼓卜丰年资料为据，阐明了铜鼓入土的主要原因，改变了近三十年来提出的种种说法（战争论、酋位继承论、防火防盗论等），从而否定了自近代以来学者们对南方铜鼓入土问题所做的种种猜测。该文刊出后，广西《普法园地》1986年第2期曾转载。

（4）《"取钗击鼓"探原》，文载《中国铜鼓研究会第二次学术讨论会论文集》，文物出版社，1986年。

自晋代裴渊在《广州记》中述"取钗击鼓"一语以来，直至清代一千多年，史不绝书，但对其中的"为什么"，却无人问津。该文以民族学材料为依据对该问题做了说明，从广西壮、瑶族现有关于"取钗击鼓"风俗出发，阐明古人的"取钗击鼓"意在祈求铜鼓之神佑我长春（佑我头发不白，保我青春），这在铜鼓研究上是一个突破。对此，学者们是认同的。

（5）《关于铜鼓起源问题的探索》，文载《广西民族研究》1987年第4期。

目前关于铜鼓起源的意见有五种：革鼓说、錞于说、象脚鼓说、土鼓说、铜釜说。而以铜釜说影响最大。该文从铜釜耳的位置、铜鼓耳的位置和各型铜釜的容量论证铜釜说所提之云南万家坝Ⅰ型铜釜和贵州赫章B型铜釜都不是铜釜，而是铜鼓——是南方铜鼓之中最早期的作品，并以南方新石器时代特有的敞口型陶釜及其在社会生活中的作用和我国古代"五行"学说的影响为据，阐明铜鼓产生于原始敞口型陶釜，从根本上提出了与铜釜论截然不同的观点。

（6）《铜鼓的本名》，文载《民族学报（第七辑）》，民族出版社，2009年。

文中论证了我国南方铜鼓的"铜鼓"一名，始见于《后汉书·马援列传》。而据考证，我国南方铜鼓的早期作品在西周晚期至春秋初期（公元前900～前700年）就已经问世，比《后汉书·马援列传》的"铜鼓"之称早约800年。在这长长的800年中，我国南方铜鼓在名称上叫什么？这是个值得探索的问题。经多方调查证实，广西和云南文山壮族苗族自治州壮语对南方铜鼓都发"冉"音。广西地区出版社出版的各地方志对南方铜鼓也记作"冉"（阿冉）音，今从之。这"冉"音应读如ŋien^{31}（下同）。经调查了解，贵州黔南布依语对铜鼓叫作"年"，贵州三都水语对铜鼓叫作"年"或"念"。从民族语的读音上说，上述的"年""念"音实为壮语"冉"音的同音异译。据研究，壮侗语族中之"冉"（含"年""念"音），原意为"日"。《辞海》[①]说"日即太阳"。可知壮侗语族中之"冉"（含"年""念"音）指的是"太阳"。而壮侗语族中之"冉"（含"年""念"音）是壮侗语族就南方铜鼓鼓面中心处均有个醒目的太阳纹而言［如鼓面中心处无太阳纹，则此鼓就不能叫作"冉"，只能叫作"广"（粤音，指一般的革鼓）］。故壮侗语族中之"冉"（含"年""念"音）应意译为"太阳鼓"。因此，我国南方铜鼓除尚无纹饰的早期铜鼓外，不论是何种类型，鼓面中心处均有个醒目的太阳纹图案。这是我国南方铜鼓的特点，也是壮侗语族叫铜鼓为"冉"（含"年""念"音）的来源和依据。

此外，在铜鼓研究上，已写出的专题论文还有《铜鼓沉瘗探原》《"马式"铜鼓考》《铜鼓在历史上的作用》《广西铜鼓的类别和分布》《铜鼓的形制与历史分期》《广西铜鼓的断代》等篇，计5万余字。

2. 壮族、百越族史方面

（1）《对广西壮族源流问题的探讨》，文载《百越史研究论文集》

[①] 《辞海》编辑委员会：《辞海》（缩印本），上海辞书出版社，1979年。本书所引《辞海》内容，除做特殊说明外，均引自此版。

1980年第一辑，后收录于《岭外壮族汇考》，广西民族出版社，1989年，第99～116页。

该文首次对"骆越"一词进行破译，认为骆即"麓"，骆田即麓田，骆越即"垦食麓田的人"之义。说明骆越人不是仅分布于越南的古代县郡，而是遍布于整个岭南地区。因为整个岭南地区历来都是平原少而山地多，山麓间的麓田很多。此一解释，在壮族－百越史中尚属首次，因而在学术界颇有影响，至今有些同志在其关于越史的论著中仍有引用。

（2）《濮为越说——兼论濮、越人的地理分布》，文载《中南民族学院学报》1986年增刊号（"百越源流研究专辑"）。

该文首次对百濮之"濮"进行破译，认为濮为古越语人称冠词，也可作"人"字解，与越同义，从而说明濮与越一也。我以壮语为工具对"濮"字进行解释，并使用地名学资料去解决历史悬案问题，学者们普遍认为这在史学上尚属首次。该文先对濮、越两词做解释，认为濮、越的含义相同，都是"人"字之义，所以该民族在历史上时而称濮，时而称越；后以历史、民族、地名、考古资料论证濮、越人有同一的文化和地域，从而说明濮与越一也。此一论述学者们颇感兴趣，所以该文曾被提为第三届百越会大会宣讲论文之一（注：在第三届百越会上，被提为大会宣讲论文的有二，一为云南民族研究所汪宁生教授写的《濮越不同源》，另一为该文）。此两文的论点成为该届百越会大会小会议论的中心，在百越学界中影响较大。1988年《濮为越说——兼论濮、越人的地理分布》获中国百越史研究会优秀成果奖三等奖。

（3）《也谈夜郎族属问题》，为1982年第三届百越会论文之一，文载《中央民族学院学报（哲学社会科学版）》1988年第5期。

该文从历史、考古、语言、地名、人名诸方面论证贵州古夜郎就是"越骆"的谐音，夜郎就是越骆。这一论述在夜郎－百越史中尚属首次。此说对贵州水族学界有所影响。贵州《水家学研究通讯》1991年第二期中曾谓"潘从历史、考古、语言、地名、人名诸方面资料论证水族来源古夜郎，原来夜郎就是越骆，也就是骆越。潘提出的问题值得我们认真探讨"。

（4）《壮族源流问题浅识》，文载《广西民族研究》1989年第3期。

该文是《对广西壮族源流问题的探讨》的修改稿，文中对俚僚的

在第三届百越学术讨论会上的广西籍同志（前排左一为笔者）

作者在国际百越文化学术讨论会上宣读论文（1992年11月11～14日，在贵州省黔东南苗族侗族自治州首府凯里市举行了国际百越文化学术讨论会暨贵州省侗学学会年会）

"俚"字做了脱胎换骨的修改，对"西瓯"也做了较大的补充。文中对古代的"俚"有二解：一指山沟，即壮话"浬"音的谐音；二指旱地，即史书上常有的"荔"字的谐音，是因古俚人垦耕山间旱地而得名。与其前面之骆越（垦食麓田）基本相同，所以俚僚为骆越之后称。

3. 民族考古方面

（1）《花山崖壁画试探》，文载《广西民族研究参考资料》1981年第一辑，该文为拙著《揭广西崖画之谜》的一部分。

该文首次在国内提出"镇水论"之说（即认为花山与左江洪水有关），并就花山的意义、时代、花山在左江地区出现的必然性、花山的族属诸问题做了讨论。文章刊出后颇有影响，"崖壁画与左江水患有关论"之论点为不少学者所注意。水利部珠江水利委员会西江局的同志曾肯定了这一论点，他们认为我在花山崖画中提出的"镇水论"之说是对的，除广西左江地区外，国内外其他地区也有此现象。为此，广西西江局的学者曾于1983年3月邀请我引导他们到有崖画的左江各县做考察，着重要本人阐明"镇水论"的种种依据，并表示拟将此论点反映到他们正在编写的《西江水利史》一书中。

（2）《岳（蜂鼓）》，文载《民族音乐》1982年第一辑。

该文论证了蜂鼓的历史渊源，文中对岳的名称、源流和作用做了说明。"岳"为壮语对蜂鼓的物称。岳是广西师公剧的主要乐器。此种岳应是古代土鼓之一种，《周礼》已有记载，说明"岳"这种乐器源远流长。

（3）《"蛮"考》，1992年写给中国百越民族史研究会的学术论文《苗侗文坛》（1992年），后被载于《追忆与传承》一书中（该书为广西民族问题研究中心成立50周年纪念文集，广西民族出版社，2013年）。

文中引《毛诗·小雅·采芑》的话说："蠢尔蛮荆，大邦为仇……征伐玁狁，蛮荆来威。"1979年版《辞海·荆蛮》说："荆蛮即楚，周人敌视楚国的称呼。"历史表明，我国商周时期，周人忙于对付南侵的玁狁。正在这个时候，不意南方的大国楚国竟无视周国的存在，敢于"来威"于周，使周国处于南北受敌的境地，处境非常难堪。在无可奈何的情况下，周人遂将楚的族称"蠻荆"从虫写成"蛮荆"——"蠻"字从虫，且有贬义，源出于此。历史表明，我国民族史中的"南蛮"一词中的"蛮"字，原写作"䜌"，不从虫，也无贬义。后来，"䜌"字之所以被从虫写成"蛮"字，乃是周人敌视楚人引起的结果。可见，"南蛮"一词原是指湖北境内的"蛮荆"。

不幸的是，秦末汉初，原秦之残余将领赵佗在岭南的番禺（今广州）自立"南越国"，自尊为"南越武帝"，并自号为"蛮夷大长"。故自是以后，"南蛮"一词便被从湖北转移到岭南的两广地区，尤其是广西，所以中国的蒙学经典《幼学琼林·地舆》就说："贵州省近蛮方，自古名为黔地。"在这里面，最早自称"蛮"的就是"南越国"的赵佗。在时代上，始于西汉初的"南越国"，至今已有两千多年历史（详见《史记·南越传》）。

关于《"蛮"考》，吴寿钦在《考辨"吴"与"蛮荆"》一文（刊于《吴文化》《无锡盟讯》2007年4月）中提到，广西学者潘世雄先生的《"蛮"考》一文结语很有见地，说："'蛮'字原写作'䜌'，读lun音，这是古越语'人'称的汉译，为一越义汉音之词，不从虫，也无贬义。后来的'䜌'字之所以被从虫写作'蛮'，读man音，且有贬义，乃因周人对楚人的敌视引起的结果。'蛮'字既是古越语'人'称的汉译，则蛮的族系自当与越有关，史称'蛮亦称越'（按：《史记索隐·吴太伯世家第一》：'蛮者闽也，南夷之名，蛮亦称越'）是也。她是我国南方壮侗语族诸民族的先民。"周人称楚人为"蛮荆"，始于《毛诗·采芑》郑玄笺中提到的"周宣王"时代，因《采芑》有"蛮荆来威"句，才有"蛮荆"词出现，且"甲骨文未见著录，而在周秦时期的金文出现较多……蛮字原（都）写作'䜌'，是对我国北方、西方和东方古代民族的泛称"（笔者注：上述《逨盘》亦周宣王时物，只提楚荆，不作蛮荆）。

（4）《史籍中"宜弟"之说考释——兼释广西邕宁顶蛳山新石器时代遗址肢解葬》，文载《广西民族研究》2004年第4期。

我国史籍中关于南方越人"食人"和"宜弟"之说，首见于战国《墨子》一书。该书在卷十三《鲁问》篇中说："楚之南，有啖人之国者桥。"同书《节葬》篇中又说："昔者越之东，有輆沭之国者，其长子生，则解而食之，谓之宜弟"。我国无数的历史、考古、民族学资料表明，上述之南越人的所谓"解而食之，谓之宜弟"之说，原为我国南方各地越人及其后裔对不幸夭折的孩子的一种葬俗，在考古学上叫"割体葬仪"。

《墨子》不了解这方面的实情，误以为这是南方越人果真有一种"食人"风俗。这种看法和说法当然是绝对错的。我的小文2005年已选入四川省经济文化协会、中国经济文化丛书编纂委员会大型文集《理论·创新·发展》，并被评为优秀成果一等奖。

回顾我在广西壮族自治区博物馆民族考古研究工作时（1962年9月～1980年5月），能重视前人的经验，但又不为其所束缚，在考古实践中，能发挥独立思考和独创精神，终于走出了在石山地区考古找山坡遗址的新路。在以往的田野考古中，人们都认为石山地区只有洞穴遗址，没有山坡遗址，所以石山地区考古一般人只查山洞，不查山坡台地，故很少发现山坡遗址。1966年5月在广西全州县考古时，我开创性地打破了这一常规，考古中既调查山洞，又调查山坡台地，结果发现了很多山坡遗址。时任考古队长蒋廷瑜同志（广西壮族自治区博物馆前馆长）将此经验推广到各分组去，各分组也发现了不少山坡遗址。至今，这一工作方法已为博物馆同志所采纳。

在民族文物考古中，我常将考古材料与民族学、历史学资料相结合，彼此印证，互相补充，最后再提出个人意见。在历史研究上也是如此，对历史上的问题常将它与考古学、民族学、语言学资料相结合，互相印证补充，再提出个人意见。能全面看问题，不放过任何一个细节，在充分占有资料的基础上，敢于提出自己的不同意见，敢于对他人的不同观点进行反驳，如对铜鼓、对岩洞葬的研究也是这样。

在这几十年的铜鼓研究和族裔源流的研究过程中，限于当时的资料收集和思想条件，本人也曾发表一些不成熟的意见，但对我国民族史中曾有过的一些"冤、假、错案"，本人从不人云亦云，以讹传讹。而是在有充分证据的原则下，敢于提出自己的不同意见，以图纠正历史上的误点。敢于走前人未走过的路，敢于提出自己的不同意见和新观点，这些都是与众不同的。总之，能独立走路，不步他人的后尘。我想，这正是在中华民族文化大家庭里，百花齐放、百家争鸣的学术体现和魅力之所在。

我曾经撰写过一则联语:
"不受尘埃半点侵,
竹篱旁舍自甘心;
千古骚人共画士,
踏雪寻梅说到今。"
这正是我的大部分人生写照。

2017 年 11 月 30 日

前 言

铜鼓是中国南方古代民族具有代表性的文化遗物。我国南方铜鼓主要分布于华南的桂粤琼和西南的滇黔川六省（自治区）。在东南亚地区也有发现，这也反映了中国南方民族与东南亚民族间自古以来就有密切的文化联系。

铜鼓是中国古代一种打击乐器，已有2000多年的历史，以广西所见数量最多，分布最广。最初铜鼓是作炊器之用（即釜），后来才演变为敲击乐器。据裴渊《广州记》和刘恂《岭表录异》云，壮族铜鼓有的"面阔丈余"，有的"厚（仅）二分以外"，"其身遍有虫鱼花草之状（纹饰）"，制作极其精巧。1979~1980年，在全国开展铜鼓的收集工作，得到国内60余家铜鼓收藏单位的支持。至1982年，全国各地已发现并收藏于文化部门中的铜鼓已达1400多面，铜鼓之多为世界之冠。

1898年德国人A.B.迈尔和W.富瓦在所著《东南亚的青铜鼓》一书中，首先将52面铜鼓分为六类。1902年奥地利人弗朗茨·黑格尔（Franz Heger）发表了《东南亚古代金属鼓》，书中将收集的165面铜鼓划分为四个基本型和三个过渡型，始创铜鼓四型分类之说，为铜鼓学研究奠定了初步基础。其说影响较大，但因划分标准不够确切，更加偏重形式，缺点也很明显。1949年中华人民共和国成立后，我国学者根据铜鼓的形态、纹饰、出土地点和标准器重新进行分类，并用标型分类与综合分类相结合的方法，首次将其划分为万家坝型、石寨山型、冷水冲型、遵义型、麻江型、北流型、灵山型、西盟型这八个类型，并于1980年按此分类，编印出《中国古代铜鼓实测·记录资料汇编》。对铜鼓的演变过程，本人也提出了自己的看法，认为最早的原始形态的铜鼓形似倒置的铜釜，铜鼓的鼓面上还有烟火烧过的痕迹。因此可以说，原始铜鼓是由铜釜演变而来的。出土于云南万家坝的原始铜鼓，可能是迄今所见最早的铜鼓，其产生年代约是公元前 8～前 5 世纪，万家坝是我国铜鼓的发源地。西盟型铜鼓时代最晚，为 8～20 世纪，大部分见于云南省的西盟山区，故名。这种铜鼓在唐朝流行于中国的西南边境和缅甸一带。广西北流市六靖镇出土的北流型 101 号铜鼓是世界上迄今所知最大的一面铜鼓，被誉为"铜鼓之王"。铜鼓广泛流传于我国壮、瑶、苗、彝、侗、水、布依、黎、佤等少数民族聚居地区。其中万家坝型、石寨山型、冷水冲型、遵义型及麻江型铜鼓不仅流行时代明确，流行地域广泛，而且基本涵盖西南民族分布地区。壮族先民所铸铜鼓主要为北流型、灵山型和冷水冲型三种。

根据铜鼓流行时代、形制风格、纹饰和工艺特点的差异，铜鼓的基本类型可分为八个，即万家坝型、石寨山型、冷水冲型、遵义型、麻江型、北流型、灵山型、西盟型（图 1～图 8）。各类型铜鼓的形态特征分别如下。

1. 万家坝型铜鼓

以云南楚雄万家坝春秋战国古墓出土的一批原始形态铜鼓为代表。

图 1　万家坝型铜鼓（南哈坡 A 鼓）

这类铜鼓体型与鼓面较小，鼓胸膨胀，鼓足短，足径大，体型小而略扁；器壁浑厚，器表粗糙，或通体无纹，或装饰简朴的花纹。流行年代约为春秋初至战国早期（公元前 8～前 5 世纪），主要分布于云南省中部偏西地区。濮人与骆越人是此类型铜鼓的铸造与使用者。此外，在广西西部、越南西北部和泰国北部也有此型铜鼓发现（图 1）。

2. 石寨山型铜鼓

以云南省晋宁县（今昆明市晋宁区）石寨山出土的铜鼓为代表。它由万家坝型铜鼓演变而成，鼓身增高，鼓面增宽并饰以翔鹭纹、船纹、羽人舞蹈纹等纹饰。从云南广南、西畴、文山、麻栗坡，广西百色、隆林、西林出土的铜鼓，都属石寨山型，其时代都在汉代。滇、夜郎、句町、骆越等民族是石寨山型铜鼓的铸造者和使用者。1976 年出土于广西贵县罗泊湾西汉墓（公元前 206～公元 25 年）的罗泊湾 10 号铜鼓是石寨山型，鼓面主晕是翔鹭纹，所以也称翔鹭纹铜鼓，保存完好，纹饰清晰，图案精美，是石寨山型晚期的代表作。该鼓高36.5、面径56.5厘米，现藏于广西壮族自治区博物馆（图2）。

3. 冷水冲型铜鼓

以广西藤县蒙江镇新城村冷水冲出土的铜鼓为代表。这类铜鼓体型高大轻薄，鼓面宽大但不出沿或稍出沿，纹饰丰富。鼓面中心太阳纹基本固定为十二芒，鼓面、鼓身除了太阳纹、变形羽人纹、变形翔鹭纹，鼓胸有船纹或变形船纹外，鼓面边缘还有立体青蛙、水禽、骑马、牛橇、鸟、龟等塑像，立体装饰丰富。冷水冲型铜鼓是从句町、骆越的石寨山型铜鼓发展而来的，还带有较多石寨山型铜鼓的特点。流行年代约为东汉初至北宋年间（1~12世纪）。两晋南北朝至隋时期流行的铜鼓应以冷水冲型铜鼓为主（图3），其间也不乏灵山型和北流型铜鼓。

图2　石寨山型铜鼓
（罗泊湾10号鼓）

图3　冷水冲型铜鼓（古竹鼓）

4. 遵义型铜鼓

以贵州省遵义市南宋播州安抚使杨粲夫妇墓出土的铜鼓为代表。这类铜鼓的鼓面边缘已无青蛙塑像，但有蛙趾装饰。鼓胸至腰际逐渐收缩，没有明显的分界线。纹饰简单。部分遵义型铜鼓与冷水冲晚期鼓比较接近，是冷水冲型向麻江型发展的过渡形态。流行于宋元时期（10~14世纪）（图4）。

图4　遵义型铜鼓（桂平11号鼓）

5. 麻江型铜鼓

以贵州省麻江县谷硐火车站一座古墓中出土的铜鼓为代表。这类铜鼓的特点是鼓型扁矮而小，鼓面略小于鼓胸，腰中部起凸棱一道，胸部有大跨度的扁耳两对。纹饰配以十二生肖纹、旗（幡）纹，或饰复杂的符箓纹，均较常见。铸造年代为南宋至清（12~19世纪），宋代壮人主要使用早期麻江型铜鼓，现代壮、瑶、苗、彝等民族仍在使用。现代壮族使用的铜鼓，除极个别为冷水冲型铜鼓之外，绝大多数是麻江型铜鼓①（图5）。

图5 麻江型铜鼓
1. 耕田奔马图鼓　2. 粤164（新34）号鼓

6. 北流型铜鼓

以广西北流市出土的铜鼓为代表。这类铜鼓以高大著称，其特点是体形厚重硕大，通体饰精细的云雷纹，鼓面边缘的四足青蛙塑像小而朴实，太阳纹以8芒居多。鼓耳结实，多为圆茎环耳。鼓面大于鼓身，鼓面边缘伸出鼓胸之外，部分北流型铜鼓的边缘下折，形成"垂檐"。原存广西北流市六靖镇水埇（冲）庵的云雷纹大铜鼓被誉为"铜鼓之王"（馆藏品中编为101号），其面径最大者达165厘米，残重299千克；最小的北流型铜鼓面径也超过50厘米，还有很多铜鼓面径超过100厘米。北流型铜鼓流行年代为东汉至唐代（1~8世纪），主要分布于桂东南、粤西南地区以及海南，尤其以广西北流、广东信宜一带为中心。它的分布区正是乌浒-

---

① 蒋廷瑜：《壮族铜鼓研究》，广西人民出版社，2005年。

俚人活动的区域，因此，铸造和使用此类铜鼓的民族是古代骆越及其后裔乌浒－俚人（图6）。

图6 北流型铜鼓
1. 北流垌尾鼓 2. 五铢鼓

7. 灵山型铜鼓

以广西灵山县出土的铜鼓为代表。形制与北流型相似，外观高大厚重，但鼓胸圆，鼓面所饰蟾塑像多为后两腿并拢为一的"三足蟾"，有的青蛙背上又有小青蛙，即成"累蹲蛙"，且蛙背上有纹饰。有些鼓的鼓耳下方接近鼓足处还饰牛、羊、鸟等动物塑像。灵山型铜鼓边沿突出较小，无"垂檐"现象。灵山型铜鼓最大的一面是1993年广西玉林沙田乡六龙村莲塘坪出土者，鼓面径为133.5厘米，与北流型铜鼓相比略逊一筹。流行年代是东汉末年至唐、五代（3～10世纪），主要分布中心是广西灵山县及与之毗邻的横县和浦北县，也是晋、南朝至唐代乌浒－俚人活动的区域，因此，乌浒－俚人为此型铜鼓的铸造者和使用者（图7）。

图7 灵山型铜鼓（横县广龙鼓）

8. 西盟型铜鼓

以云南西盟地区流传和使用的铜鼓命名。形制高瘦但器壁薄，鼓身近乎直筒形，纹饰有雷纹、鸟、鱼、团花、栉纹、米粒等，鼓面常见二三累蹲蟾饰，有的鼓身还有纵列的象、田螺等雕刻。铸造年代约为唐中期至清末（8～20世纪），至今云南西南部少数民族仍在使用。蒋廷瑜先生在《壮族铜鼓研究》一书中提到，源于灵山型、冷水冲型的西盟型先声，此类型铜鼓后来沿中越边境向西传播，在今缅甸境内发展成为真正的西盟型铜鼓。据缅甸记载，缅甸的铜鼓铸造技术是10世纪从中国广西壮族传去的（图8）。

图8 西盟型铜鼓（柳立蛙鼓）

广西发现铜鼓的类型比较齐全，在中国境内已发现的8个类型（北流型、灵山型、西盟型、万家坝型、石寨山型、冷水冲型、遵义型、麻江型）广西都有发现。发现的类型如此之多，实为中国之最。据不完全统计，广西各级文物部门收集保存的铜鼓有610面之多。广西北流市六靖镇出土了目前世界上最大的铜鼓，号称"铜鼓之王"，在古铜鼓分类上被命名为粤系"北流型"（甲型），现存于广西壮族自治区博物馆。

铜鼓的铸造工艺精密，运用了陶范分铸、失蜡和夹垫铸造等方法，并通过修整和定音，使之外观、纹饰和音响都能达到预期的效果。因此，鼓体轻薄匀称，形态浑厚，合金比例适当，其音质雄浑、厚重，音色粗犷洪亮，鼓声大者可达数里之外。已流传两千多年的铜鼓打击所发出的浑厚悠扬的声响，令人震撼。

铜鼓的用途很广。在古代，铜鼓多用于祭神或节日喜庆活动。在祭神时，铜鼓是神圣的法器，有专门的鼓手和专门的鼓点。在节日里，铜鼓是打击乐器，铿锵的鼓点激起人们的节日热情。征战时，铜鼓是号令士兵的指挥工具，是振奋士气的精神支柱。在战时击鼓集众，作为军乐，指挥战阵；当某一部落首领取得多数铜鼓后，这就成了他拥有统治权威和珍贵财富的象征。平时在喜庆、丧葬、祭祀、娱乐等场合，铜鼓作为一般乐器使用。

我国铜鼓有三种：一是中原商代铜鼓，二是东北铜鼓，三是南方铜鼓。本书所要论述的是南方铜鼓。

第一，关于"铜鼓的本名"，前人未曾提过，我是第一个提出这个问题的。我觉得这个问题很值得探讨。

"铜鼓"一名始见于《后汉书·马援列传》，是汉称，它与木鼓、皮鼓、土鼓之称一样，只反映鼓的用料，并未表明鼓的性质和用途。很明显，"铜鼓"之称并非首铸铜鼓的民族给铜鼓所起的名称。

对铜鼓，壮侗语族诸语言和其他民族语另有别称，其中，广西壮语叫铜鼓为"冉"（单音词，读 ŋien³¹）、贵州布依语称铜鼓为"年"（nen²），水语对铜鼓叫作"年"（nien¹），也有称"念"（na：n¹）者。"念"与"年"音极相近，"念"应为"年"的同音异译。瑶语对"铜鼓"的发音与壮语的发音基本相同，都称"冉"，只是瑶语的发音较壮语低而短促。瑶语的"冉"含有"太阳、太阳鼓"之义，故瑶语对铜鼓称"冉"。苗语呼铜鼓为"鸟挂"（niau² kua⁶）。"鸟挂"一词为苗语铜与鼓的合称。侗族称铜鼓为"仲冬"。黎语称"铜"为"冬"，称"鼓"为"浪"，铜鼓本可称为"冬浪"。彝语对铜鼓的叫法有地域之别，四川凉山彝语叫"吉普古则"，意为"打铜鼓响四方"；贵州的彝语叫"济普古则"，"古则"是鼓，"济普"即"洪亮的音响"，"济普古则"即"声震四方的鼓"。云南傣语对铜鼓叫作"广蛤"。

泰国泰语称这类鼓为"玛贺腊特"，意为"巨响鼓"①。另一类，泰语称为"晃蛤"，晃为"鼓"，蛤为"青蛙"（田鸡），直译为"鼓蛙"，意译为"蛙鼓"，这是对分布于泰北各地鼓面边缘有蛙饰的西盟型铜鼓而言的。缅甸掸语称铜鼓为"巴栖"（Pa zi，一作"巴齐""发西"），意为"蛙鼓"。老挝寮语称铜鼓为"晃邦"，"晃"即鼓，"邦"为铜，"晃邦"即"铜鼓"之义。越南京语对铜鼓有 Trống—Dônò（铜鼓）之称。

史称"俚僚铸铜鼓"，而俚僚为骆越人在汉魏至唐宋时期的别称，是壮族、布依族和水族的先民，是则壮语、布依语和水语应系古骆越－俚僚语的延续，其对铜鼓之称应是首铸铜鼓的骆越－俚僚人对铜鼓之称的反映，故壮语、布依语和水语对铜鼓之称应视为南方铜鼓之本名。今壮

---

① 中国古代铜鼓研究会、广西壮族自治区博物馆：《铜鼓研究资料选译》（四），广西壮族自治区博物馆，1980年，第34页。

语、布依语、水语对铜鼓之称，语言较相近，其含义应是相同的，它反映了南方铜鼓的性质和用途。

第二，关于铜鼓的类别及其地理分布。根据铜鼓本身的形制特点并结合南方百越民族的历史，我国南方铜鼓可分为骆越、俚僚和掸傣三种类型。

骆越铜鼓始见于《后汉书·马援列传》，这是南方铜鼓的传统型，分布于我国云南、广西、贵州、四川及东南亚的越南、老挝和泰国东北部、南部。

俚僚类铜鼓与骆越类实为一个类型，只因历史上曾一再提到"俚僚铜鼓"，且该类型铜鼓在造型及纹饰上与传统的骆越类铜鼓有很大的差别，为将研究与历史记载相衔接，故将俚僚铜鼓从骆越类中分出。这类铜鼓主要分布于岭南两广和海南地区。

对掸族的源流，史学界意见分歧较大，多数学者认为古掸人为我国傣族、泰国泰族和缅甸掸族的先民，但也有些人对此持否定态度，认为古掸人只与缅甸掸族有关，与我国傣族无关。我认为前一种意见是对的。为回顾历史和民族现状，这里以"掸傣"称之，包括我国傣族、缅甸掸族和泰国泰族。掸傣类铜鼓分布于我国云南西南部傣族、佤族地区，缅甸的东南部，泰国的西北部。

第三，关于各类铜鼓的发展分期及其基本特征。

（1）骆越类。

早期　用红铜铸造，体型较小，鼓面特别小，通体无纹饰，胸腰间左右两边有片耳，至早期后段鼓面中心处太阳纹光体多出现饼形凸块。

中期　青铜铸造，鼓胸发达，鼓面小于鼓身，鼓面中心出现多芒太阳纹，中期中段鼓面边沿处有立体蛙饰。

晚期　鼓面边缘无青蛙塑像，鼓胸至腰际逐渐收缩，腰中部起凸棱一道，胸部有大跨度的扁耳两对。纹饰以十二生肖纹、旗（幡）纹或符箓纹为常见。

（2）俚僚类。

早期　鼓身较直，鼓面大于鼓身，通体饰四出钱纹，鼓面边沿饰六蛙，蛙为三足，间有蟒蛙。鼓身左右两边有片耳一对。

中期　鼓身较直，鼓面大于鼓身，体形硕大，通体饰云雷纹，鼓面边沿饰四、六、八蛙，鼓身左右两边有圆条耳一对。

晚期　晚期的小铜鼓鼓身较平直，鼓面多以道家画符为饰，并饰汉铭文。

（3）掸傣类。

早期　鼓面大于鼓身，鼓脚不外侈。鼓面边沿多饰片蛙四组，有些有媾蛙，鼓身左右两边各有两片耳，合缝线下端有立体田螺饰和大象饰。

晚期　鼓身合缝线下端田螺、大象饰消失。

第四，关于各类铜鼓的断代。

（1）骆越类。

早期　春秋初期至战国中期。

中期　西汉初至唐代。

晚期　宋代至晚清。

（2）俚僚类。

早期　东汉晚期至三国时代。

中期　两晋至南北朝。

晚期　宋代至晚清。

（3）掸傣类。

早期　唐代［唐代以"骠国（古缅甸的前身）进乐，玉螺铜鼓"为准］。

晚期　清代至近代。

第五，关于铜鼓的族属问题。

关于铜鼓的族属说法不一，一般以铜鼓分布地区的古代民族和纹饰上所反映的社会生活习尚两相对比，看和哪个民族比较相近，作为判断铜鼓族属的重要标准。研究的结果大体是："万家坝-石寨山型"同古代的濮人、越人及其后裔楚人和僚人有密切的关系；"冷水冲-北流和灵山型"和南方地区的百越及其后裔乌浒人、俚僚人有密切的关系；至于时代较晚的铜鼓，不同于古代，大概12世纪以后，其族属主要是壮族、布依族、侗族、水族、黎族、傣族等。此外，或是苗族、瑶族，或是土家族和彝族、白族等，所有这些民族使用的铜鼓一直沿用至今。

目　　录

序 ·· i
自序 ··· v
前言 ··· xv

第一章　广西铜鼓的类别和分布 ··· 1
第二章　铜鼓的历史分期及其形制 ··· 11
　　　　一、早、中期：骆越铜鼓的形制 ····································· 12
　　　　二、中期：俚僚铜鼓的形制 ·· 13
　　　　三、晚期：骆越铜鼓的形制 ·· 19
第三章　广西铜鼓的年代 ·· 21
第四章　铜鼓的铸造技术及其用法 ··· 30
第五章　铜鼓的本名 ·· 41
　　　　一、东南亚国家的情况 ·· 42
　　　　二、国内南方西南方少数民族的情况 ····························· 45
　　　　三、国史中的铜鼓本名 ·· 59
　　　　四、结语 ··· 59
第六章　铜鼓的主要纹饰含义 ··· 61
第七章　铜鼓的音乐性能 ·· 81
第八章　铜鼓在历史上的作用 ··· 87
　　　　一、卜鼓祈年 ·· 87
　　　　二、娱乐作用 ·· 93
　　　　三、压邪保平安 ··· 94
　　　　四、其他作用 ·· 97

第九章　铜鼓源于帝尧之土鼓——关于铜鼓起源问题的再探 ……100
　　一、铜鼓之制与"濒海饶湿"无关 …… 101
　　二、錞于与铜鼓形制不同、时代亦异 …… 106
　　三、鼓乎？釜乎？ …… 109
　　四、林邦存先生的土鼓与南方铜鼓无渊源关系 …… 122
　　五、铜鼓源于帝尧之土鼓 …… 124

第十章　铜鼓沉瘗探原 …… 144

第十一章　关于铜鼓的铸造地点和族属问题 …… 174
第一节　铜鼓的铸造地点和族属问题 …… 174
　　一、铜鼓的铸造地点 …… 174
　　二、铜鼓的族属问题 …… 185
第二节　关于百濮与百越关系的讨论：濮为越说——兼论濮、越人的地理分布 …… 188
　　一、语言学资料 …… 189
　　二、历史学材料 …… 191
　　三、地名学资料 …… 194
　　四、民族学资料 …… 196
　　五、考古学资料 …… 198
第三节　关于南蛮与百越关系的讨论：蛮为越说 …… 201
　　一、"蛮"字的由来 …… 201
　　二、"蛮"字的含义 …… 202
　　三、蛮人的族属问题 …… 205
第四节　关于西瓯与骆越关系的讨论：西瓯即骆越也 …… 206
　　一、夜郎族属进一言——兼论骆越及其人的分布问题 …… 206
　　二、壮族源流问题浅识 …… 212
　　三、说"壮" …… 225

第十二章　杂论 …… 236
第一节　"取钗击鼓"探原 …… 236
第二节　"马式"铜鼓考 …… 240
第三节　铜鼓卜丰年（壮、瑶族风俗） …… 249
第四节　壮族铜鼓舞 …… 259

第五节　花山再探——论左江崖画 ······················· 269
第六节　岳（蜂鼓）······························· 285
　　一、名称 ······································ 285
　　二、有关岳鼓的史料及其产生的历史年代 ················· 287
　　三、岳鼓的地理分布 ······························ 290
　　四、岳鼓在历史上的作用 ··························· 291
　　五、岳鼓的族属问题 ······························ 292
后记 ··· 293

第一章　广西铜鼓的类别和分布

广西铜鼓依其在造型和纹饰上的差异可分为以船纹、鹤纹、羽人纹为主导纹饰的骆越铜鼓和以马纹、钱纹、云雷纹为主导纹饰的俚僚铜鼓两个类型。

各类铜鼓的名称是以历史的记录为根据的。《后汉书·马援列传》说：东汉初年，马援奉命南征，"于交阯得骆越铜鼓，乃铸为马式"。这是骆越铜鼓在历史上最早的记录。这里，由于"交阯"和"骆越铜鼓"紧密联系在一起，故"交阯"一地并非指交趾一郡，而是和骆越民族的分布地区一致。当年马援所得的骆越铜鼓外观究竟如何，今人不得而知。但东汉以后在岭南西部骆越族地区发现的铜鼓较多，并且都具有以船纹、鹤纹和羽人纹为主导纹饰这一共同特征。有这些纹饰的铜鼓与当年马援所得的骆越铜鼓当为同类，为骆越族人民所创制，是骆越族地区社会文化遗物的代表。故我们将这类有船纹、鹤纹和羽人纹等主导纹饰的铜鼓称为"骆越铜鼓"。可以看出，骆越铜鼓上少数民族的花纹图案比较丰富，历史渊源较久远，艺术水平较高，历史分期也较明显，在广西铜鼓中始终居于主体的地位。

至于俚僚铜鼓，根据鼓形和纹饰特点并结合历史记载推论，它是由骆越铜鼓的中期分支发展起来的，属于骆越铜鼓的派生物，故其较早期的鼓较多地保留有中期骆越铜鼓纹饰的特征，所异者唯于鼓面蟾饰之间加饰马匹和骑乘纹饰（以下简称为"马饰"）而已。《后汉书》卷五十四："裴氏《广州记》曰：'狸獠铸铜为鼓，鼓唯高大为贵，面阔丈余。'"[1]《南史·欧阳頠传》载："钦南征夷獠，禽陈文彻，所获不可胜计，大献铜

---

[1] "狸獠"是历史上中原汉人对周边少数民族的一种蔑称。史书中多以带"犭"的字称呼周边少数民族，如"狸""獠""獞"等本书常引之民族，以及"狆""猺""狑""狄""犵""獠""狪""㺐""獚"等，下文不一一赘述。

鼓，累代所无。"《隋书·地理志》也说："自岭已南二十余郡……并铸铜为大鼓。"历史证明，俚僚族人民是"面阔丈余"的大铜鼓的制造者，但俚僚族所制造的大铜鼓纹饰特点如何，这点历史上没有提到。就今广西所见铜鼓的体型而言，骆越一类铜鼓面径多为70厘米左右，重35～40千克，属于中小型铜鼓之列，而云雷纹铜鼓的体型最大，面径常在1米以上，最大者竟达165厘米，残重299千克，被称为"铜鼓王"；钱纹铜鼓次之，面径常在80～120厘米。俚僚与骆越族有密切的关系，是汉以后骆越族的别称，其地皆在桂东南地区（包括广东西南部），和具有中原地区汉族纹饰的钱纹、雷纹铜鼓的分布地区相同。根据历史记载，"乌浒"和"俚僚"是骆越族在东汉以后相继出现的族称，是骆越族的后裔[1]，自古以来就生息繁衍在桂南、桂东南地区和粤西南地区[2]，和上述雷纹铜鼓的分布地区相同，由此可见，历史上所称"累代所无"的"面阔丈余"的大铜鼓指的就是雷纹铜鼓。这些铜鼓是俚僚族人民所铸造的，是俚僚族的社会文化遗物，所以我们将这类铜鼓称为俚僚铜鼓。

（1）至于马纹铜鼓及其与其他纹饰铜鼓的关系问题，有学者认为，马纹铜鼓是骆越铜鼓的典型，是古代广西少数民族统治者"崇尚勇武精神"的一种表现[3]。笔者不同意这个看法。从广西壮族语言、有关民族史料和考古材料诸方面看（这方面材料将在后面一章提到），马纹铜鼓为东汉初年马援征交趾后出现的遗物（图1-1）。东汉以后，由于中原地区比较混乱，由其他地方来到广西的汉族人民增多了，骆越族人民和汉族人民相接触的机会也多了，他们不满足于已有的马纹铜鼓，于是进而采用具有东汉汉文化特征的四出五铢钱纹装饰铜鼓，继而采用远比钱纹更早

---

[1] 《壮族简史》编写组、《壮族简史》修订本编写组：《壮族简史》，民族出版社，2008年，第12页。

[2] 《后汉书·南蛮传》载："灵帝建宁三年，郁林太守谷永以恩信招降乌浒人十余万内属，皆受冠带，开置七县。"又说："光和元年，交阯，合浦乌浒蛮反叛。"《南史·荀匠传》载："梁天监元年，其兄（荀）斐为郁林太守，征俚贼。"《太平御览》载："《南州异物志》曰：交广之界，民曰乌浒。东界在广州之南，交州之北。"又说："广州南有贼曰俚。此贼在广州之南，苍梧、郁林、合浦、宁浦（今广西横州）、高凉（今广东阳江）五郡中央，地方数千里。"《太平寰宇记》载："又郡连山数百里，有里人，皆以乌浒诸夷……"

[3] 洪声：《广西古代铜鼓研究》，《考古学报》1974年第1期。

的在商周时代流行过的雷纹装饰铜鼓。可见马纹铜鼓是俚僚铜鼓的一种，是俚僚铜鼓的前驱。如前所说，由于俚僚族为骆越族的后裔，故俚僚一类铜鼓实为骆越铜鼓的一种，是骆越铜鼓的继续和发展。到了中期和晚期，骆越铜鼓的纹饰特征渐行消失，更多地吸收了中原地区汉代和商周时期的纹饰特征。从这点上看，由于这些铜鼓是骆越族人民和汉族人民接触并接受了汉文化之后出现的产物，俚僚一类铜鼓可被称为"汉铜鼓"或"越汉铜鼓"。但因为这类铜鼓是俚僚族人民铸造的，且其形制与原骆越铜鼓有较大的差别，故称"俚僚铜鼓"为宜。为便于区别和研究，我们将这类有马饰、钱纹和雷纹的铜鼓称为俚僚铜鼓。俚僚铜鼓是越汉两族人民在政治和文化上交流融合的结果，是越汉两族人民团结合作的象征。

图 1-1 麻江型铜鼓鼓胸上的马纹
（蒋廷瑜摄）

从历史上看，伏波将军马援性酷爱马，东汉初期，他奉命南征交趾，得骆越铜鼓，于是令骆越族铸鼓工匠新铸（或在所得的骆越铜鼓之上加铸）有自己所喜爱的马匹和骑乘纹饰的铜鼓，以记战功（图1-2）。这是马饰铜鼓出现的原因，也是马援

图 1-2 鸡公山鼓上的骑士塑像
（蒋廷瑜摄）

征交趾，得骆越铜鼓"乃铸为马式"的特征和遗物之一（对于这一点，下章将详述）。其后，即在东汉以后，由于中原地区战乱频繁，南方地区较为安定，中原汉族人民南迁来广西的不少，他们经由番禺沿西江逆江而上来到广西，首先定居于广西的东南部（包括广东之西南部），其后发展至广西南部。原来居住在这些地区的骆越族（汉以后称为"俚僚"）人民在和北来的汉族人民接触以后，接受了汉族的先进文化，自然而然地汉化了，这是古代广西民族大融合的一例。这些北来的汉族人民以及汉化了的俚僚族人民感到先前的马饰铜鼓反映的只是骆越族的文化生活和马援本人的生活爱好，不具有普遍的中原汉族文化特征，于是摒弃过去的骆越铜鼓的旧框架，新铸了具有中原地区汉族文化特征的铜鼓。首先是采用具有汉代特征的五铢钱纹和四出五铢钱纹，继而又揣摩商周时代的某些纹饰装饰铜鼓。由于中原地区曾有过"雷鼓"一类鼎物，加之当时南方铜鼓的主要作用是制雷祈雨保丰收，更由于当时南方铜鼓盛极一时，故所铸之鼓"唯高大为贵"①，一些古色斑斓而声音响亮的大铜鼓尤其贵重。时人采用了商周时代的云雷纹饰，并将鼓铸造得特别大且厚重，目的是使所成之鼓更具有"雷鼓"和"天鼓"的特征，更能显示出中原地区先进的生产技术水平。

有学者从云雷纹饰上考虑，认为雷纹是商周时代青铜器上的主导纹饰，故将有雷纹的铜鼓列为甲型鼓，认为这是西周时期的遗物②。笔者以为这种看法值得商讨：第一，按照洪声的说法，商周时代中原地区有钟鼎彝器，广西地区有"面阔丈余"的巨型（雷纹）铜鼓，则广西地区的社会经济较之中原地区实有过之而无不及。像这样的情况，笔者以为是不可想象的。根据民族史学界的考证，广西壮族地区到战国时期才开始进入青铜器时代，在这以前的商周时代显然是处于原始社会形态的③。第二，纹饰问题。应该看到，中原地区商周时代青铜器上的主导纹饰是饕餮纹，次为夔纹和窃曲纹，至于雷纹则是作为衬托形式出现的，并且多

---

① 《后汉书》卷五十四："裴氏《广州记》曰：'狸獠铸铜为鼓，鼓唯高大为贵。'"
② 洪声：《广西古代铜鼓研究》，《考古学报》1974年第1期。
③ 《壮族简史》编写组、《壮族简史》修订本编写组：《壮族简史》，民族出版社，2008年，第二章。

是方雷纹，圆雷纹很少，更没有将方、圆雷纹并饰于同一器物或同一器物的晕圈之上的。而雷纹铜鼓则不然，铜鼓上的雷纹是主导纹饰，且多为圆雷纹，并有将方、圆雷纹同饰于一鼓上甚至是同一铜鼓的晕圈之上的情况。这种在形式和使用上的变异情况，说明云雷纹铜鼓上的雷纹纹饰已非商周时物，而是后人为了将有关铜鼓做出雷鼓特征及迎合某些人的玩古需要而仿造的。第三，规律问题。一般事物的发展规律都是由简到繁，由粗到细，由小到大的。铜鼓也不例外。而洪声所说的情况就不是这样了。为避开这个矛盾，自圆其说，洪声在《广西古代铜鼓研究》中提出了一个"萌芽期"问题。然而，连洪声本人也认为这只是一种设想，缺乏事实根据。既然如此，那是不能说明问题的。

（2）各类铜鼓的地理分布有一定的规律性。例如，大、中型铜鼓，不论其是何种类型，皆为出土之物，一般多发现于村落之旁或近郊，一般的小型铜鼓多为传世品。骆越铜鼓分布的地区较广，大抵广西各地都有所发现，但以桂西、桂西南、桂西北和桂中地区为多，另外，与桂西相邻的云南东部、西南部地区和国外的越南北部地区以至缅甸、泰国东北部地区也有发现。俚僚铜鼓分布的地区比较窄小，多发现于桂东南部和南部地区，与桂东南地区为邻的广东西南部地区也有发现。

（3）广西铜鼓的分布情形和广西古代民族的分布情况是一致的。根据民族史学界的考证，古代的广西和广东的西南部地区（包括越南北部地区）皆为古骆越、西瓯族的聚居区，但对骆越族、西瓯族的地理分布，历史上则少有提到。迄今为止，民族史学界多认为古代的岭南西部地区为"百越"族系中的骆越和西瓯两个部落所居，从而认为广西的壮族来源于骆越和西瓯[①]。本书不是讨论广西壮族源流问题，但因此问题与铜鼓的分布和族属有关，所以也不能不于此简述一下。上述之"二元论"论点，由来已久，有相当的影响，好多人都接受了这一论点。过去，受这个论点所影响，笔者也曾一度认为古代岭南西部地区有骆越和西瓯两个部落，广西的壮族来源于骆越和西瓯，并在此基础上进一步认为秦平南越后所设立的象郡为骆越族所居，桂林郡为西瓯族所居；其后，象郡的骆越族发展成为操南壮方言的壮族和与南壮方言比较接近的北傣语支

---

① 《壮族简史》编写组：《壮族简史》，广西人民出版社，1980年，第8页。

各民族（傣族、布依族），桂林郡的西瓯族发展成为操北壮方言的壮族和与北壮方言比较接近的侗水语支各民族（侗族、水族、仫佬族、毛南族）。但在后来，当笔者进一步核实史料并与民族语言结合在一块考虑之后，觉得这个"二元论"论点是不对的，于是笔者不仅否定了他人的意见，也否定了自己先前的意见。笔者认为古代的岭南西部地区根本不存在骆越和西瓯两个并存的部落实体，只有骆越族一个部落，没有西瓯族，西瓯族只不过是骆越族的另一个族称而已。广西的壮族只来源于骆越族一个部落，不是来源于骆越和西瓯；后来，由于历史和地理的原因，骆越族发展成为壮侗语族各民族（侗水语支的侗族、水族、仫佬族、毛南族，北傣语支的壮族、布依族，傣族黎语支的黎族）。

根据秦代的象郡、桂林郡郡界的区划和广西壮语南北方言区的分界，以及"骆""乌浒""俚僚"等古越语语音与南壮方言比较接近，笔者认为秦平南越后所设立的象郡为骆越族地区，桂林郡为西瓯族地区；骆越族向前发展成为以后操南壮方言的壮族和与南北壮族方言较接近的壮傣语支各民族，西瓯族则发展成为操北壮方言的壮族和与北壮方言较接近的侗水语支各民族。但因为骆越、西瓯族都是岭南西部地区的越人，故在通常情况下，它们彼此之间常被混称，各种族称又常因时而异。

从民族语言方面看，考西瓯族的"瓯"字，所有"瓯""骆"及在汉以后出现的"乌浒""俚僚"皆为古越语的读音①。根据历史记载，"俚"和"僚"常是并称的，并且是相通的。"骆"与"僚"是同音义的。古代的越族地区社会比较落后（对于先进的汉族而言），只存民族语言而无民族文字，因此其他民族（主要是汉族）对越族的称谓只好以其语言中的某个特点为代表，由于"瓯"音在越族人的生活中用得最多而且普遍，久而久之，"瓯"音就自然而然地成了其他民族对越族称谓的代词，如称

---

① 今广西壮语，不论是南壮方言还是北壮方言，仍普遍操此语言。其音义相当于汉语中的"要东西"的"要"字，如说"要饭"（盛饭、装饭）为"瓯苟"（南壮）、"瓯厚"（北壮）；"不要"为"昧瓯"。南壮方言谓"收割稻子"也叫"瓯苟"，"讨媳妇"叫作"瓯僚"。

东方的越人为"欧（瓯）人"[1]，或混称为"瓯骆"[2]、"越沤"[3]、"且瓯"（瓯）[4]、"沤（瓯）深"[5]，西方的越人为"瓯邓"[6]。后来，大概是因为这样的称谓过于"混杂不清"，才将族称和民族所在的地理方位结合起来，将居于东边的越人称为"东越"[7]或"东瓯"[8]，同样，将居于西边（岭南西部地区）的越人（骆越）称为"西越"[9]（虽然在历史上无这个族称，但笔者认为这应该是有的）或"西瓯"，笔者认为这完全是有可能的。征之历史，《史记索隐·南越尉佗列传》说："交趾九真二郡，即瓯骆也。"如交趾、九真二郡，历史上均为骆越族所居，是骆越族分布的地区之一。但史籍上也有将它写成西瓯族的情况。《史记·南越列传》足证骆越、西瓯在历史上是常被混称的。西瓯族包括骆越族在内。所以顾野王在《舆地志》中说："交阯，周时为骆越，秦时曰西瓯。"古考释家颜师古说："西瓯即骆越也，言西者以别东瓯也。"[10] 近人林惠祥在《中国民族史》第六章"百越系汉族来源之四"第四节"南越骆越杨越"中也指出，岭南之"骆、越亦称瓯越或西瓯"[11]。对颜、林二氏的考证，虽然有人持怀疑或否定的态度，但笔者认为前人的这个考证是对的。

从民族语言方面看，所有"瓯""骆"及在汉之后出现的"乌浒""俚僚"，皆为越语之读音。今广西壮族仍普遍操此语言。由此可见，历史上出现的"骆越"和"西瓯"指的是同一个民族，二者是同时

---

[1] （晋）孔晁:《逸周书》卷七《王会解第五十九》篇言："东越海蛤，欧人蝉蛇，蝉蛇顺食之美。"
[2] 《盐铁论·地广第十六》卷四记："东越荆楚罢于欧骆。"《汉书》卷九十五《西南夷两粤朝鲜传》载："……粤桂林监居翁谕告瓯骆四十余万口降……"
[3] 《逸周书》卷七《王会解第五十九》载："九夷、十蛮、越沤。"
[4] 《逸周书》卷七《王会解第五十九》第246页载："且瓯文蜃。"
[5] 《逸周书》卷七《王会解第五十九》第254页载："正东，符娄、仇州、伊虑、沤深、九夷、十蛮……"
[6] 《逸周书》卷七《王会解第五十九》载："正南，瓯邓、桂园、损子、产里、濮、九菌。"
[7] 《史记》卷一百一十四《东越列传》。
[8] 《史记》卷一百一十四《东越列传》。
[9] 《汉书·韩彭英卢吴传》。
[10] （隋唐）颜师古注:《汉书》卷九十五《西南夷两粤朝鲜传》。
[11] 林惠祥:《中国民族史》（上编），上海书店出版社，2012年，第82页。

代的不同称谓。"西瓯"即指骆越族,是骆越族的另一个族称。广义的西瓯还应包括南海的南越族在内,犹如南越在某种情况下包括西瓯(骆越)在内一样。因为在百越系统中以"瓯"字为族称的只有"东瓯"与"西瓯",而东瓯不包括南越,所以南越应属于西瓯。这种以民族某个语音特点作为民族称谓的情况,不独古代的越族为然,如对操客家方言的部分汉人也有这种情况。在客家人的生活用语中,由于"挨"(我)音和"马该"(什么)音用得最多且普遍,所以人们常将客家人称为"挨子",或称为"挨人""马该人",将客家人居住的地方称为"挨地""马该地",将客家话称为"挨话""马该话"。桂北的融水、融安等地也有一种操"土拐话"方言的土拐人(志书上均记作"土拐",今从之),之所以有"土拐人""土拐话""土拐地"之称,就是由于这一人群在日常生活用语中有"土拐"语,且该语在日常生活中用得最多。反过来说,近现代的情况尚且如此,对于只有民族语言而无民族文字的古代越族来说,更加是这样。近代的历史表明,一些学者由于忽略了这些族称的来源及含义,于是将历史上曾出现过的"骆越"和"西瓯"视为两个不同的百越民族,并因此认为这是广西壮族的先民,实误。由于西瓯族就是骆越族,骆越族是古代岭南西部地区的主体民族,所以骆越一类铜鼓分布的地区很广,遍布整个岭南西部地区。而在桂东南和桂南、粤西南地区,东汉以后,内地的汉族人民来到这里的更多了[1],原来居住在这里的骆越族人民在与汉族人民相接触交往后,与汉族人民融合在一块了,成为汉化了的骆越族人民[2]。据历史记载,东汉以后骆越族多被称为"乌浒"和"俚僚",这些族称和"骆越"的"骆"一样,都是古越语的读音,其音义也是相同的,都是"我们"的后称。今广西壮族仍普遍操此语音。特别是南壮方言除"僚"音以外,还普遍使用"乌浒"或"份浒"音,也有简称为"浒"音者,如说"这间屋是我们的",则谓"兰浒"。按"俚僚"二字,"僚"与"骆"同音义,均是"我们"的意思,至于"俚僚",是骆越语的语助词,是古骆越语的语言特点。由于接受了汉族的思想和

---

[1] 史学家们认为汉人来到广西以西江一路为多。邓锐龄:《广西历史简况》,《人民日报》1957年4月21日第8版。

[2] 邓锐龄:《广西历史简况》,《人民日报》1957年4月21日第8版。

文化，其所铸之铜鼓当以中原地区汉族纹饰特点为主，首先是采用具有当代（东汉）汉文化特征的四出五铢钱纹饰样，继而揣摩比钱纹更古老的在商周时代已流行的云雷纹，所以钱纹铜鼓和云雷纹铜鼓多发现于此。至于马纹铜鼓，则是在广西骆越族人民还未完全接受汉文化的情况下出现的，或者说这是骆越族人民根据马援将军爱马的特点设计制造出来的，从这方面来说，马纹铜鼓应是"乃铸为马式"的特征和遗物之一，是骆越铜鼓向俚僚铜鼓过渡的形式和遗物，所以这种铜鼓在造型和纹饰上较多地保留有原骆越鼓的特征，所异者唯于鼓面上蟾饰之间增塑马匹和骑乘纹饰而已。

有人认为古代的广西存在骆越和西瓯两个不同的部族，如把云雷纹一类铜鼓和西瓯族联系在一块，断谓西瓯族的聚居区分布在西江以南、左江以东地区，骆越族分布在西江以北、左江以西地区，并谓秦平南越时发生激战和秦杀西呕（即瓯）君译吁宋的地点也在西江以南地区，秦令史禄开凿之广西兴安运河（灵渠）也不是"以与越人战"。从所掌握的史料看，笔者觉得情况并非如此。关于骆越、西瓯族的分布地区及其关系，前面已经叙述。下面拟讨论有关秦平南越时发生激战的地点以及秦杀西呕君译吁宋的地点问题。秦平南越是岭南地区的大事，历史上已有过记载。《淮南子·人间训》说："又利越之犀角、象齿、翡翠、珠玑，乃使尉屠睢发卒五十万，为五军：一军塞镡城之领，一军守九疑之塞，一军处番禺之都，一军守南野之界，一军结余干之水，三年不解甲弛弩，使监禄无以转饷，又以卒凿渠而通粮道，以与越人战，杀西呕君译吁宋。而越人皆入丛薄中，与禽兽处，莫肯为秦虏。相置桀骏以为将，而夜攻秦人，大破之。杀尉屠睢，伏尸流血数十万，乃发适戍以备之。"[①]《淮南子》一书为汉淮南王刘安所撰，当是一部信史，堪引为证。根据史学家的考证，上述之镡城在今湖南靖县西南，九疑在湖南省江华县境，南野在江西省赣州市南康区南，余干在江西省鄱阳湖南，番禺即广州。这段历史所说的五路军，除第三路较深入岭南腹地外，其余四路均在两广北部边境，特别是第一路军所处的地方正是越城岭范围之内，是由湖南入广西的通道，也是从中原入广西的捷径，地势险要。两广北部边境地区

---

① （汉）刘安等：《淮南子》，上海古籍出版社，1989年。

为秦越的分野，山高地险，交通不便，所以秦军多布防于此，三年不解甲弛弩的秦杀西呕君译吁宋的地区是大山区，有深山老林；秦凿渠运粮"以与越人战"。战争之初，先是秦军获胜，杀了西呕君译吁宋，然而西呕人不服，"皆入丛薄中，与禽兽处，莫肯为秦虏"，奋起抵抗，"相置桀骏以为将，而夜攻秦人，大破之。杀尉屠睢，伏尸流血数十万"，卒败秦军；正是因为在这里遇到了西呕人的顽强抵抗，秦人才被迫"乃发适戍以备之"。现存于广西兴安大溶江的秦城，就是当年秦军戍守岭南的遗迹之一①，所以清同治四年谢启昆《广西通志》说："秦始皇筑以限越。"据此，笔者认为秦平南越时发生战争和杀西呕君译吁宋的地点当在镡城至兴安一带；这一带是五岭之一——越城岭所在地，是由湖南入广西的通道，也是由中原入广西的捷径，更易于接近西呕人。如不然，像洪声所说的，秦军在进入这些地区时都没有遇到抵抗，可以长驱直入，直抵西呕族腹地（西江以南地区，左江以东地区），则秦何以在这些地区设置重兵，"三年不解甲弛弩"，并"凿渠而通粮道，以与越人战"，之后又"乃发适戍以备之"并"筑（秦城）以限越"呢？

---

① （宋）周去非：《岭外代答》卷十《古迹门》"秦城"条。

第二章 铜鼓的历史分期及其形制

广西铜鼓不仅因类型不同而形制有异，就是类型相同，时代不同，形制也有差异。从有关历史记载和铜鼓形制特点看，广西铜鼓可分为骆越与俚僚两个类型。骆越一类铜鼓，地方的和民族的花纹图案比较浓厚，历史渊源较久，艺术发展较高，历史分期也较明显，在广西铜鼓中始终居于主体地位。至于俚僚一类铜鼓，根据鼓形和纹饰特点并结合历史记载推论，它是由骆越铜鼓的中期分支发展起来的，属于骆越铜鼓的派生物，故其较早期的鼓较多地保留有中期骆越铜鼓纹饰的特征，所异者唯于鼓面蟾饰之间加饰马饰而已（图2-1、图2-2）。应该说，俚僚铜鼓也是骆越铜鼓，但因历史上曾一度提到"俚僚铸铜鼓"，且铜鼓的形制与骆越鼓有明显的区别，为便于研究和与历史记载相一致，现笔者将俚僚铜鼓从骆越铜鼓析出，让它自成一类。同时，将铜鼓分为三个时期，即早期、中期、晚期；每个时期又分为三个阶段，即前段、中段、后段。由于俚僚铜鼓系从骆越铜鼓的中期分支发展起来的，故俚僚铜鼓没有早期、晚期之分，只有中期的三个阶段。

本章主要介绍各类铜鼓在造型和纹饰上的特点。为便于了解广西铜

图 2-1 古竹鼓上的双骑乘、鸟饰

图 2-2 铜鼓上的并列双骑乘饰
（蒋廷瑜摄）

鼓在历史上的发展变化，特将铜鼓的历史分期和铜鼓的形制结合起来介绍。根据铜鼓在造型和纹饰上的发展变化情况，笔者将广西铜鼓分为早、中、晚三个历史时期，每个时期又可析出前、中、后三个阶段。现将各类型和各时期铜鼓的形制分述如下。

一、早、中期：骆越铜鼓的形制

（1）早期：这时期的骆越铜鼓发现不多，所有已发现的铜鼓全为骆越铜鼓，俚僚铜鼓还未发现。所发现的骆越铜鼓，亦分前段、中段、后段。早期前段铜鼓至今还未发现。1972年在广西西林县铜鼓葬中出土的1、2号鼓以及1955年广西贵县（今贵港市）高中8号汉墓出土的铜鼓分属于这两个阶段（图2-3）。这时期铜鼓的形制特点是：中段鼓，鼓面小于鼓颈，中心太阳纹较低平，光球与光芒间无明显分界，光芒无固定数，有十四芒的，也有十六芒的。鼓面边沿无蟾饰，晕圈有主次宽窄之分，主晕常饰飞鹤纹和羽人纹。鼓颈特别发达，呈弧形向外扩展，其上有较长较大的船纹，有些船上有立鹤纹、船下有鱼纹。鼓腰较束且高，上有羽人纹、飞鹤纹和鹿纹。鼓脚较外侈。鼓腰、颈之间有绳纹片耳两对。体型以中型为多，面径多为70～80、高60～70厘米，重35～40千克。

图2-3　贵港高中鼓
（1955年广西贵县高中8号西汉墓出土；引自广西壮族自治区博物馆：《广西铜鼓图录》，文物出版社，1991年）

到了后段，鼓面稍增大，中心太阳纹光芒多为十二芒。鼓颈船纹变小，鹤纹和羽人纹渐趋简化。腰部鹿纹消失。

（2）中期：这时期是骆越铜鼓的全盛时期，也是广西铜鼓发展的高峰。所发现的铜鼓较多，除骆越铜鼓外，俚僚铜鼓也被发现了，而且为数不少，现分述如下。

这时期的骆越铜鼓由于铸造技术上的进步和音响上的关系，鼓胎铸得比较轻薄，纹饰也比较精致多样，并有立体饰物出现。鼓面较前期为大，但仍稍小于鼓颈，中心太阳纹光芒固定为十二芒，主晕之飞鹤纹和羽人纹渐趋图案化,边沿有单体大蟾蜍4只,蟾头皆左向。蟾有四足,但后二足较贴近。鼓颈部船纹变得短小,其下并有船纹。整个鼓身较高。面径多为70、高80厘米,重30~35千克。此阶段的俚僚铜鼓为马纹铜鼓。

至中段,鼓面边沿大蟾蜍间出现叠蟾和组蟾,蟾间并有龟、鸟和牛拉车等立体饰物(图2-4),有些螺、鸟置于蟾背之上,头部朝向中心(图2-5)。此阶段的俚僚铜鼓为五铢钱纹铜鼓。

到后段,体型渐小,主晕之鹤纹和羽人纹完全图案化,蟾饰也简化变小,最后乃至于消失,仅以蟾爪代之(图2-6)。此阶段的俚僚铜鼓为雷纹铜鼓。

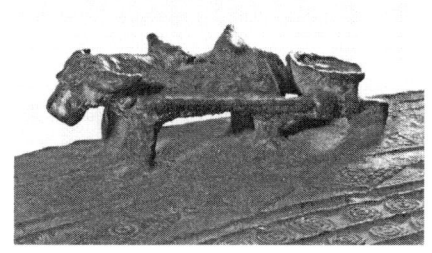

图2-4 牛拉车立体饰物

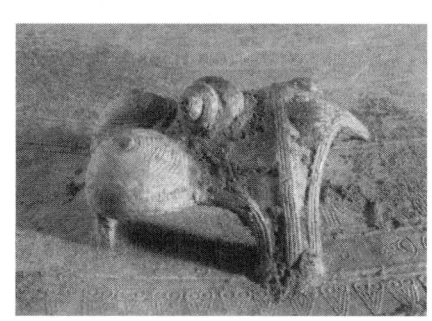

图2-5 田螺置于蟾背之上,头部朝向中心

图2-6 面饰蟾爪的遵义型铜鼓

二、中期:俚僚铜鼓的形制

如前所说,俚僚铜鼓是在骆越族人民和汉族人民接触并融合后出现的产物,是古代广西越、汉族人民在政治、经济和文化上交流融合的结果,所以俚僚铜鼓既具有原骆越铜鼓的基本特征,又反映了中原地区汉文化的特征,铜鼓的纹饰比较丰富多彩。这也说明,俚僚一类铜鼓在历史上出现的时间较之骆越铜鼓为晚。从铜鼓纹饰特征的发展变化和有关史料来看,俚僚铜鼓是由骆越铜鼓的中期分支发展起来的,故其早期鼓与中期骆越鼓比较相似。中期以后就不再向前发展了,所以俚僚一类铜鼓只有相当于骆越铜鼓中期各段的遗物,相当于骆越铜鼓早期和晚期的

遗物是没有的。但晚期的骆越铜鼓中却有部分受到它的一些影响，如一些晚期骆越铜鼓鼓身较直，中间有一道较大的凸棱，中心太阳纹光球与光芒有界限，鼓面稍出边等情况。

（1）前段：此阶段的铜鼓是马纹（包括骑乘纹在内）铜鼓。从有关历史文献记载来看，马纹铜鼓是在骆越铜鼓的中期由骆越铜鼓分支发展起来的，所以马纹铜鼓和中期前段的骆越铜鼓比较相似，所异者唯于鼓面蟾饰之间增塑立体的马匹与骑乘纹饰而已（图2-7）。

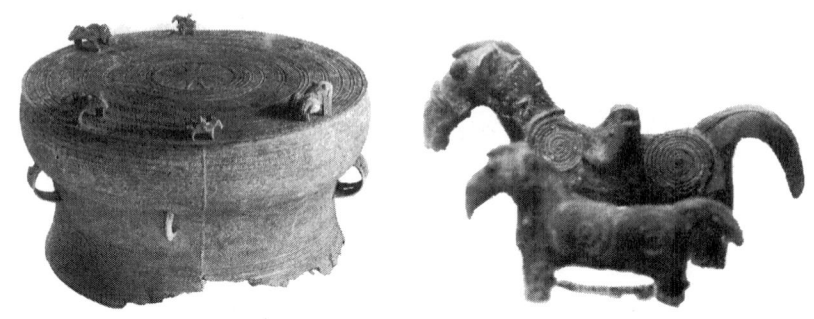

图 2-7　鼓面蟾饰之间增塑立体的马匹、骑乘纹饰和母马带驹饰

洪声在其《广西古代铜鼓研究》一文中断谓"马饰"铜鼓为骆越铜鼓的典型，并认为其反映了"桂西一带畜牧经济所占的重要地位及财富"的象征，骑乘纹饰是古代广西少数民族统治者"崇尚勇武精神"的反映。笔者不同意这个看法。笔者认为马纹铜鼓不是骆越铜鼓，而是俚僚铜鼓的一种，是俚僚铜鼓的先驱，是在骆越铜鼓的发展高潮中由骆越铜鼓发展起来的，所以它较多地保留有中期骆越铜鼓的特征。在这方面，我们可以从如下三点来探讨：

第一，从民族语言方面看，首先，壮族是广西的土著民族，这在广西壮族源流问题研究中是比较一致的结论。壮族既然是广西的土著民族，则壮族的语言必能反映广西的一些社会历史情况。在广西的壮族语言中，不论是南壮方言还是北壮方言，对于"马"这一类畜物均无民族语称，而是从汉语借词。这就说明先秦广西根本就没有"马"这一类牲畜，所以广西俗语有"黔无驴，桂无马"之称。

第二，从民族史料方面看，《汉书·西南夷两粤朝鲜传》说："高后自临用事，近细士，信谗臣，别异蛮夷，出令曰：'毋予蛮夷外粤金铁田器；马牛羊即予，予牡，毋与牝'……"说明在汉代以前，广西根本就没有马，广西的马是在汉武帝平南越后从中原汉族地区输入的。这种情况一直延续到宋代。直到宋代，广西仍从西南地区输入马匹[①]。

第三，从考古材料方面看，广西出土的古生物化石以及古文化遗址出土的动物遗骨种类繁多，从巨猿到猩猴，从大象到野牛、犀牛、野猪等应有尽有，唯独马类没有；古墓葬出土的陶猪、陶牛、陶鸡、陶狗等也不少，唯独没有陶马；出土的铜器也多，有盒、壶、鼎、屋、凤灯等，但马就很少，仅于1972年7月在广西西林铜鼓葬中发现一具铜马。这具鎏金铜马是否是广西本土所制，还是一个问题。所有这些都从事实上说明广西地区自古以来就没有马这一类牲畜，汉以后虽从外地输入了马匹，但可以设想，为数不会太多，且多为统治阶级或富有阶层所占有，至于广大劳动人民是不会有马的，他们对马一定很生疏，没有印象。因而古代的广西人——骆越族人民就不会将马的形象塑造于所铸造的铜鼓之上。所以这类有马纹的铜鼓绝非骆越族的铜鼓。同时，马和羊一样在畜牧业社会都是主要畜种，而在广西，自古以来就没有马，何来"桂西一带畜牧经济繁荣的发展"之说？应该看到，广西地处祖国的南方，自古以来均为农业社会，根本没有畜牧业经济。史书上所谓壮族人民"不知商贾，惟务农耕"的记载，就是一个证明。古代广西既然没有马，则古代广西人（骆越人和西瓯人）对"马"这一类畜物一定很生疏，谈不上什么爱好，更说不上将马的形象塑造于所铸的铜鼓之上了。《后汉书·马援列传》说："援好骑，善别名马。于交阯得骆越铜鼓，乃铸为马式。"《水经注》"温水"条引《林邑记》曰："浦通铜鼓，外越安定、黄冈、心口。盖藉度铜鼓，即骆越也。有铜鼓，因得其名。马援取其鼓以铸铜马。"

历史上说的虽是关于铸铜马的事，但看来其所铸的"马式"铜马为数不会很多，古往今来，岭南和广西境内很少有铜马出土，1972年7月广西西林县普驮屯古墓葬虽有铜马发现，但为数很少，仅有一具（这一具铜马是否就是当年马援所铸，还是一个问题）就是一个证明；更多的"马式"笔者以为是马援令骆越族铸鼓工匠根据其爱马的喜好铸的（或在

[①]（宋）范成大《桂海虞衡志》之《志兽》"蛮马"条，（宋）周去非《岭外代答》卷五《财计门》"经略司买马""马纲""宜州买马"条等。

所得的骆越铜鼓之上加铸）有马饰的铜鼓。伏波将军马援是河西人，地接西北游牧产马地区。西汉以来，牧区之马已传入内地，马援有接触到马的机会，同时他就是个大牧主，家有马匹牲畜数千头，谷物数万斛[①]。马援又是武官，他既爱马"好骑"，又"善别名马"，是有可能在南征交趾取得军事胜利之后，将他所爱好的东西（马和人骑马的形象）塑造于所铸的铜鼓（或所得的骆越铜鼓）之上，以记战功。据此，笔者认为这类马饰铜鼓是在东汉初马援征交趾之后出现的，是"乃铸为马式"的特征和遗物之一，这是俚僚铜鼓的一种，是俚僚铜鼓的前驱，不是骆越铜鼓，也不是"桂西一带畜牧经济的繁荣和发展"的象征，更非骆越族人民"崇拜骑士或武士之风的反映"。

（2）中段：此阶段的铜鼓是五铢钱纹铜鼓。其形制与上述之马饰铜鼓有较大的差别。其鼓面大于鼓颈，四周出边约4厘米，中心太阳纹光球较小且凸起，与光芒之间有明显的分界，有些芒尖开三叉，光芒数目多为十芒，个别为八芒。晕圈有主次宽窄之分，主晕多饰变相的羽人纹，其他晕圈多饰汉代的四出五铢钱的正、背面纹样。鼓面边沿蟾饰较前段为多，一般为6只，但蟾体稍小，相间有叠蟾，均为三足蟾（前二足分开，后二足合一），蟾头左向，蟾背上有精致的旋涡纹。鼓身较直，腰束不大，腰部中间有一道凸棱，主晕饰变相羽人纹，其余晕圈多饰四出五铢钱的正、背面纹样。腰间有绳纹小片耳两对，有些鼓在两片耳之间并有小圆耳一对。钱纹铜鼓的进一步发展就是雷纹铜鼓。

（3）后段：此阶段的铜鼓是雷纹铜鼓。这是俚僚铜鼓发展的高峰，也是俚僚铜鼓发展的尽头，至今还未发现有这类铜鼓向前发展的遗物。其形制特点是：整个造型和钱纹铜鼓稍相似，唯体型较高大、厚重，鼓面大于鼓身，四周边沿出边6厘米，并折边下垂。面径常在1米以上，最大者达165厘米，重299千克。中心太阳纹趋向简化，光球凸起，光芒较少、短且无定数，有六芒的，也有八芒的，以八芒为多。鼓面和鼓身晕圈无主次宽窄之分，晕间遍饰雷纹。所饰雷纹有方雷纹与圆雷纹之分，但以圆雷纹为多，也有将方、圆雷纹同时饰于同一个晕圈之上的。

---

① 朱拙存：《中国历代名人传》（第三编），"东汉马援"篇，上海经纬书局，1946年，第141页。

鼓面边沿有蟾饰，但较简小，最后蟾饰消失，仅以蟾爪（叉纹）代之。所饰之蟾一般为4只，也有6只和8只的，四足分开，并有叠蟾。蟾头多左向，也有左右相对向者。耳为绳纹圆耳，左右两对，位于鼓腰颈部之间。鼓身较直，腰脚之间有一道凸棱。值得介绍的是，在雷纹铜鼓中，鼓底的里面有4块相对称呈扇形的锤压面（图2-8），同时鼓面各晕圈中间又布列方形的铜钉。

"巨型铜鼓"鼓面无蟾饰，但于鼓耳上下方有三叉纹饰。有人以巨型铜鼓鼓面有雷纹而无蟾饰为据，孤立地从纹饰上考虑，认为雷纹纹饰是西周时青铜器上的主导纹饰，所以将有雷纹的铜鼓列为早期甲型鼓，认为这是商周时代的遗物[①]。对此，笔者有不同的看法。笔者认为该鼓是有蟾饰的，鼓耳上下方之三叉纹就是蟾爪的代表，也就是蟾蜍的象征。这种于鼓耳上方饰蟾或于鼓面上饰蟾爪代蟾的现象也是有的，如桂平11号鼓（图2-9）和云南富宁龙迈下寨鼓。广东省博物馆所藏"南海神庙"铜鼓，鼓面主晕饰圆雷纹，次晕饰四出钱纹，边沿以四组每组各两对内

图2-8 铜鼓底的里面有4块相对称呈扇形的锤压面

图2-9 桂平11号铜鼓（遵义型）

外相对向的三叉纹代替蟾爪，说明这是东汉末期以后至魏晋时期的遗物。巨型铜鼓纹饰与南海神庙铜鼓极为相似，其不于鼓面饰蟾，而于鼓耳上下方饰三叉纹代蟾，说明蟾饰简化的程度较之南海神庙铜鼓尤甚。因而巨型铜鼓所处的时代应在南海神庙铜鼓之后，大约为魏晋至南北朝时期，绝非西周。为什么巨型铜鼓体型造得特别高大又不于鼓面上饰蟾，而于

---

① 洪声：《广西古代铜鼓研究》，《考古学报》1974年第1期。

鼓耳上下方饰蟾爪代蟾呢？笔者以为不外两个原因：

其一，是从铜鼓的音量上考虑。因为这是雷鼓或天鼓，要震动于天，以撼动"天神"，惊动雷公使之鸣雷下雨，这就需要考虑到鼓声的洪亮问题。要达到目的，铜鼓除要造大型的以外，还要考虑鼓面蟾饰的简化和有无，因为鼓面上有蟾饰无异于鼓面上有压物，这会影响到铜鼓的音响。古代的骆越族人民在长期的劳动实践中，已然具有铸鼓的本领，也懂得铜鼓音量的大小和铜鼓鼓面的大小成正比，和鼓面蟾饰的大小多寡与有无成反比。因此，当时所铸造的铜鼓"唯高大为贵，面阔丈余"，而鼓面上的蟾饰反而出现简小乃至消失的现象。但在当时，由于认识上的关系，蟾蜍被认为是一种"能通天意""能呼风唤雨"的灵物，作为雷鼓或天鼓，要起到制雷求雨保丰收的作用，铜鼓上不可没有蟾。光简化蟾饰还不行，又进一步考虑到"去蟾"的问题，所以就只好在鼓身上考虑蟾饰了。在鼓身上面，鼓耳是一个主要之点，在此饰蟾有其特殊的作用，可以看出，在鼓耳上下方饰蟾爪代蟾不仅具有"有蟾"之义，而且还具有美观和实用的意义。

其二，雷纹纹饰问题。笔者认为雷纹铜鼓上的雷纹已非商周时期的雷纹，而是后人出于仿古而制的一种特有纹饰。作为文物考古工作者，我们要透过器物的表象看到它的实质，不为假象所迷惑，不能以假乱真，张冠李戴。在这方面我们应该看到：第一，从器物的纹饰上看，纵观陕西省博物馆和陕西省文物管理委员会编的《青铜器图释》及北京特艺总厂新编之《青铜器造型与纹样》，可知中原地区商周时代青铜器上的主导纹饰为饕餮纹，次为夔纹。至于雷纹，则是作为一种烘托形式（地纹）出现的（对上述的饕餮纹和夔纹来说），并非主导纹饰，且其所用的雷纹多为方雷纹，圆雷纹很少。更没有将方、圆雷纹并用于同一个晕圈之上者。陕西省是周代都城所在，是周代的政治、经济和文化中心。周代文物发现甚多，远在商代这里的文化就已经很发达，是我国文化发祥地之一，地上地下保存了丰富的文化遗产。《青铜器图释》所反映的必是周代文物的精华，可为我们了解周代文化作为参考。至于《青铜器造型与纹样》多选自《美帝国主义劫掠的我国殷周铜器集录》《商周彝器通考》《商周青铜器铸造工艺研究》等，集我国商周文化之大成，为我们了解商周文化提供了纹饰例证。广西的雷纹铜鼓与之不同，雷纹是主导纹饰，且多为圆雷纹，方雷纹者较少，更有将方、圆雷纹反复并用于同一个晕圈之上者。这种在纹饰和使用上的变异情况，说明广西铜鼓上的雷纹纹饰已非商周时物，而是后世人出于好古而仿造的一种特有的纹饰，使所成之鼓更具有雷鼓或天鼓的特色。这种仿造古物的现象，历史上是屡见不鲜的。《滇海虞衡志·志器》说："铜独盛于滇南，故铜器具为多，大者至于为铜屋……花纹极细，虽新制亦斑剥陆离有古色……则夏鼎商彝比费矣。此出人力而妙得天然者也。"说明在历史上常有一些"有闲"之人，平生以玩古为乐，凡古皆好，越古越好，他们经常仿造古物，以供玩赏，以致社会上常有一些似古非古的器物出现。洪声忽视了这些，孤立地从雷纹纹饰上看问题，认为广西的雷纹铜鼓为商周时物，实误。第二，从社会历史方面看，据民族史学界的考证，广西壮族地区到战国时期始进入青铜器时代[①]，在这以前的商周时代，此地区显然是处于原始社会阶段的，不可能具有生产铜鼓的条件，更不能生产"面阔丈余"的巨型铜鼓。而像洪声所说的，在商周时代中原地区有钟鼎彝器，广西地区也有"面阔丈余"的巨型铜鼓，是则，广西地区古代的社会经济和文化的发展程度较之中原地区实有过之而无不及。像这样的一种情况，笔者认为是不可思议的。第三，从事物的发展规律上看，一般事物的发展都是由简到繁，由粗到精，由小到大。铜鼓也不会例外。而像洪声所说的情况就不是这样了。在这方面，洪声自己也认为这是一个问题，为避开这个矛盾，自圆其说，于是又提出了一个"萌芽期"问题。然而连洪声自己也认为这只是一种设想，缺乏事实根据。既然如此，那又怎能说明问题呢？

三、晚期：骆越铜鼓的形制

这时期的铜鼓发现很多，但都属于骆越铜鼓。俚僚铜鼓没有发现，但它的某些特点诸如铜鼓中心太阳纹光球与光芒有分界，鼓面稍出边，鼓腰较直，腰间有一道较大的凸棱等情况，在骆越铜鼓中却得到反映。其形制特征是：全为黄杂铜，体型变得矮小，面径多为30～40、高30～35厘米，重15～20千克。鼓面无蟾饰，主晕常饰旌幡纹，其后变为符箓纹，最后出现人物、龙凤、花草、十二生肖等纹饰以及"万代进

---

① 陈汉流：《僮族青铜文化的推考》，《广西日报》1957年1月27日第3版。

宝，永世家财"和年款等铭文。鼓面中心太阳纹光芒固定为十二芒，但较前期为细长，有些光芒呈菊花瓣形，打击痕迹甚为明显，有些甚至被打坏。

因此，俚僚族是"面阔丈余"的大铜鼓的制造者，铜鼓铸造的时间为晋至南北朝时期。晋至南北朝时期是南方铜鼓发展的高峰，当时所铸之鼓以高大为贵，并且以具有古色为尚。为适应雷鼓特点和制雷祈雨需要，这些"面阔丈余"的雷纹铜鼓在这样的历史条件下产生了。

第三章　广西铜鼓的年代

广西铜鼓除较晚期的个别铜鼓外，一般不论是何种类型，均无年款，又无其他铭文可参考。出土的铜鼓可供断代参考的伴随物也很少，这给铜鼓的断代工作带来很大的困难。这里的断代是以一些年代较明确的铜鼓为起点，然后将造型和纹饰相同或近似的铜鼓与之做比较，再结合有关史料或考古材料共同推论而出的结果。

关于各类型铜鼓所处的年代，属于早期的万家坝型铜鼓为公元前7～前4世纪，即春秋战国时代。万家坝发掘报告显示，万家坝年代经中国社会科学院考古研究所、北京大学等 ^{14}C 测定，万家坝M1棺木年代为距今2375年±80年或2350年±85年，万家坝M23棺木年代为距今2405年±80年或2640年±90年、2635年±80年。

石寨山型铜鼓为战国晚期至东汉时期；冷水冲型铜鼓可定为西汉至隋唐时期；遵义型铜鼓为两宋时期作品；晚期的麻江型铜鼓以汉字年款为据，有元、明、清时代作品；而灵山型铜鼓目前争议较多，一部分认为是春秋晚期，另一部分认为上限为魏晋，下限至唐代。

以往的铜鼓研究者喜欢将铜鼓分为第一、二、三、四类，或甲、乙、丙、丁型。笔者以为这并不好，给人的印象是繁杂不清的。如第二类鼓，它到底是早期鼓还是中期鼓，乍看就很难令人说个清楚。第三类鼓也是这样，它到底是中期鼓还是晚期鼓，乍看也难说个明白。一般事物都是有其发生、发展和衰落过程的，铜鼓这一类文物也不例外。从这点出发，笔者摒弃了前人的旧框架，将广西铜鼓分为早、中、晚三个历史时期。为了便于说明问题，每个时期再析出前、中、后段，如早期前段、早期中段和早期后段等。笔者以为这样的分期较好，既简单明了，又比较切合铜鼓本身的发展规律。

1. 早期

属于这一时期的铜鼓主要为骆越铜鼓,至于此时的俚僚铜鼓,至今还未发现。这时期的铜鼓的年代,上限可上推到战国晚期,下限至西汉晚期。这一结论是将这时的铜鼓与云南石寨山铜鼓相比较,并结合花山壁画和有关史料共同推论而得出的。广西西林1、2号铜鼓与收录于《云南省博物馆铜鼓图录》中的甲式鼓一、三、五相比较,收录于《云南省博物馆铜鼓图录》中的甲式鼓一、三多为石寨山汉墓出土遗物[①]。考古发掘已证明,石寨山汉墓出土之M14:1号鼓为西汉中期的遗物[②]。西林1、2号鼓和石寨山铜鼓在造型和纹饰上虽有共同之处,也有相异之点,但差异处仍是很明显的,主要是石寨山出土铜鼓在鼓颈和鼓腰上有明显的水牛纹饰。对于这种纹饰,《云南省博物馆铜鼓图录》说是野牛。笔者认为不是野牛,而是水牛,即南方常用作犁田的水牛。如果笔者这看法不错,似能说明在西汉中期,云南东部地区的社会生产中,牛耕已相当重要。只有这样,水牛给人的印象才会比较深刻,人们才有可能将水牛的形象塑造于所铸的铜鼓之上。当我们将它与和云南东部地区为邻的广西西林地区出土的1、2号鼓相比较时,就会发现西林1、2号鼓没有水牛纹饰,但鼓颈有较大的船纹和鱼纹,鼓腰又有飞鹤纹和鹿纹,这种有山有水、有船有鱼,还有飞禽走兽的景象,似为原始社会狩猎生活的反映。如果这看法不错,则此情况说明西林1、2号鼓所处的时代(不是墓葬时代)为阶级社会初期,那时虽已进入阶级社会,但为时还不太久,所以牛耕农业还不是主要的,而原始社会的狩猎生活在人类的生活中仍占一定比重,对人们还有一定的影响,所以人们才把原始生活图像塑造于所铸的铜鼓之上。这也说明,西林1、2号鼓应较石寨山铜鼓为早,大约相当于西汉的初期。这是从铜鼓纹饰上推敲的。另外,广西左江地区的花山壁画所反映的情况亦可佐证此点。对于花山壁画的含义和时代问题,目下虽尚无定论,但有人认为这是汉代的遗物[③],更有人以此和云南晋宁

---

① 云南省博物馆:《云南省博物馆铜鼓图录》,云南人民出版社,1959年。
② 云南省博物馆:《云南晋宁石寨山古墓群发掘报告》,文物出版社,1959年。
③ 杨成志:《宁明县发现珍贵的壮族古代崖壁画》,《广西日报》1956年10月7日第1版。

石寨山汉墓出土的铜鼓相比较指出"花山岩壁画的时代比较原始,而晋宁铜器的时代比较稍晚",从而认为花山岩壁画可能是西汉,甚至可能是"汉武帝以前时期的产物"[①]。这个论断看来是合适的。综观花山壁画,铜鼓和猎狗的图像很多,多数人物身佩长刀,头戴羽冠,更有些人头顶小野兽。所有这些,都是原始社会狩猎生活的反映,说明在花山壁画时期,广西左江地区虽已进入青铜器时代,普遍使用铜鼓,但社会上仍保留有较多的原始社会狩猎生活。这和西林出土的1、2号鼓反映的渔猎生活是一致的,说明西林1、2号鼓所处的时代和花山壁画同时,三者都是西汉中期的遗物(图3-1)。

图3-1 西林1、2号铜鼓
1. 1号 2. 2号

前面已说过,广西铜鼓属于早期前段的骆越铜鼓至今还未发现,《云南省博物馆铜鼓图录》甲式鼓五形制均较甲式鼓一、三为原始,似为骆越铜鼓早期前段之物。如果说甲式鼓一、三为西汉早期之物,则甲式鼓五当为西汉以前的遗物。从这点推论,这时期的上限可到战国时代的晚期。这个推论和古代岭南西部地区的社会经济情况是相吻合的。岭南西部地区地处祖国的南方,自然条件优越,地下矿藏丰富,如广西右江的铜,南丹、贺州的锡;云南昆明东川的铜,个旧的锡,在历史上都是很有名的,且这些矿物都是铸造青铜器的主要原料。这些地区又都是连接

---

① 石钟健:《左江岩壁画的时代问题》,《花山崖壁画资料集》,广西民族出版社,1963年,第50页。

在一块的。由于受到周围汉族地区的影响，这些地区在战国晚期已经进入青铜器时代[①]，具有生产铜鼓的可能性。特别是在楚灭越之后，"越以此散，诸族子争立，或为王，或为君，滨于江南海上"[②]。这些"滨于江南海上"的越国人民有部分会来到岭南西部地区，因为这地区的越人和东方之吴越人同为百越之民，他们有共同的语言和风俗习惯，彼此间的迁徙往来是很自然的，战乱时期的迁徙更是如此。而在战国时代，越国的青铜冶炼技术是很高的，其所产之利剑能"穿铜釜，绝铁锎"[③]，并能"被棠铗之甲三重……贯甲达背"[④]。当越国的这些青铜冶炼工匠来到岭南西部地区后，必然会对岭南地区原有的社会生产，特别是青铜器的生产起促进作用（图3-2）。同时，根据考古调查，在桂东南地区，也发现有（夔）菱纹陶片与存放石矿共存的古文化遗址，这些石矿都有明显的金属加工痕迹，说明在战国时代，广西地区已进入金属时代。所以笔者认为早期的骆越铜鼓时代的上限可以推到战国晚期。这虽是一种推测，但看来是有可能发生的。

图3-2　俚僚铜鼓（灵山型）

2. 中期

这时期是广西铜鼓的全盛时期。除骆越铜鼓外，俚僚铜鼓也被发现了，而且为数不少。其时代为东汉初期至南北朝时期。

这时期的俚僚族人民由于较多地和汉族人民相接触，受汉文化影响较深，故所制之铜鼓多具有汉文化特征。由于俚僚铜鼓在纹饰上有较明确的时代内容，故在这里先从俚僚铜鼓证起，然后再由此推论及其他。

在钱纹铜鼓中，有明显的四出五铢钱正、背面纹样。这种钱是东汉

---

① 陈汉流：《僮族青铜文化的推考》，《广西日报》1957年1月27日第3版。
② 《史记》卷四十一《越王勾践世家》。
③ 《越绝书》卷十一《越绝外传记宝剑》。
④ （汉）赵晔：《吴越春秋》卷三《王僚使公子光传》。

灵帝时期所铸，证明钱纹铜鼓为东汉晚期之物。至于马纹铜鼓，上章已经论证，由于古代广西没有马，故马纹铜鼓为马援南征交趾"得骆越铜鼓，乃铸为马式"的特征和遗物之一。如果这推论不错，则马纹铜鼓就是东汉初期之物。

及至云雷纹铜鼓，如上所说，云雷纹铜鼓是由骆越铜鼓的中期分支发展起来的。根据俚僚族称出现的时间和《广州记》《南史》等历史文献资料，它是魏晋南北朝时期的遗物。这时期的云雷纹铜鼓最大的特点是体型特别大，多为大型铜鼓，纹饰又全是云雷纹，中心光芒多为八芒和六芒，这些特点均为雷鼓的特征。我国史书上所记载之雷鼓有八面鼓和六面鼓之分（见《周礼·春官宗伯下》"雷鼓"条）。铜鼓不好做成多面鼓，只好以光芒数代之。云雷纹铜鼓上的八芒和六芒就是八面雷鼓和六面雷鼓的化身。既然是雷鼓，则其声要响亮宏大，这就要求鼓面要大，并且没有压物，这就是云雷纹铜鼓体型特大，鼓面蟾饰简小，以至最后消失的主要原因（图3-3）。

图3-3　俚僚铜鼓（北流型）

中期前段的铜鼓（不论是何种类型）最大的特征是鼓面上有立体蟾饰出现。俚僚铜鼓在蟾饰之间铸有立体马饰等饰物。

在第二章，我们已从民族语言、民族史料和考古材料诸方面论证俚僚铜鼓是在骆越铜鼓的中期由骆越铜鼓分支发展起来的，其中，马纹铜鼓为俚僚铜鼓的一种，是俚僚铜鼓的前驱，是"乃铸马式"的特征和遗物之一。伏波将军马援征交趾的时间是建武十九年（43年），说明这阶段的铜鼓始于东汉初期，下限至东汉中期或至晚期。

这一点还可以从董仲舒的"天人合一"和阴阳五行学说的广泛流传得到佐证。董仲舒是西汉儒家的代表，他以阴阳五行推论天异，预知吉凶，认为用蟾蜍等生灵祭天可以求雨止雨，达到保五谷丰登的目的[①]。

---

① （汉）董仲舒：《春秋繁露》卷十六《求雨》第七十四、《止雨》第七十五。

董仲舒的做法虽属荒谬,但因我国自古以来都是一个农业社会,希冀风调雨顺,对风雨需求大,故董仲舒的迷信做法对我国社会很有影响。例如,四川一地,封建统治者竟明令人民将董仲舒的"求雨止雨法"刊出刻碑,按董仲舒的求雨法对天"虔诚祈祷,务要挽回天意,使甘霖早沛,以便各处农民播种"[①]。广西地区虽无董文石碑,但铸蟾于铜鼓面上是很普遍的。这种以蟾饰鼓之风的流行与董仲舒的以蟾求雨的迷信做法不无关系。当然,这并不是说广西以蟾饰鼓之风来源于董仲舒的迷信做法,应该说,这是骆越文化与董仲舒迷信做法合流后产生的结果。在广西壮族地区,普遍有蟾蜍能预报风雨的说法[②],也有蟾蜍能制止雷公的传说[③],更有蟾蜍能呼风唤雨的传说[④]。这些传说使骆越族人民把蟾蜍当作一种能通天意、能呼风唤雨的灵物,董仲舒以蟾求雨做法的影响,更增加了骆越族人民对蟾蜍作用的迷信,人们于是将它奉为鼓精,所铸之铜鼓必以蟾为饰,所饰之蟾多为大蟾,以为蟾蜍越大,所起的呼风唤雨作用也越大。

从考古方面说,所有云南石寨山和广西贵港、西林等地出土的西汉铜鼓,鼓面尚无蟾饰现象,说明西汉时期董仲舒以蟾求雨的迷信做法对南方的骆越族人民并没有多大影响,同时也说明当时的岭南西部地区尚未完全进入农业社会,对风雨的需求还不怎么大,铜鼓的主要作用还是娱乐性的。而东汉及东汉以后铜鼓鼓面都有蟾饰。为什么?笔者以为这与"白虎观会议"有关。建初四年(79年),汉章帝在白虎观召开儒家会议,讨论关于如何修改经书的问题。会上讨论的以及会后由班固将会议情况整理而成的《白虎通义》一书,都大肆宣扬了董仲舒的"天人感应"学说,使董仲舒的迷信思想流传甚广,影响至深。岭南地区自不例外。

中期中段铜鼓的特点是:俚僚铜鼓中多有叠蟾和四出五铢钱纹,骆越铜鼓中于大蟾饰之间铸组蟾和乌龟等饰物(图3-4)。

---

① (清)李调元:《罗江县志》卷二,第27页。
② 在广西壮族地区多有"蟾蜍阶下叫,风雨就来到"的说法。
③ 桂南民间传说有蟾蜍在,雷公不敢打人,就有了"打死了蟾蜍雷公会劈人"之谈,这种传说在邕宁、横县、宾阳、上林、梧州、武鸣、马山、都安、南丹、德保、灵山、贵港等地广为流传。
④ 广西僮族自治区科学工作委员会、僮族文学史编辑室:《蛤蟆登殿》,《僮族民间故事资料》(第二集),1959年,第273页。

这阶段的俚僚铜鼓有较明显的时代内容。历史已证明，四出五铢钱为东汉晚期汉灵帝所铸的钱币，说明此类有四出五铢钱纹的铜鼓为汉灵帝时期及其以后之物，其下限可能延续到南北朝时期。

这阶段的铜鼓何以出现叠蟾、组蟾和乌龟等饰物？这也是从制雷求雨两方面考虑的。这些生物也被认为是能呼风唤雨的，人们认为有了它们可以增加求雨的效果。

图 3-4　蟾间饰龟的铜鼓

从历史上看，东汉晚期，中原地区战乱频繁，人民相率南迁，到达岭南七郡[①]。南渡的汉族人民带来了中原地区先进的生产技术，带动岭南地区人民兴修农田，发展农业生产[②]。农业的发展对风雨的需求特别大，在董仲舒以蟾求雨思想影响下，骆越族人民对蟾蜍作用的依赖性更大，以为蟾蜍越多，所起的作用也越大。故所铸之铜鼓多铸以叠蟾和组蟾，有些还加铸了乌龟等饰物。

中期后段铜鼓的特点是：鼓面蟾饰简化变小，最后乃至消失，仅以蟾爪代之。所饰之蟾爪，俚僚一类铜鼓为内外向或上下向的三叉纹，有四出五铢钱纹。而蟾式，骆越铜鼓以蟾饰变小最后乃至消失代之（图 3-5）。至于蟾饰，骆越铜鼓则以左向的四叉纹代之。从体型上看，俚僚铜鼓中的雷纹铜鼓体型最大，面径常在 1 米以上，最大者竟达 165 厘米，重达

图 3-5　遵义型铜鼓

---

① 范文澜：《中国通史简编》（第二编），人民出版社，1964 年。
② 《后汉书》卷五十四《马援传》载："援所过辄为郡县治城郭，穿渠灌溉，以利其民……"

299千克。骆越铜鼓体型趋向矮小，面径多为70厘米左右，重30千克。

在此章，笔者仍依据《广州记》《南史》《隋书》等史料并结合广西铜鼓的体型论证历史上所称"累代所无""面阔丈余"的大铜鼓为俚僚铜鼓中的雷纹铜鼓。既然是"累代所无"，这就说明这些"累代所无""面阔丈余"的大铜鼓为当代所制，非前代所遗，也就说明这些"累代所无""面阔丈余"的雷纹大铜鼓为南北朝时期的遗物，有些甚至可能延续到隋代，因为隋代所铸铜鼓仍有用五铢钱饰者。从纹饰上看，这些"累代所无"的大铜鼓鼓面蟾饰简小，而以蟾爪代之，骆越铜鼓也有这情况，它以四叉纹代替蟾爪，说明这类骆越铜鼓也属南北朝之物。

3. 晚期

这时期是广西铜鼓的衰落期，时代为唐宋至清末。

这时期的铜鼓的特征是：全是黄杂铜，体型矮小，纹饰较简，铸造工艺较差。晚期前段铜鼓主导纹饰为斿幡纹，后段出现十二生肖纹、龙凤纹、花草纹，有些并有吉祥铭文或年款。

晚期铜鼓在形制上的特点及其发展变化情况和这时期广西的社会情况是一致的。为加强对广西壮族人民的统治，贞观元年（627年），唐朝廷在广西西部壮族地区开始推行羁縻制度，所设的羁縻州、县多达50余个。到了北宋，封建王朝又在唐代羁縻制度的基础上建立起土司制度，进一步加强对壮族人民的统治。统治阶级的残酷统治激起了广大壮族人民的强烈反抗，继而爆发了一系列的反唐和反宋斗争，斗争的烈火先后持续几十年。在广大壮族人民的反抗斗争之下，唐宋王朝求助于道教，借以麻痹人民的斗志，维护其统治地位。由于历史的原因，壮族人民信奉多神，认为万物皆有神灵。而道教也供奉多神，认为用神咒可使神为人消灾除病、无不应验。因而道教很容易与壮族的多神论相结合并且最终取代多神论，所以道教在广西发展得最为普遍，影响也最深。

晚期前段铜鼓上的斿幡纹以及由斿幡纹演变而来的符箓纹，就是道士在驱神赶鬼中举剑画符，手执斿幡打经开坛的具体反映。说明这时期的铜鼓已成为道士驱鬼跳神常用的工具，在祭天求雨中使用。以蟾饰鼓之风被淘汰了，代之而来的是斿幡纹和符箓纹。

明清时期，我国的社会经济进一步发展，广西地区也不例外。为适应社会经济发展的需要，封建中央王朝在广西推行了"改土归流"政策，为广西地方经济的发展提供了政治基础。地主经济的发展必然要求"上层建筑与之相适应"，所以这时期的广西铜鼓出现了反映地主阶级意识形态的十二生肖纹、双龙戏珠纹等，并有"万代进宝，永世家财"等吉祥铭文。

综上所述，广西铜鼓只有一个系统，即骆越铜鼓系统。其类型以分早、中、晚三期为宜，必要时在每个时期中再分以前、中、后段加以说明。船纹铜鼓为早期铜鼓，年代约为战国至西汉。蟾饰铜鼓为中期铜鼓，年代约为东汉至元朝。雷纹铜鼓不成一系统，它是骆越铜鼓系统的派生物（分支），年代约属于东汉至元朝，非商周时物。以斿幡纹为主的铜鼓为骆越铜鼓的晚期形态，其年代约相当于隋唐至晚清。

第四章 铜鼓的铸造技术及其用法

铜鼓是国际性文物，它不仅是中国南方和西南地区古代少数民族拥有的一种传统乐器和礼器，而且在东南亚国家如越南、老挝、缅甸、泰国、马来西亚、印度尼西亚等地也都有出土。目前世界上已发现和出土的铜鼓有2000多面，已有2000多年历史。中国是发现铜鼓最多的国家，已达1300多面（1987年统计），主要分布于西南各省（自治区、直辖市），尤其以广西数量最多，分布最密集，有500多面，其中广西北流出土的北流型铜鼓器形最大。最初铜鼓是由炊煮器（即铜釜）演化而来的。铜鼓的演变在2000多年的时间中经历了萌芽、发展、鼎盛和衰落的发展阶段。铜鼓最早起源于云南万家坝类型，个体不大，造型原始，从鼓身大面积光素无纹、铸造工艺粗疏，到有简单的纹饰。晋至南北朝时期是南方铜鼓发展的高峰，当时所铸之鼓以高大为贵。《后汉书》卷五十四："裴氏《广州记》曰：'狸獠铸铜为鼓，鼓唯高大为贵，面阔丈余。'"战国时期已能铸造成熟期的石寨山型铜鼓，如广西田东锅盖岭鼓、贺州沙田龙中鼓等，其形体已经稳定，纹饰清晰并出现写实图案，这类铜鼓比万家坝铜鼓的铸造技术更加复杂。

现存出土的铜鼓，不论其形制、花纹还是品质等都是"工巧微密"、精湛绝奇的，无不令人赞叹。这首先说明当时社会的金属冶炼技术已达到相当高度，也反映了当时的社会生产力已达到一定水平。否则，在铜鼓的制作过程中，从采矿、冶炼、制模、刻画直到铸成等一系列的工序是无法完成的。很明显当时必须有一定的社会分工、特定的作坊和一定的组织，还要有大批的劳动者进行劳动协作，方能完成这项艰巨的工作。铜鼓的铸造工艺精密，运用了陶范分铸、失蜡和夹垫铸造等方法。因此，鼓体轻薄匀称，风格浑厚，合金比例适当，音质音色和谐响亮。

有关铜鼓的铸造技术及其使用方法问题是铜鼓研究的新课题，前人论述不多。笔者根据多年来与铜鼓的接触，在这方面有自己的一些看法，现提出如下，供大家讨论参考。

（一）铸造技术

广西北流出土了那么多铜鼓，是否在当地冶炼？自20世纪20年代以来，在广西地区地质矿产调查和文物普查过程中，发现了一批古矿冶遗址，涉及铁、铜、锡、铅、锌、银、汞等矿产品的开发。古铜矿冶遗址主要分布于北流、容县、武鸣、恭城、贵港、桂平、平南、那坡、德保等地。北流铜石岭、容县西山发现了两处范围很大的汉代冶铜遗址，其中铜石岭是铜矿冶炼遗址中年代较早和规模较大者（图4-1）。1966年在北流县（今北流市）铜石岭发现了汉至两晋的冶铜遗址，1987年我国首次报道和确认了北流铜石岭遗址不仅是冶铜遗址，而且是铸造北流型铜鼓的遗址[①]。1989年在贵州普安铜鼓山和赫章柳家沟两遗址中发掘出土了40余件铸造铜器的内模、外范、浇口、泥心、熔铜坩埚等工具和铜渣，在发掘面积不足2000平方米的遗址中，竟然发现如此多的模、范，这在国内考古中也是不多见的，足以说明夜郎已经拥有青铜冶炼技术。人类冶铸青铜，一般来说开始时是用铜矿石加锡矿石或铅矿石铸造，或者由含多种元素的矿石冶炼出青铜；而后发展到先炼铜，再加锡、铅矿一起冶炼；最后发展到先分别炼成铜、锡、铅或铅锡合金，然后再按一定配比混合熔炼[②]。北流铜石岭冶铜遗址的试掘，为广西古代冶炼方式及其设备研究提供了珍贵的实物资料。从广西北流铜石岭汉代冶铜遗址发现的铜锭来看，壮族地区在东汉至南北朝时期冶铜铸造技术至少已进入了第二阶段，即先炼铜，再加锡、铅矿一起冶炼的合金阶段。

1. 合金

中原地区的钟鼎彝器均为合金青铜器。《周礼·冬官考工记上》说："金有六齐：六分其金而锡居一，谓之钟鼎之齐。"《天工开物·五金》第

[①] 朱明：《我国首次发现北流铜石岭古铜鼓铸造遗址》，《广西日报》1987年12月2日第1版。

[②] 北京钢铁学院《中国冶金简史》编写小组：《中国冶金简史》，科学出版社，1978年。

图 4-1 广西北流铜石岭全景（上）和铜石岭冶铜遗址（下）

十四卷"铜"条也说："凡用铜造响器，用出山广锡无铅气者入内。钲（今名锣）、镯（今名铜鼓）之类，皆红铜八斤，入广锡二斤。"古岭南地区蕴藏着丰富的铜、锡、铅等矿藏。据《新唐书·地理志》记载："藤州（今广西藤县）镡津有铅，临贺（今广西贺州）橘山有铜冶，冯乘（今广西富川）有锡冶三。"宋范成大《桂海虞衡志·志金石》说："铜，邕州右江州峒所出，掘地数尺即有矿，故蛮人好用铜器。"由于铜、锡易得，早在唐代武德四年（621年），朝廷就在桂州（今桂林）置钱监铸钱（《新唐书·食货志》）；宋代广西的采矿、冶炼手工业有很大的发展，梧州、藤州、贺州、邕州（今南宁地区）等地都开采铜、铅、锡矿。宋李心传《建炎以来朝野杂记》甲集卷十六载：宾州（今宾阳）产铁"一万四千六百斤"，邕连州产铅"五千斤"，贺州产锡"一万二千六百斤"。这些矿产的开采，有的一直延续到近现代。广西壮族地区蕴藏着丰富的铜、锡、铅等矿产，为当地世代延续、大量铸造铜鼓提供了源源不断的原料。

广西铜鼓也是合金青铜器之一种。从铜鼓矿料来源追溯铜鼓的基本成分是铜（Cu）、锡（Sn）、铅（Pb），此外还含有少量的砷（As）、锑（Sb）、硫（S）、锌（Zn）、铁（Fe）。古代金属器物中的铅都来自金属矿床。经冶金部门"铅同位素质谱分析法"对北流型铜鼓的矿料化验分析，得出其合金成分为：铜81.88%、锡6.12%、铅6.06%、锌1.57%。1978年4月24日广西冶金研究所对北流民安铜石岭标本进行分析，结果报告见表4-1。1978年4月29日广西冶金研究所对铜石岭遗址出土的铜鼓碎片进行了成分分析，对遗址出土的铜鼓片、铜石岭铜鼓碎片进行了检测，分析结果见表4-2。可以看出，作为合金青铜的铜鼓主要是铜和铅、锡合金铸造的，其中铜、铅、锡等主要化学成分与北流型铜鼓比较接近。这一事实表明，铜石岭遗址与铸造北流型铜鼓有直接关系。在铜中加入一定量的铅、锡，则铅锡青铜的密度较高，可以提高所铸造铜鼓的强度和硬度，经得起长时间的敲击而不至于破裂，并达到一定的打击音响效果。

此外，1979年2月15日广西冶金研究所对两处出土的01#铜片和02#铜鼓片进行化验，结果见表4-3。其中，01#铜片长6.25、宽3.6、厚0.4～0.5厘米，面上有弧度（横面弧度深0.05～0.07厘米），但较大，接近平直，面上起绿色铜锈。02#铜鼓片厚0.4～0.6厘米。

表 4-1　北流民安铜石岭标本分析报告

编号	化验物	铜 /%	铅 /%	锌 /%	砷 /%	铁 /%	锡 /%	锑 /%	硅 /%
外-133	铜矿石	2.85	1.159	1.92	—	3.72	—	—	77.88
外-136	炉渣	0.65	1.58	2.72	—	9.70	—	—	45.86
外-134	铜锭	92.64	0.142	0.01	0.23	0.05	0.001	0.685	—
外-135	铜鼓片	81.88	6.06	1.57	0.43	0.05	6.12	—	0.033

注：①铜鼓片是与铜石岭不远的民安公社李村1977年出土的，系云雷纹铜鼓；②铜锭是在所发掘的地点上方（铜石岭的西边半山腰有炉渣的地方，1976年5月牧牛人李文添发现的，露出一点于地面，重1.65千克，1977年12月15日被收购）；③其他的矿石及炉渣均采自遗址西边发掘点

表 4-2　遗址出土的铜鼓片、铜石岭铜鼓碎片成分分析结果

样品	铜含量 /%	铅含量 /%	锡含量 /%	锑含量 /%
北流塘岸铜鼓片	65.48	16.52	13.00	0.43
白马铜鼓片	61.79	21.13	7.12	1.43
铜石岭铜鼓碎片	57.43	34.52	6.00	0.35

表 4-3　北流出土的铜片和铜鼓片检测结果

编号	样品名称	铜含量 /%	铅含量 /%	锑含量 /%	锡含量 /%
01#	1966年1月北流铜石岭出土铜片	57.53	34.52	0.35	5~6
02#	1977年北流荔枝场出土云雷纹变相羽人纹铜鼓片	65.48	16.52	0.43	13~16

1965年底，南宁市机械厂理化检验中心实验室对广西部分出土铜鼓化验结果见表4-4。

表 4-4　广西部分出土铜鼓化验结果

编号	出土地点	铜 /%	铅 /%	锌 /%	锡 /%	铁 /%	铜鼓形制
023	博白县采	69.61	9.94	1.43	14.24	0	大型、八芒、八蟾左行，面径116厘米，重181千克，圆耳2对
007	北流白马（十一区）	61.79	21.13	1.43	7.12	微	中型、八芒、四蟾右行、圆耳，面径77厘米，重31千克
008	梧州外贸公司采	68.53	17.82	1.83	9.25	1.82	中型、十二芒、四蟾右行，扁耳2对、圆耳1对，面径73厘米，重33千克

续表

编号	出土地点	铜/%	铅/%	锌/%	锡/%	铁/%	铜鼓形制
027	容县采	82.05	5.80	1.43	7.36	0	中型，十芒，六蟾左行，面径84厘米，重54千克
045	灵山采	67.94	17.41	1.57	7.12	0.08	大型，六芒，四蟾，圆耳，面径89厘米，重78千克
086	横县采	69.89	14.09	1.57	10.44	0	中型，十二芒，六蟾，4片耳，面径83厘米，重73千克
075	横县采	66.96	16.58	1.57	10.44	0.89	小型，十二芒，4片耳，面径45厘米，重13千克
046	横县采	70.30	12.43	1.05	10.20	0.04	中型，十一芒，六蟾二负子，面径79厘米，重41千克
170	南宁心圩出土	70.03	12.02	3.92	12.82	0	中型，十二芒，六蟾三负子，4片耳，面径69.5厘米，重27千克
019	容县采	64.30	17.41	1.31	9.50	0.04	大型，八芒，六蟾左行，扁耳，面径82厘米，重31.5千克
135	邕宁八塘出土	67.80	17.82	1.42	8.55	微	中型，十二芒，4片耳，面径68厘米，重31千克
031	自治区教育厅拨	67.53	19.48	1.17	7.12	0.02	中型，十二芒，四蟾右行，面径65厘米，重26千克
217	柳州收购	66.98	7.46	3.24	15.43	0.40	小型，十二芒，面径47厘米，重15.6千克
211	柳州收购	75.90	3.32	0.65	6.17	1.97	小型，十二芒，面径55厘米，重16.2千克
214	柳州收购	77.41	4.14	1.04	15.67	0	小型，十二芒，面径49厘米，重12千克
218	柳州收购	78.10	微	1.55	16.14	0	小型，十二芒，面径45.5厘米，重15.3千克

2. 铸范

中原地区的金属铸器均用合范法铸造，器有若干范，合若干范而成型。广西铜鼓也用合范法铸造。有鼓面范、鼓身范，此外还有鼓耳范、立体饰物范等。鼓面范为整块平面范，整个鼓面为一整块。鼓身范则有内外范之分，内范为一整块，状如中空坐墩；外范通常等分为两块。制范时，先做内范，然后根据内范的模样造外范。鼓耳范及饰物范也有内外范之分（图4-2）。1966年笔者在广西壮族自治区博物馆文物工作队参加铜石岭遗址发掘工作时，曾在铜石岭炼炉遗址旁发现许多深且大的喇叭形土坑（图4-3），至于其是不是浇铸铜鼓时留下来的，还需要获取更进一步的证据。

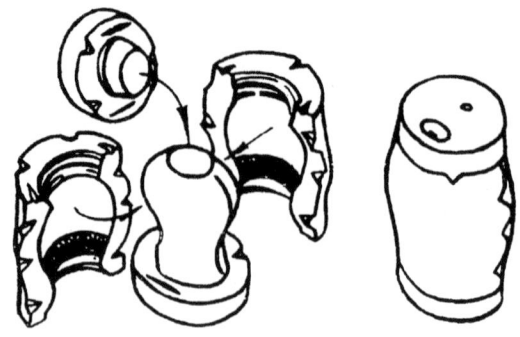

图4-2　陶范示意图

（陶范一般由外范、内范组成，在制范前，首先做模子，即所造器物的初胎。模子做好后，就可以制外范，外范可雕镂花纹或铭文。将分割成的几块外范合拢在一起，成为器物的外腔，这也称合范。内范是比外范较小的范芯，制作器皿时，用外范包住内范，在内外范之间灌注铜液，凝固后取出器物，再经过打磨加工，就成为一件完好的器物了）

图4-3　铜石岭炼炉遗址旁发现的许多深而大的喇叭形土坑（左）
及笔者在现场对其进行清理

3. 蜡模

所谓蜡模法，又分为两类，第一类是刻蜡模法。宋赵希鹄《洞天清禄集》和明代宋应星《天工开物》卷中"冶铸"部分都有提到[①]。方

---

① （明）宋应星著，潘吉星译：《天工开物译注》卷中"冶铸第九"，上海古籍出版社，2008年，第161～165页。

法是研泥为模骨，外涂油蜡，模的大小即所欲制的器物大小，油蜡的厚度即所欲制的器物厚度。在蜡层上刻镂花纹款识，然后再加外胎的泥层。第二类蜡模法是先做若干可分合的"母范"，有榫可接，"范"上预刻镂花纹款识，先在主要花纹上敷上一层薄蜡，然后将分范接合，逐层加蜡至所欲制的器物的厚度为止，然后再加内胎，当蜡层附着于内胎后，即将母范撤去。用此法铸铜鼓，首先在芯范上敷蜡，并按设计厚度均匀地刮平，然后在蜡面上制花，形成与铜鼓一样的蜡模型鼓。之后再用小火烘烤化蜡，蜡从足沿出蜡口流出后空出型腔，这就是浇铸鼓体的空间。

4. 鼓模

既有鼓模，那鼓模是什么模？是泥模，非陶模，更非蜡模。一模一鼓，故鼓纹无一相同者。其技术绝密，传子不传女。鼓模即使完好也会被毁掉，故至今未发现鼓模。

清代屈大均《广东新语·器语》"铜鼓"条说：

> 凡为铜鼓，以红铜为上，黄铜次之。其声在脐，雌雄之脐亦无别。但先炼者为雄，后炼则为雌耳。然诸工不善取音，每铜鼓成，必置酒延铜鼓师。师至，微以药物淬脐及鼓四旁，稍挥冷锤攻之，用力松轻，不过十余锤。而雄声宏而亮，雌声清以长。一呼一应，和谐有情，余音含风，若龙吟而啸凤也。广州炼铜鼓师不过十余人，其法绝秘，传于子而不传女云[①]。

铜鼓铸造工艺相当复杂。尽管铸造铜鼓历史悠久，但因其工艺严加保密，历来"传于子而不传女云"，其工艺流程从未见于中国史书记载。

5. 纹饰

综观铜鼓纹饰，线条均凸起，无阴纹，证明范上的纹饰均属阴刻。鼓面纹饰就阴刻于范面上。鼓身的内范无纹饰，外范的阴面有阴刻纹饰。鼓耳范及饰物范的纹饰也是这样。

---

① （清）屈大均：《广东新语》，中华书局，1985年。

6. 其他技术问题

（1）标钉：标钉有大小之分，但全为方柱体，铁质，取其沉重不移动、不转动的特点。鼓面标钉主要用来定厚薄，使鼓面均匀。鼓身标钉主要用来分离内外模壁，使内外模保持一定距离，使所成之鼓鼓壁厚薄均匀。为便于理解标钉的作用，我们先观察一下建筑工人夯筑水泥路面的工作情况。工人在所要夯水泥的地面上，根据测量数字先在地上打上一根木桩，又在木桩上标出符号和数字，然后根据这符号和数字施工，就能夯筑出有一定水平或一定倾斜度的水泥面来。标钉的作用即如此。只要大家注意观察，就会发现在铜鼓的鼓面和鼓身各晕圈中间分布有一个呈四边形的铁柱，这就是铜鼓铸造时使用标钉的遗迹。可以看出，有了这些标钉，就可以使鼓身内外范保持一定的距离，使鼓身各处厚薄均匀，保证鼓身相对两面的平衡。有了这些标钉，就可以有效地定出鼓面各部位的高低厚薄，使鼓面在各相同位置中声音一致。鼓面标钉通常是在鼓心太阳纹以外各晕圈间出现，内外各晕内的标钉一般相隔10厘米，晕内左右标钉之间相隔10～15厘米，多数标钉在鼓壁内，有些稍凸于壁面上，标钉面上还印有纹饰，说明这些标钉是在鼓范纹饰完成后搁置上的。鼓面中心太阳纹处之所以没有标钉，那是因为：①这是打击点，如有标钉，一经打击标钉将受震而脱落，不仅有碍观瞻，且影响鼓音；②便于施加锤压，以使铜鼓音色更好和具有多音；③此地方面积小，无标钉也易于浇铸均匀。所有的标钉均为铁质，且多为四边柱体。其之所以用铁质，大概是为便于辨认，因为铁质多呈黑色，而铜质则是黄色的，黑黄分明。同时铁的密度较大，以之作标钉比较稳定，浇铸时不易移动倒伏。采用四边柱显然是为防止标钉受震动脱落。如用圆柱体，一经打击震动，标钉就易松动脱落，这不仅有碍观瞻，且影响鼓音。

（2）鼓面底面锤压纹：有关锤压情况，云雷纹鼓才有，并有规律性。翻开鼓面底面，可发现有从底面中心点作扇形向外扩展的情况，四个扇形等分其面，相对两扇面成对顶角，两对顶角压面相等，但相邻两角压面不等。其目的为：①经压而结实，可经受打击；②取音铿锵；③取其多音化，打击相邻两角及里外各点则易多音。

（3）鼓面大小与音量大小成正比，故云雷纹鼓取大鼓面。

（4）蟾饰大小、多少和有无与音量成反比，故后期铜鼓蟾饰变小乃至消失。

（5）鼓耳位置：设计要求两头平衡，便于横挂侧击。钱纹鼓内小耳是作挂鼓用，如近代在鼓后接木桶一样，使鼓音多变。顺便说，为什么出土铜鼓多鼓面朝下？这是重心的问题，鼓面较重，一旦滚动，其面必在下。这是自然现象。

（二）铸法

铜鼓的鼓面、鼓身、鼓耳及立体纹饰均分开铸造，然后分别焊接上去。一般是先铸鼓面，次铸鼓身，骆越类铜鼓的内鼓耳也是这样对接上的。鼓面是全一模，为平面模，一次铸成。鼓身分两半边模，后合模全铸，再与鼓面焊接而成鼓。鼓面鼓身先行焊接，再焊上立体饰物，最后焊上鼓耳（图4-4），这样才能便于确定鼓耳的位置，从而使铜鼓在横挂时两端（鼓面和鼓脚）保持平衡状态。铸鼓面时，鼓心底壁如要锤压，则必须趁热快速进行。铸造时，为使铜液灌注流畅，不留空隙，铸前鼓范须加热到一定程度。焊接时，焊接物也须加热，不然焊液与焊接物不易黏合。鼓耳及鼓面立体饰物是成鼓后附加上的，与铸模无关。

 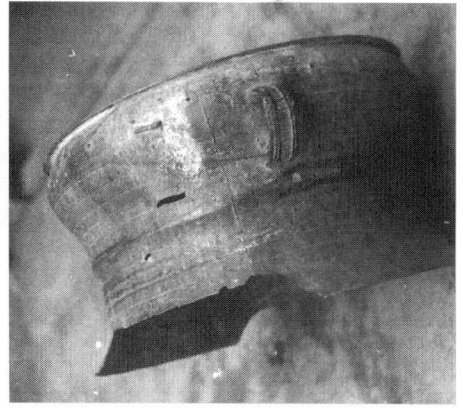

图4-4 广西百色铜鼓耳部另铸（左）与一鼓耳根已松动脱落（右）

（三）使用法

铜鼓在娱乐时通常是横挂侧击的（图4-5）。广西东兰、天峨等地敲奏铜鼓时，习惯每4面铜鼓为一组，通常是与皮鼓配合敲奏，或与錞于、铜锣合奏。《宋史·蛮夷一·西南溪峒诸蛮上》："黔南言溪峒夷獠疾病，击铜鼓、沙锣以祀神鬼。"近代铜鼓打鼓面取主音，打鼓身取配音。古代大鼓多音，则打相邻两角或里外各一。祭天求雨时，于村郊山头上击鼓，多为平打，无须变音，但求音响。

图 4-5 铜鼓的横挂侧击

　　从以上对铜鼓的铸造和使用方法分析来看，它所反映的社会关系无疑是阶级社会关系。总之，铜鼓是中国文化宝库中的一个重要组成部分，也是东方文化的奇珍瑰宝，自古就存在于中国的土地上，是我国古代壮族及其他少数民族的光辉遗迹，也是他们劳动和智慧的结晶，对于共同缔造中国文化无疑做出了应有的贡献。我们知道，在中国多民族的大家庭中，各兄弟民族不论在经济上还是文化上都是互相交流、彼此吸收的。因此，我们相信，在铜鼓的艺术表现中，既有创造它的民族独具特色的主要成分，也有吸收各兄弟民族特别是汉族文化的色彩。所以，在某种意义上可以说，它是各族人民共同缔造的结果。事实上，骆越－俚僚人就可能是几个民族的先民，壮族只不过是其中最主要的一支而已。因此，铜鼓的研究不但对壮族的历史有重大意义，而且对西南有关少数民族及汉族乃至东南亚有关诸民族都具有极重大的意义。

　　本章所涉及的铜鼓问题，仅仅是沧海之一粟，其真正广泛而深刻的意义，尚有待于学者共同研究。

第五章　铜鼓的本名

俗话说："人有姓名，物有名称。"此言非虚，以事物的名称而言，举凡天上的禽鸟乃至日月星辰，地上的兽类昆虫乃至山川草木，水里的鱼虾螺蚌乃至海草珊瑚，命名者无不为之起上一个有意义的名称，就连工厂里生产的无数产品，厂家也为其命上一个漂亮的品名。南方铜鼓是中国南方、西南方地区和东南亚各国的一种具有代表性的社会历史文化遗物，不言而喻，首铸南方铜鼓的那个民族必为其心爱的产品命上一个有意义的名称。应该说，这名称才是南方铜鼓的本名。那么，南方铜鼓的这个本名是什么？这是本章所要探索问题的中心。

这样说，也许有人会问：南方铜鼓自古以来不就被称为"铜鼓"了吗？还有什么"本名"的问题可言？笔者以为这个问题的提出是可以理解的。但这也表明，我们对铜鼓的研究还不够深入，因此有些同志对南方铜鼓只知道铜鼓的他称"铜鼓"一名，不知道南方铜鼓在他称"铜鼓"一名之外，还有一个为南方铜鼓本身所原有而鲜为人知的"本名"。历史表明，南方铜鼓"本名"的历史，较南方铜鼓他称"铜鼓"一名的历史为早，而且早得多。请看如下资料。

有关南方铜鼓"本名"的历史，最早见于《周礼》。汉代注释家郑玄在《周礼·郑氏注》中云："鞮鞻氏掌四夷之乐，与其声歌。（注：四夷之乐，东方曰韎，南方曰任）……"《周礼·郑氏注》对"四夷之乐"所记之"任"字，在《礼记·明堂位》中亦有"任，南蛮之乐也"句。《周礼》中之"任"字，在《春秋·公羊传·昭公二十五年》和《旧唐书·音乐二》中也有（详下文）。据考证，前述《周礼·郑氏注》等古史对"四夷乐"的南方铜鼓所记之"任"字，应为汉语对壮侗语族诸民族语对南方少数民族铜鼓所持"冉"（含"年""念"音）称的古译，如是，则"任"字与"冉"称所指都是我国南方少数民族之铜鼓。考古资料表明，南方铜鼓的早期作品产生于西周晚期至春秋初年（公元前900～前700年），至今已有2000多年的历史了[①]。

而南方铜鼓的他称"铜鼓"一名，最早见于东汉。据《后汉书·马援列传》载：东汉初年，南方古交阯郡的征侧、征贰犯上作乱，汉光武帝任命马援为伏波将军，于建武十八年（42年）率军南征。在平定二征当中，马援曾于"交阯得骆越铜鼓"。自此以后直至今天，南方铜鼓一直被称为"骆越铜鼓"，或被简称为"铜鼓"。很明显，这一"铜鼓"之称，为我国南方铜鼓的他称，它是东汉初年被南征的马伏波将军命名的，至今才1000多年历史。南方铜鼓的历史表明，南方铜鼓本名"冉"（含"年""念"音），出现的时间较之铜鼓他称"铜鼓"一名早约800年。那么，在这长长的800年中，在伏波将军的"铜鼓"之称之前，我国南方铜鼓在名称上叫什么？这是一个有待回答和必须回答的问题。

在未对铜鼓"本名"进行探讨之前，我们对南方铜鼓的下述两方面情况思想上应有所共识：第一，喜爱、拥有和使用南方铜鼓的国家或地区的民族对所用的铜鼓都起有一个心爱的名称，这一名称一直为铜鼓的喜爱者、拥有者和使用者所乐用并世代相传至今；第二，确认太阳纹为南方铜鼓的主导纹饰，因为在南方铜鼓的八个类型中，从早期中段铜鼓开始有纹饰以来，直至晚期的麻江型铜鼓，这一纹饰均被使用并置于各型鼓鼓面的中心，其他的铜鼓纹饰都没有像太阳纹那样备受世人青睐，因此可以说，太阳纹是南方铜鼓鼓面中心必备之纹饰，太阳纹是南方铜鼓之魂！这也表明，所有的东南亚国家或地区的民族，对南方铜鼓所起的种种名称，如能恰如其分地反映出南方铜鼓的主要特征，并含有"日"即太阳之义者，即可被认为是南方铜鼓的本名，否则就不是南方铜鼓的本名。

为弄清这个问题，在这之前，笔者曾对喜爱、拥有和使用南方铜鼓的国家或地区的民族做了广泛的调查，调查结果如下。

一、东南亚国家的情况

1. 越南

在南宁，1993年5月的一天，笔者有幸在广西民族学院（2006年更

[①] 潘世雄：《关于铜鼓起源问题的探索》，《广西民族研究》1987年第4期。

名为广西民族大学）小礼堂聆听越南民族学家叶廷华（音）先生作关于越南青铜文化的学术报告。叶先生在报告中曾提到越南铜鼓（图5-1、图5-2），他说："越南的铜鼓也很多。"对于铜鼓的名称，叶先生写给笔者的越南文为：Trống—Dôngồ，译成中文意为"铜鼓"。叶先生的手迹并没有提到鼓面中心太阳纹，可见越南语的Trống—Dôngồ（铜鼓）之称与马援将军的"铜鼓"之称一样，都不是南方铜鼓的本名。

图5-1　越南铜鼓
（2004年7月4日摄于越南历史博物馆）

图5-2　2004年7月4日笔者访问越南期间摄于越南历史博物馆

2. 缅甸

缅甸人至今还在制造铜鼓（西盟型鼓）。缅语称铜鼓为"巴栖"（Pazi——一作"巴齐""发西"），意为"蛙鼓"[①]。缅人所制造的铜鼓以蛙为饰，该蛙饰均位于鼓面近边缘处，不若太阳纹那样位于鼓面的中心，而且此蛙饰在缅甸仅见于西盟型铜鼓，早期鼓和晚期的麻江型鼓都无蛙饰，故缅语的"巴栖"之称不是南方铜鼓的本名。

[①] 中国古代铜鼓研究会、广西壮族自治区博物馆：《铜鼓研究资料选译》（四），广西壮族自治区博物馆，1980年，第34页。

3. 泰国

泰国铜鼓颇多（图 5-3、图 5-4）。泰国人根据铜鼓体型大小和纹饰特点，将铜鼓分为两个类型：一类是泰国中部和东部出土的，体型较大，鼓面多无蛙饰，个别鼓鼓面以青蛙（蛤）、田螺为饰者，泰语称这类铜鼓为"玛贺腊特"，意为"巨响鼓"[①]；另一类铜鼓，泰语称为"广（粤音）蛤"[②]，"广（粤音）"为"鼓"，蛤为"青蛙"（田鸡），"广蛤"直译为"鼓蛙"，意译为"蛙鼓"，这是对分布于泰北各地鼓面边缘有蛙饰的西盟型铜鼓而言的[③]。泰国铜鼓以体型的大小和鼓面的蛙饰为名，没有提到鼓面中心主导纹饰太阳纹，故泰语的"玛贺腊特"和"广蛤"之称，亦不是南方铜鼓的本名。

图 5-3　泰国清莱铜鼓（西盟型）　　图 5-4　泰国清莱铜鼓合缝上之螺象饰物

（笔者于 1991 年 1 月访问泰国期间所摄）

4. 老挝

老挝又称寮国，该国铜鼓很多。1991 年 10 月在广西南宁召开的中国南方及东南亚地区古代铜鼓和青铜文化第二次国际学术讨论会上，一位老挝学者告诉笔者，他母亲（姝古）收藏有铜鼓 12 面。中央民族大学

---

① 中国古代铜鼓研究会、广西壮族自治区博物馆：《铜鼓研究资料选译》（四），广西壮族自治区博物馆，1980 年，第 34 页。
② 中国古代铜鼓研究会、广西壮族自治区博物馆：《铜鼓研究资料选译》（四），广西壮族自治区博物馆，1980 年，第 34 页。
③ 在泰北及缅甸掸邦一带曾有人认为，"广蛤"不是铜鼓，而是锣，由于该锣锣面边缘往往铸有蛙饰，因而便被称为"蛙锣"或"金线蛙锣"。参见中国古代铜鼓研究会、广西壮族自治区博物馆：《铜鼓研究资料选译》（四），广西壮族自治区博物馆，1980 年，第 32 页。

已故的闻宥教授所著《古铜鼓图录》中的图第二十铜鼓第十一即老挝铜鼓。该鼓鼓面无蛙饰，鼓面中心太阳纹十二芒，鼓面第四晕以蜥蜴为饰，共10条，分5组，每组有蜥蜴2条，蜥头两两相对（图5-5）。鼓面以蜥蜴为饰，在南方的铜鼓中此为首例。蜥蜴为民间求雨止雨活动所用生物之一，汉董仲舒在其《春秋繁露》卷十六《求雨》《止雨》两篇中曾有过记述[①]。这表明，南方铜鼓为民间求雨

图5-5　老挝鼓的鼓面有蜥蜴纹饰
（引自闻宥：《古铜鼓图录》，中国古典艺术出版社，1957年）

止雨保丰收用器，用后复将铜鼓秘密地卜葬于土中。故《岭外代答·乐器门》"铜鼓"条云："广西土中铜鼓，耕者屡得之。"同书又云："交阯尝（来广西）私买（铜鼓）以归，复埋于山，未知其何义也。"在老挝，不仅金属铜鼓多，而且还有仿铜鼓纹饰制成的石鼓，有些石鼓鼓面刻有十二芒的太阳纹和蛙饰、S纹、四棱豆纹等[②]。对于铜鼓，前面所提的那位老挝学者说，老挝语称为"广邦"。"广"即"鼓"，"邦"为"铜"，"广邦"即"铜鼓"之义，这与汉马援将军的"铜鼓"之称一样均属铜鼓的一般名称，这是铜鼓的他称，不是南方铜鼓的本名。

二、国内南方西南方少数民族的情况

有关南方铜鼓的"本名"问题，东南亚四国的情况已如上述。国内的南方和西南方的少数民族地区铜鼓也很多。少数民族群众也很喜爱铜鼓，逢年过节或遇红白大事，都常敲击铜鼓。但不同的民族对所用铜鼓的命名各不相同。

1. 彝族

彝族主要分布于四川、云南、贵州三省，广西壮族自治区的隆林、

---

① （汉）董仲舒：《春秋繁露》卷十六；（清）李调元：《罗江县志》卷二。
② 〔老挝〕坎平·吉达翁著，潘岳译：《石鼓》，《中国古代铜鼓研究通讯》2001年第17期。

西林、那坡等县也有一些。彝族地区出土的铜鼓颇多，万家坝型铜鼓就出在云南楚雄彝族自治州境内。民间使用的多为晚期遵义型和麻江型铜鼓，其在节庆中经常被使用。广西那坡县的彝族一年一度的跳弓节最为热闹（图5-6），届时，人们杀猪宰羊，吹葫芦笙，打铜鼓，跳铜鼓舞，娱神也娱人。彝族打铜鼓颇具特色，一个鼓手打两面铜鼓（一公一母），公鼓低挂，离地面约10厘米，母鼓高挂，离地面约15厘米，两鼓鼓面对向，相距约30厘米，鼓手席地坐于两鼓面的一侧，右手拿木槌击两鼓鼓面，母鼓为主音，公鼓为配音，左手拿小竹条打母鼓鼓腰配以节拍。对于铜鼓，四川凉山彝语叫作"吉普古则"，意为"打铜鼓响四方"[①]，贵州的彝语叫作"济普古则"，"古则"是鼓，"济普"即"洪亮的音响"，"齐普古则"即"声震四方的鼓"[②]；彝语对铜鼓的两种称呼都没有提到铜鼓鼓面中心的主导纹饰太阳纹，故彝语对铜鼓所持的"吉普古则"与"齐普古则"两音都不是南方铜鼓的本名。

图5-6　广西那坡县达腊彝族跳弓节上跳铜鼓舞
（摄于1986年5月17日，舞者年事虽高，但他们却跳得很认真有趣。
瑶族妇女打铜鼓和跳铜鼓舞也是如此）

2. 黎族

黎族主要分布于海南省的五指山、陵水、保亭、琼中和东方等县市。

---

① 中国古代铜鼓研究会：《第二次古代铜鼓学术讨论会资料集》，1984年，第117页。
② 李伟卿：《铜鼓及其纹饰·彝族与铜鼓篇》，云南科技出版社，2000年。

黎语称"铜"为"冬",称"鼓"为"浪",铜鼓本可称为"冬浪"。但此间黎族学者曾指出:"此称在群众中不甚通俗。"所以对铜鼓黎语多借汉语称为"铜鼓"(读本地音)。可见黎语的"冬浪"(铜鼓)之称,非南方铜鼓的本名。

3. 傣族

傣族主要分布于云南西双版纳傣族自治州、德宏傣族景颇族自治州和耿马傣族佤族自治县、孟连傣族拉祜族佤族自治县。从文物考古和历史上看,我国傣族地区的铜鼓也很多。傣族人也普遍喜欢和使用铜鼓。但大致自明代以来,由于象脚鼓的兴起,也因象脚鼓的制作从用料到技术都较经济、容易,使用较轻便,鼓声也较宏大,象脚鼓在民间的普及度日渐增大,最终占领了傣族地区的铜鼓市场,致使傣族地区的铜鼓少了,傣族人使用铜鼓也少了。傣族民间使用的乐器主要是象脚鼓、铓锣和傣笛。傣族人使用铜鼓虽然少了,但傣语对铜鼓所持的鼓称却被保留了下来,对南方铜鼓傣语叫作"广(粤音)蛤",这是对西盟型铜鼓而言的。在傣语中,"广(粤音)"是鼓,"蛤"是"青蛙",即田鸡,"广蛤"直译为"鼓蛙",意译为"蛙鼓"。语词中没有提到太阳和太阳鼓,表明傣语对南方铜鼓所持的"广蛤"之称,亦非南方铜鼓的本名。

4. 侗族

侗族主要分布于贵州黔东南苗族侗族自治州、湖南新晃及通道两个侗族自治县和广西三江侗族自治县。侗族分布于湘、黔、桂三省区之间,这里虽也是南方铜鼓的分布区之一,但不是中心区,因此铜鼓出土较少,民间收藏铜鼓和使用铜鼓的机会也较少。对于南方铜鼓,三江侗族叫作"仲冬"。接触过侗语的人都会知道,"仲冬"为侗语对"铜鼓"一词的译音。在三江侗语中,"仲"为鼓,"冬"为铜,"仲冬"直译为"鼓铜",意译为"铜鼓"。语词中没有提到太阳和太阳鼓,故侗语对铜鼓所持的"仲冬"之称,也不是南方铜鼓的本名。

5. 苗族

苗族主要分布于贵州黔东南苗族侗族自治州和黔南布依族苗族自治州、黔西南布依族苗族自治州,另有部分分布于广西的融水苗族自治县

（图 5-7）。贵州省 1988 年《三都水族自治县志·民族志（征求意见稿）》之第七章第八节"民族语言词汇"（讨论稿）云："黔南苗语呼'铜鼓'为'鸟挂'（niau² kua⁶）。"苗族的学者指出，"鸟挂"一词为苗语铜与鼓的合称，词语中没有提到鼓面中心太阳纹，说明苗语的"鸟挂"之称，非南方铜鼓的本名。

6. 瑶族

瑶族主要分布于广西壮族自治区的都安、金秀、大化、巴马、富川、恭城六个瑶族自治县，另有部分分布于广东北部的乳源瑶族自治县和连山壮族瑶族自治县。广西瑶族地区的铜鼓多为晚期小铜鼓。1963 年 5 月，笔者等在广西都安地区进行文物普查时，当地物资局的同志说："不久前我局才将一批废铜运往上海，废铜中夹杂有不少铜鼓，少说也有 200 面，如果你们早点来，我们最少可给你们铜鼓 200 面。至于全县散存于民间的铜鼓，约有 300 面。县中铜鼓主要分布于板升、七百弄两区，下坳、大庆等区也有一些。"后来我们下乡普查文物时，果然看见不少铜鼓，所到的瑶族村屯，村村有铜鼓，无地不闻铜鼓声。据板升区的弄立乡乡长统计，全乡有铜鼓 36 面，在七百弄区（图 5-8），当我们问及全区的铜鼓数时，区委书记拿起算盘计算后说："现在全区还有铜鼓 97 面。"另据报道，巴马全县有铜鼓 150 面[①]。都安、大化、巴马等县的瑶族多与壮族杂居或邻居，瑶语与壮语本不相同，但民族间的语言风俗常因地缘

图 5-7　苗族铜鼓舞

图 5-8　七百弄保上瑶族铜鼓舞

---

① 罗文秀、蓝美凤、蓝振林等：《巴马瑶族历史与文化·铜鼓篇》，广西民族出版社，2006 年，第 120 页。

关系而互相影响，故对于"铜鼓"，瑶语的发音与壮语的发音基本相同，都为"冉"音，只是瑶语对"冉"的发音较壮语低而短促。瑶语的"冉"音也含有"太阳、太阳鼓"之义（详见下"壮族"部分）。故瑶语对铜鼓所持的"冉"音，应是南方铜鼓的本名之一。

7. 水族

水族主要分布于贵州三都水族自治县，广西的南丹县也有一些分布。水族地区铜鼓多属晚期的麻江型小铜鼓。据调查，三都水族自治县96%的水族家庭都拥有铜鼓。经统计，全县散存于民间的铜鼓多达520面，故三都水族自治县曾获"铜鼓王国"的美誉。在水族地区，民间普遍使用铜鼓，每届水历年端节和卯节，群众都自发地举行赛马、赛铜鼓、跳铜鼓舞活动，所以其俗话说："敲鼓过端好赛马，敲鼓过卯好唱歌。"[①] 此外，水族的死者也"使用"铜鼓，只是其所用的不是真铜鼓，而是石刻铜鼓，即将真铜鼓的鼓面纹饰刻于石板面上，然后将此石铜鼓与墓碑一起竖立于死者的坟前（图5-9、图5-10）。对于铜鼓，水语叫作"年"（ȵien¹），如这面铜鼓的鼓声呈"镫"音，该铜鼓就被称为"年镫"[②]；也有称作"念"（ȵaːn¹）音的[③]。"念"与"年"音极相近，"念"应为"年"的同音异译。水语与壮语同属壮侗语族，两族语言的语音、语词都相同或相近。水语的"年"（含"念"音）与壮语对铜鼓所持的"冉"音，读音极为相近，水语的"年"（含"念"音）应系壮语"冉"

图5-9 水族的石刻铜鼓

---

① 《水族简史》编写组：《水族简史·民间乐器篇》，贵州民族出版社，1985年，第99页。
② 潘朝霖：《水族铜鼓文化》，《民间文学论坛（贵州专号）》1990年第3期。
③ 三都水族自治县民族事务委员会、三都水族自治县志编纂委员会办公室：《三都水族自治县志》卷三《民族志（征求意见稿）》第七章第八节"民族语言词汇"，1988年，第47页。

音的同音异译,其意应为"太阳""太阳鼓"(详见下"壮族"部分)。所以水语的"年"(含"念"音)称应是南方铜鼓的本名之一。

图 5-10 贵州三都水族自治县水族古墓石刻铜鼓

8. 布依族

布依族主要分布于贵州的黔南布依族苗族自治州、黔西南布依族苗族自治州,四川的会理地区也有部分布依族分布。据统计,全黔西南布依族苗族自治州至今尚珍藏于民间的铜鼓有 100 多面,其中晴隆县雨集乡发现的一面铜鼓最为奇特,鼓面的四蛙饰蛙头均朝向鼓面中心太阳纹[①]。关于布依族民间使用铜鼓的情况,史籍上多有记述,《续资治通鉴长编》云:布依族"家有铜鼓,子孙传秘,号为右族";民国三十七年《贵州通志·土民志三》云:"狆家……岁时击铜鼓为欢,土人或掘地得鼓,即以为诸葛所遗,富者不吝值争购。"[②] 贵州《贵阳府志·土司传下·苗蛮传》云:贵州"青苗……与汉人杂居……岁首以铜鼓为欢"[③](图 5-11)。贵州布依语称铜鼓为"年"($n_{\text{e}}en^2$)[④],四川会东地区的"布依语称铜鼓的

---

① 《黔西南布依族苗族自治州概况》编写组:《黔西南布依族苗族自治州概况》,贵州民族出版社,1985 年,第 210 页。

② 刘显世:民国三十七年(1948 年)《贵州通志》。

③ 周作楫:清咸丰二年(1852 年)《贵阳府志》。

④ 三都水族自治县民族事务委员会、三都水族自治县志编纂委员会办公室:《三都水族自治县志》卷三《民族志(征求意见稿)》第七章第八节"民族语言词汇",1988 年,第 47 页。

鼓面为'那的'，即太阳之意"①。布依语的"那的"一词，如读反切音，即为"年"，意为"太阳"。故布依语的"年"（"那的"）应是南方铜鼓的本名之一。

9. 壮族

壮族主要分布于广西壮族自治区和云南文山壮族苗族自治州，另有少部分分布于广东连山壮族瑶族自治县。除连山地区外，其余的壮族地区民间多存有晚期的传世铜鼓。壮族地区出土的大铜鼓很多，所以宋范成大《桂海虞衡志·志器·铜鼓》云："铜鼓，

图 5-11　贵州省黔南布依族苗族自治州独山布依族击铜鼓

古蛮人所用，南边土中时有掘得者。"宋周去非《岭外代答·铜鼓》云："广西土中铜鼓，耕者屡得之。"《南史·欧阳頠传》亦云："梁左卫将军兰钦少与頠善，故頠常随钦征讨。钦南征夷獠，禽陈文彻，所获不可胜计，大献铜鼓，累代所无。"清屈大均在《广东新语·器语》"铜鼓"条更云："昔伏波征交阯，欧阳頠守广州，皆以铜鼓进御。"

对于南方铜鼓，笔者最先接触的是广西都安板升的壮族铜鼓。1963年6月间，笔者等在广西都安板升地区进行文物普查。为表示对广西文物普查队到来的欢迎，板升大队部特意为我们表演了一场地道的壮族铜鼓舞（图5-12）。只见舞场左右两边各挂两面铜鼓，在两排铜鼓中间斜置一大皮鼓，在皮鼓的前面站立一手捧筛箕的舞者。当皮鼓声到达高潮时，引出铜鼓声，当皮鼓声和铜鼓声都到达高潮时，手捧筛箕的舞者翩翩起舞，频频舞出各种筛米状动作（图5-13）。大家都知道，筛箕为农家筛米的专用工具。板升壮族铜鼓舞以筛箕为道具，舞蹈中又多做筛米状动作，表明板升壮族铜鼓舞与农家筛米祈年有关。板升壮族铜鼓舞的这一情况

---

① 李衍垣：《贵州苗、水、布依族的铜鼓调查》，《第二次中国古代铜鼓学术讨论会资料集》，1984年。

与相邻的东兰大同壮族铜鼓舞的情况极为相似：大同壮族铜鼓舞参舞者男女多人，他们手捧圆形的小粉筛，粉筛内贴画各种农产品图像，有稻穗、玉米苞、南瓜、水牛头、肥猪、鱼和竹梆等。大同壮族铜鼓舞以各种农产品图像为道具，其含义可观其图而知其意。至于"竹梆"，汉语叫作"木鱼"，壮话叫作"梆"，因这种"梆"多以竹筒做成，故名"竹梆"。舞蹈中之所以以竹梆为道具，据说是用其驱赶为害农作物的鸟类和猴子。舞蹈中常舞出筛米、播种、收割等农事动作（图5-14），表明大同壮族铜鼓舞与板升壮族铜鼓舞一样为祈年性的铜鼓舞。

图5-12　广西都安板升壮族铜鼓舞场面

图5-13　板升壮族铜鼓舞
（打皮鼓右侧穿白衫人为捧筛者，1963年5月摄于都安板升乡）

图5-14　东兰大同壮族铜鼓舞

在文物普查中，笔者看见板升小学将一面麻江型铜鼓作课钟用，这对铜鼓的保护是极为不利的。为此，课后我们即找到该校领导谈及有关文物和铜鼓的保护问题，校领导也认为我们提的意见是对的。日后，一俟找到可作课钟用的响器，便将在用的铜鼓卸下，将铜鼓交予县文物部门保存。在调查访问中，该校的一位壮族女老师告诉笔者，本地壮语叫铜鼓为"冉"（单音词，读 ŋien^{31} 音——下同）"。

南方壮侗语族诸语言与中原汉语相比较，最大的差异有二：一是在语言中普遍使用倒装词，二是在物称名词中汉语多以双音为词而壮侗语族诸语言以单音为词。前者如汉语之牛肉、鸡蛋、公鸡、天上、下雨等词，壮侗语族诸语言分别叫作肉牛、蛋鸡、鸡公、上天、雨下；后者如石山为"岜"、土山为"堆"、村庄为"板"、水田为"那"、树木为"美"、圩市为"费"、房屋为"栏"、水牛为"歪"、黄牛为"迟"、青蛙（田鸡）为"蛤"等。故对南方铜鼓壮侗语族诸民族语言就称为"冉"（含"年""念"——下同）。

那么壮语中的"冉"称又为何意呢？壮侗语族诸语言对南方铜鼓所持之"冉"音的破译是有个过程的。早在1963年6月间笔者等在广西都安板升地区进行文物普查时，当笔者首次听到板升壮语谓铜鼓为"冉"音之说时，随即请教传此话的那位壮族女老师壮语对铜鼓所持之"冉"音是什么意思？不料对笔者的请教，该老师默不作声。自此以后，壮语对南方铜鼓所持"冉"音的含意，就成了笔者在铜鼓研究中挥之不去、有待破译的一个"谜"。笔者虽是广西壮族人，也会操壮语，但由于该"冉"音前后无任何只言片语可供参考，故对这个"谜"仍是百思不解。退休前，每逢出差至壮族地区，看见铜鼓，笔者都指着铜鼓请教在场的人，尤其是老者。但遗憾的是，所有被访者都只知其然而不知其所以然。功夫不负有心人。就在笔者的铜鼓研究遇到困难之际，恰好广西的新闻媒体于1992年5月间报道了一则有关广西上林县仁聪屯一地同时出土4面纹饰新颖的铜鼓的消息。消息一传开，南宁社会各界人士为之一振，不少关心文物考古事业的人都慕名到上林看仁聪新铜鼓去了。笔者亦于同年8月专程赴上林了解仁聪新铜鼓资料。在拓印仁聪铜鼓鼓面纹饰时，特别是在拓印到鼓面中心的太阳纹时，笔者感到那光芒四射的太阳纹格外鲜艳夺目（图5-15、图5-16）。触景生情，笔者不禁想起近三十

图 5-15　铜鼓拓片

图 5-16　拓印广西上林仁聪铜鼓鼓面纹饰（右为笔者）

年前都安板升壮语对铜鼓"冉"称的含义。想不到这一想，竟使笔者在铜鼓"冉"称含意的问题上茅塞顿开，真是踏破铁鞋无觅处，得来全不费工夫！原来，壮语对南方铜鼓所持之"冉"称是就铜鼓鼓面中心处的那个显眼的太阳纹而言的。由于该太阳纹形似太阳，是太阳的缩影和化身，故对鼓面中心处有以太阳纹为饰的铜鼓，壮语称为"冉"。而鼓面中心处无太阳纹饰的铜鼓或其他鼓类，就不能叫作"冉"，只能笼统地叫作

"广"（一般的"鼓"称）。经调查，今广西的都安、大化、巴马、东兰、凤山、河池、金城江、宜州、百色、平果、西林和云南文山壮族苗族自治州各地的壮语,对南方铜鼓都叫作"冉""阿冉""恩冉"①。据悉,农冠品、曹廷伟合编,1982年由广西人民出版社出版的《壮族民间故事选》和1984年蓝鸿恩编、上海文艺出版社出版的《壮族民间故事选》对南方铜鼓也记作"阿冉"。这表明壮语对南方铜鼓所持的"冉"称民间叫得最多且普遍。有些地方的壮语对铜鼓则叫作"年"，叫公鼓为"年侬"，母鼓为"年且"，母鼓的体型大于公鼓②。如前所述，在贵州地区，对南方铜鼓，布依语也叫作"年"（ɲen²），水语叫作"念"（ɲa：n¹）③，也有叫作"年"（ŋien²）的，至于"年"音之称，最早出自广西南丹县都隆地区，那里的壮族群众叫铜鼓为"年"，称"公鼓"为"年侬"，"母鼓"为"年且"④。

懂得壮侗语族诸民族语的人都会知道，其一，前述广西壮语中的"年"音、贵州布依语中的"年"音、贵州水语之"年"和"念"音，与广西各地壮语对铜鼓所持之"冉"音极为相近，"年""念"音应为壮语"冉"音的同音异译。如是，则壮语对铜鼓所持之"冉"音就包含壮语、布依语的"年"和水语的"念"音在内——下同。至若壮语"冉"音的含意，后面还会提到，这里暂略。

其二，壮语"阿冉"中的"阿"字为人称或神称冠词。这里的"阿冉"应作"神祇"解，表明历史上人们曾将铜鼓当神祇看，所以民间在新春佳节击鼓娱年祈年之后，常选时择地将春节所用之铜鼓神秘地卜葬于被认为是吉地的郊野之中，所以《岭外代答·乐器门》"铜鼓条"云："交阯尝（来广西）私买（铜鼓）以归，复埋于山……""恩冉"中的"恩"字为物称冠词，相当于汉语中的"个""只""件"，"恩冉"意为"铜鼓"或"一只铜鼓"。

---

① 文山壮族苗族自治州文化局：《文山铜鼓》，云南人民出版社，2004年。
② 宁昌林：《都隆宁氏家族铜鼓》，《中国古代铜鼓研究通讯》2003年第19期。
③ 三都水族自治县民族事务委员会、三都水族自治县志编纂委员会办公室：《三都水族自治县志》卷三《民族志（征求意见稿）》第七章第八节"民族语言词汇"，1988年，第47页。
④ 宁昌林：《都隆宁氏家族铜鼓》，《中国古代铜鼓研究通讯》2003年第19期。

其三，懂得壮语的人都会知道，壮语对铜鼓所持之"冉"音含义有三：一是指日夜的"日"，如说日夜为"冉滚"。《辞海》"日"条云：日即"太阳"①。朱耀廷、郭引强、刘曙光主编的《古代坛庙》之"日坛与祭日"亦云："日即太阳。"说明壮语对铜鼓所持之"冉"音，其所指的"日"即太阳。二也是指太阳，壮语叫作"腾冉"。在壮语中，"腾"音有两解：一为"大"也，二为"红"也，两解（红太阳、大太阳）文义都通顺，但看来以取"红"也较为合适。如是，则"腾"者"红"也，"腾冉"一词可直译为"红太阳"，应意译为"太阳"。三是指日期、日子，如说今日为"冉乃"就是。总的来说，壮语对铜鼓所持的"冉"音应以上述的第一、二解为是，其所指是"日"，即太阳。也就是说，壮语对铜鼓所持之"冉"音指的是"日"，即"太阳"。还要说的是，如前所说，由于壮语中之"冉"音是就鼓面中心处有个太阳纹的铜鼓而言的，故壮语中之"冉"音本身就含有"太阳鼓"之义，应译为"太阳鼓"。诚如是，则"冉"（含"年""念"音），"太阳鼓"也。这一点，前述之四川会东布依语谓"铜鼓鼓面为'那的'，即太阳"之说，可以佐证。

在这里需要弄清的疑问是：壮侗语族诸民族语对南方少数民族铜鼓何以以"冉"音即日（太阳）称之？这是因为，如前所说，壮语对铜鼓所持之"冉"音是就铜鼓鼓面中心处有个突出且醒目的"日"（太阳）的图像而言的，如鼓面中心处无太阳纹饰，该鼓即使鼓面再大，纹饰再丰富华丽也不能叫作"冉"，只能笼统地叫作"广"（一般的"鼓"称）。由此可知，壮语对南方铜鼓所持之"冉"音本身就含有"日"即太阳之义。因而壮语对南方铜鼓所持之"冉"音应译作"太阳"。又因为壮语对南方铜鼓所持之"冉"音是就南方铜鼓鼓面中心处有以太阳纹为饰的鼓而言的，所以壮语对南方铜鼓所持之"冉"音本身就含有"太阳鼓"之义。故壮语对南方铜鼓所持之"冉"音应意译为"太阳鼓"。这一点，下述资料可以佐证。

（1）云南卫视2006年10月每周17：20～18：00播放的《敲响太阳鼓·知识竞赛》中规定，参赛观众获胜者除获得相应的奖励外，还可登

---

① 《辞海》第1368页"日"条；另见朱耀廷、郭引强、刘曙光：《古代坛庙》，辽宁师范大学出版社，1996年，第36页。

上舞台敲响悬挂于舞台后壁中心的铜鼓（模型，该模型为云南石寨山型铜鼓鼓面图）。由于该铜鼓鼓面中心处有个光芒四射的太阳纹图案，云南卫视遂将该栏目定名为"敲响太阳鼓"。

（2）驰名中外的云南基诺族大鼓（革鼓之一种），基诺语称其为"司吐"，意为"吊挂在寨父卓巴家的寨神"，是基诺族村寨的象征[①]。由于该大鼓鼓面装饰的形象极似太阳，故该基诺族大鼓遂被世人称为"太阳鼓"（图5-17）。对这一新名称，基诺族人甚感满意。

图 5-17　基诺族的太阳鼓（皮鼓）
（引自龚正嘉等：《云南少数民族服饰与节庆》，中国旅游出版社，2004年）

上述两个云南民族学资料表明，依世俗，凡鼓面中心处有以太阳的形象为装饰的鼓，不论是什么鼓，都可称为"太阳鼓"。南方铜鼓不论是何种类型，鼓面中心处都有个突出且醒目的太阳纹图案，故将南方铜鼓称为"太阳鼓"是无可指摘的。总之，广西壮语和云南文山壮族苗族自治州壮语对南方铜鼓所持之"冉"（含"念""年"音），应是我国南方铜鼓的本名之一。

其四，壮侗语族诸民族对人和物的称谓都是以单音为词的，这是壮侗语族诸民族语言的特点和规律。在人称方面，如称父亲为"嘅"（粤语 ge 音）、母亲为"娒"、丈夫为"央"、妻子为"雅"、媳妇为"僚"、孩子为"力"等是。在物称方面，如谓石山为"岜"、土山为"堆"、江河为"驮"、水田为"那"、树木为"美"、水牛为"歪"、黄牛为

---

① 常生、刘申洪：《大鼓舞今昔》，《云南日报》1992年7月7日第3版。

"迟"、鸭子为"毕"、青蛙为"蛤"、房屋为"栏"、雨伞为"两"、蜂鼓为"岳"等是。是故，对南方铜鼓，壮侗语族诸民族语也以"冉"（含"年""念"音）称之。也因此，《周礼·郑氏注》等古史对我国"四夷乐"中之南方少数民族铜鼓亦以"冉"音的近音"任"字记之。对《周礼·郑氏注》等古史中南方铜鼓所记之"任"字，《辞海》"任"条引《礼记·明堂位》云："任为古代南方的一种民族乐曲（应为乐器）。"笔者认为，从民族语言学上说，对《周礼·郑氏注》等古史对我国南方铜鼓所记之"任"字，当南方各地操壮侗语族诸民族语的人以本地汉语（俗称"官话"）念起中文的"任务""主任""任劳任怨"中之"任"字时，通常不会读如 rén 或 rèn 音，而多读如 yin 音。这 yin 音与壮侗语族诸民族语对南方铜鼓所持之"冉"（含"年""念"音）极相似，表明《周礼·郑氏注》等古史对我国"四夷乐"中之南方铜鼓所记之"任"字，应为我国古汉语对壮侗语族诸民族语言对南方铜鼓所持"冉"（含"年""念"音）的古译音。这就表明，《周礼·郑氏注》《礼记》《旧唐书》等古史对我国"四夷乐"中之南方铜鼓所记之"任"字，所指不是民族乐曲，而是民族乐器，即南方少数民族铜鼓。

在这里，值得注意的是，《周礼·郑氏注》等古史对我国"四夷乐"中之南方少数民族铜鼓所记之"任"字，与壮侗语族诸民族语对铜鼓所持之"冉"（含"年""念"音）都是单音之词，这与壮侗语族诸民族对人和物的称谓均以单音为词的特点和规律相符，表明壮侗语族诸语言对南方铜鼓称为"冉"（含"年""念"音）和《周礼·郑氏注》等古史对我国南方少数民族铜鼓所记之"任"字（音）相同，后者记得对，记得准确。这也表明壮语对铜鼓所持之"冉"音就成了壮侗语族诸民族语言对南方少数民族铜鼓的通称，是南方少数民族铜鼓的本名。古史中之"任"字（音），应为古汉语对南方少数民族铜鼓本名"冉"音的古译，其含义与壮侗语族诸民族语言中的"冉"音一样，指的都是"日"，即太阳。

至若《广西世居民族·壮族》谓壮语对铜鼓叫作"咽"（ȵuən²）（音）之说，从壮语对物称的名词常以单音为词的特点和规律上看，《广西世居民族·壮族》中之"咽"音应属壮语物称名词之一，其所指应是铜鼓。而从其译文"可闻声""听""听见""听到"之说可明显地看出这是动词，不是物称名词，此其一。其二是从《广西世居民族·壮族》之"咽"字与壮语之"冉"字的读音来看，两字的读音较为相近。这种情况表明《广西世居民族·壮族》对铜鼓所记之"咽"音与壮语对铜鼓所持之"冉"音乃同音异译，故其读音较相近，含义也相同，其所指不是属于动词的"可闻声""听""听见""听到"之说，而是属于物名称的"冉"，即曰"太阳"——太阳鼓。

三、国史中的铜鼓本名

我国是个统一的多民族国家，所以壮侗语族诸民族语言对铜鼓所持之"冉"（含"年""念"）称，在我国《周礼》等古史中曾有所反映。郑玄在《周礼·春官·鞮鞻氏·郑氏注》中云："鞮鞻氏掌四夷之乐，与其声歌。（注：四夷之乐，东方曰韎，南方曰任……）"《礼记·明堂位》云："昧，东夷之乐也，任，南蛮之乐也。"《中华大字典》"任"条引《春秋公羊传·昭公二十五年》的"以舞大夏"句下注云：对南方少数民族铜鼓"古称南夷之乐曰任"[①]。《旧唐书·音乐二·音乐志》云："东夷之乐曰韎离，南蛮之乐曰任。"由此可知，对我国南方少数民族铜鼓，我国《周礼》等古史均记作"任"（单音词），表明南方铜鼓的本名"冉"（含"年""念"音）在《周礼》等古史中已有记录，至今已有两千多年的历史了，这与南方铜鼓早期作品问世的时间（西周晚期至春秋初期）基本相符。值得注意的是，上述《周礼·郑氏注》等古史对我国"四夷乐"中之南方铜鼓所记之"任"字，《辞海》"任"条引《礼记·明堂位》云："任"为"古代南方的一种民族乐曲（应为乐器）"。从民族语言学上说，笔者认为《周礼·郑氏注》等古史对我国"四夷乐"中南方铜鼓所记之"任"字应为古汉语对南方铜鼓本名"冉"（含"年""念"音）的译音，其所指不是民族乐曲，而是民族乐器，即南方少数民族铜鼓——太阳鼓。这一点，前面已有提及，这里恕不多言了。

四、结语

综上所述可知，东南亚的越南、缅甸、泰国、老挝四国的语言对南

---

① 《中华大字典》（上册），中华书局，1978年，第36页。

方铜鼓所起的名称，或以鼓的质地（铜）为名（铜鼓），或以鼓面的蛙饰为名（蛙鼓），或以鼓声之"巨响"为名（玛贺腊特），这些名称都没有提到铜鼓的主导纹饰——太阳纹，所以这些名称都不是南方铜鼓的本名。至于国内的彝族、黎族、傣族、侗族、苗族的语言对南方铜鼓所起的名称，也是或以鼓的质地（铜）为名（铜鼓），或以鼓面的蛙饰为名（蛙鼓），或以鼓的"声震"为名（吉普古则、济普古则），这些名称也没有提到铜鼓的主导纹饰——太阳纹，故彝语、黎语、傣族、侗族和苗语对南方铜鼓所起的各个名称也不是南方铜鼓的本名。而瑶族、水族、布依族、壮语的语言对南方铜鼓所起的名称，语音虽不尽相同，但各语音都含有"日"即太阳、太阳鼓之义，这就表明瑶语、水语、布依语、壮语对南方铜鼓所持的"冉"（含"年""念"音），应是南方铜鼓的本名，其原义为"日"，而如《辞海》所言，日即太阳，故壮语对铜鼓所持之"冉"（含"年""念"音）应意译为"太阳鼓"。

第六章 铜鼓的主要纹饰含义

铜鼓的纹饰和作用，这两个问题是互相印证的，纹饰反映了作用，作用体现了纹饰的来源，在铜鼓研究中是个重要课题。为了说明铜鼓的作用，必须先了解各种铜鼓纹饰的意义，弄清各种铜鼓纹饰的意义，铜鼓的作用也就随之清楚了。为便于深入理解，现将这两方面问题分别讨论如下。

在本书中，笔者将广西铜鼓分为骆越与俚僚两个类型。应该说，俚僚铜鼓也是骆越铜鼓，但因历史上曾一度提到"俚僚铸铜鼓"，且该铜鼓的形制与骆越鼓有明显的区别，故有此称。为与历史相衔接和便于研究，笔者将俚僚铜鼓从骆越类铜鼓中析出，让其自成一类。同时，将骆越类铜鼓分为三个时期，即早期、中期、晚期，每个时期又分为三个阶段，即前段、中段、后段。俚僚类铜鼓系从骆越类铜鼓的中期分支发展起来的，往后无发展，故无早期、晚期之分，只有相当于骆越类中期的前、中、后三个阶段。

有关铜鼓的纹饰意义和铜鼓的作用，在铜鼓研究中是个重要课题。这两个问题是互有联系、互相印证的。为便于理解，拟将这两个问题分开讨论。

广西各类型铜鼓[①]造型精巧，纹饰多样，富有浓厚的民族特色和地方特点，是广西古代社会生活的反映。弄清各种纹饰的来源和含义，不仅有助于对铜鼓作用的理解，也有助于对广西古代社会历史的了解，故对各种纹饰进行探讨是必要的。广西铜鼓纹饰虽多，含义亦各不相同，但有一个中心思想，就是制雷求雨祈丰收和镇雷止雨消灾，与农业生产有

---

① 将广西铜鼓分为骆越与俚僚两个类型。将骆越铜鼓分为早、中、晚三个时期，每个时期又分为前、中、后三个阶段。俚僚铜鼓因从骆越类铜鼓的中期析出，往后又无发展，只有相当于骆越类中期的前、中、后三个阶段。

密切的关系。当我们这样认识问题以后，对各种纹饰就容易理解了。今就其比较重要的纹饰推介阐释如下。

鼓面纹饰：明代杨慎《丹铅总录》卷十六"官爵类"中说"按其圆以想其形名之"。《周易》卷三《系辞上传》记"以制器者尚其象"；宋代王黼等所撰《至大重修宣和博古图录》卷二十七"食五器"亦载："古人制器尚象"。铜鼓亦然。综观广西铜鼓，整个鼓面纹饰极似天体，是天体景象的缩影。这以骆越类的早期中、后段和中期铜鼓为最典型。以属于骆越类早期中段的西林1号铜鼓为例①，从鼓面中心往外看，中心处有隆起的太阳纹，纹外有光环（弦纹），环间（晕）有云彩（勾连云纹）和星星（同心圆纹），并有飞鸟（飞鹤纹）。这都是天空中常有的景象，与《资治通鉴·汉纪五十二·孝献皇帝乙》"上圆象天"、《幼学故事琼林》卷一"上浮者为天"之说相一致。至于中期铜鼓鼓面边缘出现的蟾蜍等饰物，那是后来添加上去的，并非原有。

俚僚类铜鼓天体的景象虽不那么明显，但天体的基本特征还是有的，如云雷纹铜鼓鼓面中心有太阳纹，纹外有光环（弦纹），环间（晕）遍饰云雷纹。

鼓身纹饰：整个鼓身纹饰极似大地，是大地景象的缩影。以上述的西林1号铜鼓为例，自鼓胴而下，胴间有船纹和鱼纹，除了表示水域的景象外，还与报风祈雨有关。气象科学告诉我们，水里的鱼有预报风雨的特性②。古人不了解究竟，以为鱼儿能呼风唤雨，于是饰以鱼纹，以为这样就可以使铜鼓的求雨止雨性更为灵验。鼓腰及鼓胴间有人物（羽人纹）和鸟兽（鹿纹和鹤纹），云南铜鼓有牛纹和鹩哥纹③，这是陆地常有的景象（图6-1）。这种有山有水、有人物和飞禽走兽的情景，正是大地景物的反映，与《幼学故事琼林》"下凝者为地"之说相符。

---

① 洪声：《广西古代铜鼓研究》，《考古学报》1974年第1期，图一二。
② 江苏省建湖县《物象测天》编写组：《物象测天》，农业出版社，1977年，第27、28页。
③ 《云南省博物馆铜鼓图录》甲式鼓一牛背上和地上有小鸟多只，这小鸟即系鹩哥。入冬，昆虫已潜伏，鹩哥无吃食，常飞集牛背啄吃牛虱。《辞海》谓"鹩哥"在我国分布于云南、广西南部和海南岛一带，为留鸟或夏候鸟，善效鸣，其声多变，人多养之。

1. 太阳纹

铜鼓上的太阳纹除要呈现天体的景象外，与农业生产也有关系。所谓"万物生长靠太阳"，这不只是现代人的话，古人也有这个体会。鼓上饰太阳纹似反映了古人在农业生产中对阳光雨露的需求。此外该纹还应有装饰上和实用上的意义。鼓心有了隆起

图 6-1　西林铜鼓鼓胴间的奔马纹饰
（蒋廷瑜摄）

的太阳纹，不仅有美感，而且便于打击和定音，有助于鼓声的扩散，并对鼓心受击处起到支撑防陷的作用。

对鼓面中心的太阳纹，有人认为"是氏族贵族、部落酋长所使用的纹章，目的在于达到'群情推服'"，也有人认为是对太阳的敬仰和崇拜的象征[1]。前一种意见，因涉及"都老"问题，拟于后面铜鼓作用部分讨论，这里暂不涉及。后一种意见，笔者觉得有些笼统，不便理解。"崇阳"是一种习俗，有它的意义。现在看来，至少有两方面意义：有为长生保命而崇阳的，也有于生产中为获得适合的阳光雨露而崇阳的。上述"崇阳"之说究竟指哪一种，抑或全指，没有说明。笔者认为这两方面意义都有，而以后者为主。我国自古以农立国，阳光雨露关系甚大。鼓饰以太阳纹，实反映了古人在生产上对阳光雨露的需求。

顺便说一下，云南江川出土的铜鼓（M24∶42a）有所谓"磨秋"纹者,有人以为是一种"游戏"[2]。笔者认为该纹中心的大圆物体是太阳,周围四羽人手持的小圆物体是小日（或小星），整个场面是羽人持小日（小星）围日而舞，祭天祈丰收。

太阳纹的芒数在早期的骆越铜鼓中尚无定数，有八、十、十四、十六芒几种，至中晚期已定为十二芒，可能与一年的十二个月有关，因为农业生产与年月节令和气候的变更有密切的关系。俚僚类铜鼓受汉文化的影响较深，钱纹铜鼓上的十芒可能代表干支中的十干，云雷纹铜鼓

---

[1] 洪声：《广西古代铜鼓研究》，《考古学报》1974 年第 1 期。
[2] 汪宁生：《试论中国古代铜鼓》，《考古学报》1978 年第 2 期。

上的六、八芒与中原地区的雷鼓的面数可能有关。铜鼓不便铸多面，只好以芒数代之。

2. 船纹

鼓颈上的船纹，主要是呈现大地的景象和表现水（海）上生产情景（图6-2）。与赛神祈年虽然也有联系，但不是主要的，因而该纹饰在中期铜鼓中已趋简化，至晚期完全消失。

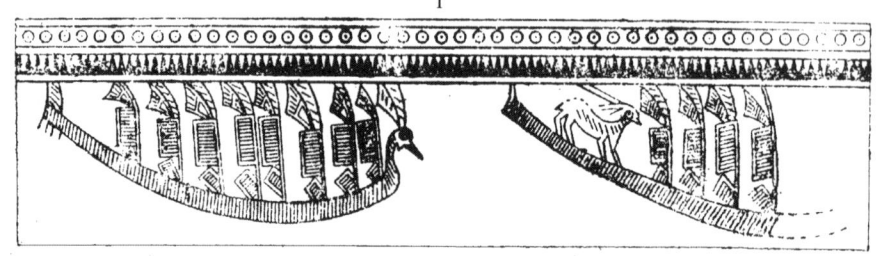

图6-2　船纹
1. 广西西林出土280号铜鼓上的祀河图　2. 赫·M1：53.3号铜鼓上的船纹（均引自中国古代铜鼓研究会：《中国古代铜鼓》，文物出版社，1988年）

3. 飞鹤纹

此纹为骆越类铜鼓的主导纹饰，始见于早期中段，此时的鹤纹多呈飞翔状，晚期小铜鼓呈企立状（图6-3）。对此纹饰，以前人们多以为是鹭[①]，笔者以为这是个误会。它不是鹭，而是鹤类的一种，晚期小鼓鼓面常有企立状的鹤纹[②]就是证明。这种鹤可能就是文献上提到的水鹤[③]或菌鹤[④]。

---

① 洪声：《广西古代铜鼓研究》，《考古学报》1974年第1期。
② 洪声：《广西古代铜鼓研究》，《考古学报》1974年第1期，图二一，6。
③ （清）李调元《南越笔记》（又名《粤东笔记》）卷八"丹歌"条，（清）屈大均：《广东新语》卷二十《禽语》"鹤"条。
④ 《逸周书》，是周代文献汇编，晋孔晁有注（为现存最早的注本）（作者不详）。

由于水鹤"状类白鹭"[①]，故前人误以为其是鹭。之所以以鹤饰鼓，乃因岭南地区"陆事寡而水事众"[②]，"广为水国，人多以舟楫为食"[③]，在没有天气预报的古代，人们要掌握天气变化，指导水（海）上生产，只好"观天看物识天气"。由于水鹤具有"性通风雨，有风雨则鸣而上山，否

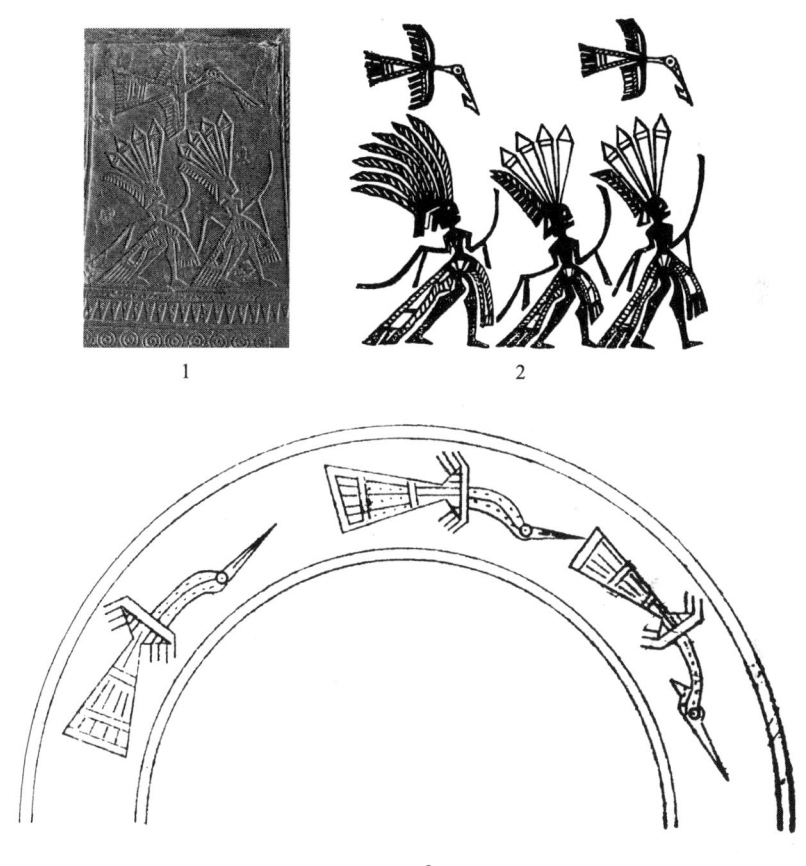

图 6-3 飞鹤纹、羽人纹与翔鹭纹
1、2. 飞鹤纹、羽人纹　3. 翔鹭纹（6712 号铜鼓面上的翔鹭纹，引自中国古代铜鼓研究会：《中国古代铜鼓》，文物出版社，1988 年）

---

① （清）李调元：《南越笔记》（又名《粤东笔记》）卷八"丹歌"条，（清）屈大均：《广东新语》卷二十《禽语》"鹤"条。
② （汉）刘安：《淮南子》卷一《原道训》。
③ （清）屈大均：《广东新语》卷十四《食语》"舟楫为食"条。

则鸣而下海"①的特性，人们常以它作为观测天气变化的依据，又用它作方物上献给周天子。古代因无天气预报，人们常以鹤作为探测天气变化的依据。经调查，今广西各地特别是钦州沿海地区，鹤仍很多，可知铜鼓上的鹤纹应与风云雷雨有关。

4. 羽人纹

此纹饰始见于骆越铜鼓早期中段或后段，中期已趋简化。晚期演变为斿幡纹。因受骆越铜鼓影响，俚僚类中的钱纹、云雷纹铜鼓间有变相的羽人纹（图6-4）。此纹饰的来源和意义是什么？《淮南子·坠形训》有"羽民"之说。《韩非子·十过第十》载，晋平公请听清徵之调，师旷援琴而鼓，一奏之，有玄鹤二八道，南方来集于郎门之垝；再奏之而列；三奏之延颈而鸣。广西白鹤岩诗云："有日丹成能羽化，定须振翼作长鸣。"可知此羽即鹤羽，羽人即人的鹤化。

图6-4　云雷纹铜鼓间有变相的羽人纹

5. 水牛纹

牛纹始见于《云南省博物馆铜鼓图录》甲式鼓一和鼓四，广西晚期小鼓每有此纹饰。广西铜鼓还有牛拉车纹（图6-5），对此人们总以为其是"财富的象征"。笔者认为不是这样。牛是农家之宝，这不只是因为牛能耕田，主要是牛是祈丰年的象征。广西壮族地区岁时每有击铜鼓椎牛祭谷之

---

① （清）李调元：《南越笔记》卷八"丹歌"条，（清）屈大均：《广东新语》卷二十《禽语》"鹤"条。对这鹤鸟，广西壮语叫诺奏（nokjo），因鸣声局局（读ku音），故又叫诺局。民间说它能预报风雨，有"朝局风，夜局雨，局三局四落大雨"之说。

俗[①]。桂西的凌乐县（现为凌云、乐业二县）和桂北的融水苗族自治县一带每年春社更有行迎春牛礼[②]和迎土牛礼[③]之举。泰国每年春耕前也有以耕牛行"春耕礼"者[④]。而在其他地区，除湖北旧荆江大堤上有铁牛[⑤]、云南漾濞桥东[⑥]和北京昆明湖畔有铜牛、广西左江地区花山崖壁画[⑦]外，民间还流传有"洪水白牛"[⑧]之说，这些都是以牛镇水消灾的，说明牛纹与风雨有关。

1　　　　　　　　　　2

图 6-5　广西铜鼓纹
1. 牛拉车饰　2. 人牛耕种饰

---

① （明）田汝成：《炎徼纪闻》卷四："……岁时召亲戚挝铜鼓，斗牛于野，刲其负者，祭而食之。"又乾隆《柳州县志》卷十《艺文·诗·铜鼓歌》："椎牛酹酒欢相嚎……春秋赛社击铜鼓。"

② 1958年全国人民代表大会民族委员会办公室《广西僮族自治区凌乐县僮族社会历史情况调查·官仪篇》"迎春礼"条："知府手拿彩鞭打春牛，边打边唱，吉兆话语：一打风调雨顺，二打国泰民安，三打万民乐业，四打五谷丰登，五打牛头落地。"

③ 《中国地方志集成·广西府县志辑·民国融县志》第二编"社会"第四节"风俗"之"节季条"："迎土牛于东郊……民舁土牛以耕，长吏执鞭三策，一曰风调雨顺，二曰物阜民安，三曰天下太平。"据民国二十五年（1936年）铅印本影印。

④ "泰国春耕礼"（《广西日报》1980年2月7日第4版）活动由国王主持，农业大臣作象征性犁田，并将谷物种子撒于田中，群众拣回种子与自家的种子相混种植，祈祷丰收。

⑤ 《驯水记》，《广西日报》1974年10月16日第1、4版。

⑥ 光绪《云南通志》卷二百三十七"铜牛"条。

⑦ 广西左江沿岸的花山崖壁画为古代"铜鼓赛江神"的遗迹，是古骆越人赛江神求雨止雨的符法。

⑧ 该故事说，白牛是河伯水神的，谁宰杀白牛，河伯水神就兴水灾淹没他。民国三十七年（1948年）《思乐县志》卷九《杂志篇》"洪水白牛"条。

至于牛背上的小鸟，笔者认为是鹩哥（八哥）。有放牧经验的人都知道，秋冬之时，虫类已潜伏，鹩哥无食，常集中立于牛背啄吃牛虱或牛虱蛋。《辞海》谓鹩哥是云南、广东、广西地区特有的鸟，喜鸣，其后多人工豢养之。广西壮人也以鹩哥为喜鸟，有吉祥兴旺之兆，人多喜之。以鹩来饰鼓，除展示田园之景外，与祈年不无关系。

6. 鹿纹

始见于闻宥《古铜鼓图录》第二十图，铜鼓第十一[①]。西林 1 号铜鼓上也有[②]。同位于鼓腰处，常与羽人纹同晕（图 6-6）。对此纹饰，有以为与"福禄（鹿）"有关。笔者认为不是这个意思。《广东新语·兽语》"鹿"条说："鹿以清明前后三日生子，子生三日始开眼，遇雨乃起而跑……邵子云：'雨化物之走，风化物之飞'，鹿麇以雨而始跑，所谓雨化物之走也。"这段话把鹿和风雨联系起来了，说鹿纹与"雨化"有关，笔者认为是可以的。

图 6-6　鹿纹和羽人纹

7. 蟾蜍饰

始见于骆越类铜鼓的中期前段，盛行于中段（图 6-7），至后段已趋衰落，到了晚期已经消失（有些留有蟾爪纹）。蟾数为四，头皆左向（即逆时针走向——下同），也有中间向者。俚僚类铜鼓因受骆越类影响，也有蟾饰，但体型稍小且简朴。其中钱纹铜鼓有六蟾，间有叠蟾，头多左向。云雷纹铜鼓有四、六、八蟾，间有叠蟾，蟾头多右向（即顺时针走向——下同），也有左右相对向者。至晚期，云南铜鼓中小鼓还有蟾饰，且有叠蟾，蟾数为四。对于铜鼓上的蟾饰，学界意见分歧较大，主要有如下几种。

---

① 闻宥：《古铜鼓图录》，中国古典艺术出版社，1957 年。后同。
② 洪声：《广西古代铜鼓研究》，《考古学报》1974 年第 1 期。

 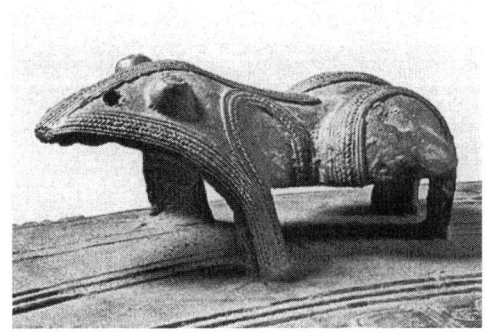

图 6-7　蟾蜍和牛拉车饰

（1）有学者认为是蟾蜍。说蟾蜍繁殖能力强，饰蟾于鼓，反映古人慕求"子孙繁衍"之义①。

（2）有学者认为是青蛙。说青蛙吃虫，于庄稼有利，说明铜鼓与农业有关②。

（3）有学者认为是怒蛙。他以越王勾践放怒蛙的故事为据，认为以怒蛙饰鼓，为南方少数民族"提倡勇武的精神"的反映③。

就第一种意见而言，这显然是从"子孙发达"的封建思想出发提出的，其谬误性不言自明。

对第二种意见，说青蛙吃虫，于庄稼有利，这是对的，但这是现代人对青蛙进行科学观察后得出的结论。古代的人不会有这样的科学水平的。而且要是这样说的话，那么铜鼓上蛙头的方向（左向、右向、左右相对向、中间向）应如何解释？

至若怒蛙之说，更难成立。既然此纹饰来源于古代东方的于越，东方之于越与岭南的骆越，因同为古越之民，有共同的思想和文化特征，且于越的青铜冶炼技术是很高的，照理说，东方的于越故地应有怒蛙饰的铜鼓，但古往今来，东方于越故地不只怒蛙饰铜鼓未曾发现，就连无蛙饰的小铜鼓也未发现，这是为什么？同时，这样的说法对蛙的头向（左向、右向、中间向）问题如何解释？提到"提倡勇武的精神"问题，笔者以为这种提法不妥。

---

① 梁岵庐：《铜鼓》，《广西日报》1954 年 6 月 12 日第 3 版。
② 郭沫若：《满江红》，《广西日报》1963 年 3 月 21 日第 4 版。
③ 洪声：《广西古代铜鼓研究》，《考古学报》1974 年第 1 期。

在笔者看来，此种饰物不是别的，就是蟾蜍。以蟾饰铜鼓，意在以鼓声传播蟾声，以达制雷求雨保丰收和镇雷止雨消灾的目的。这与我国社会特点相一致。

我国自古以农立国，企盼风调雨顺。早在殷商时期，奴隶主阶级就非常迷信，动辄求神占卜，这里面当有祭天求雨活动。迟至春秋时期，中原地区已有用蟾蜍、蜥蜴等生物求雨止雨者[①]。到了西汉，董仲舒综合前人的做法，在《春秋繁露》中系统地提出"求雨止雨法"，认为用蟾蜍等生物并通过田啬夫的斋戒祈祷，可以求雨止雨[②]。这种求雨止雨法对南方骆越人应有一定影响。因为蟾蜍具有预报风雨的特性[③]，骆越人不了解其究竟，以为蟾蜍是一种能呼风唤雨的灵物，对蟾蜍产生某种推崇[④]。迨董仲舒的《求雨》《止雨》篇流传到南方地区后，骆越人对蟾蜍更加推崇了，于是将蟾蜍的形象塑造于铜鼓上。

还有将董法（董仲舒《春秋繁露》中的《求雨》《止雨》篇——下同）镌刻于碑上，竖在寺庙中，每年春秋两季由县官带头按其求雨止雨的做法。这种情况，对南方骆越人不无影响。但这并不是说骆越人以蟾饰鼓之风系袭自董法。笔者以为这是南方越文化和中原汉文化交流融合的结果，是越汉人团结融合的表征。原来南方的骆越人在长期的生产生活中已观察到蟾蜍有预报风雨的特征，但不理解其究竟，以为蟾蜍是一种能压制雷公、呼风唤雨的灵物，对蟾蜍产生某种推崇。迨董法流传至

---

① 广西恭城县秧家大队出土的春秋铜尊（一号），器腹上有相斗状的蟾蜍纹和蜥蜴纹。广西壮族自治区博物馆：《广西恭城县出土的青铜器》，《考古》1973年第1期，第30~34、41页。又湖南衡山也出土有类似纹饰的春秋铜尊，见于《人民画报》1977年第6期。西汉董仲舒在其《求雨》《止雨》篇中提到用蟾蜍和蜥蜴等生物并通过田啬夫的斋戒祈祷，可以求雨止雨。（清）李调元：《罗江县志》卷二，第16~22页。

② （汉）董仲舒：《春秋繁露》卷十六；（清）李调元：《罗江县志》卷二。

③ 江苏省建湖县《物象测天》编写组：《物象测天》，农业出版社，1977年。广西民间每当看见蟾蜍出洞活动并发出咯咯叫声，就说"蟾蜍阶下叫，风雨就来到"。流传于今广西横州市的《蛤蟆登殿》故事更说，因为蛤蟆能呼风唤雨，皇帝知道了，叫它进京问话。广西僮族自治区科学工作委员会、僮族文学史编辑室：《僮族民间故事资料》（第二集），1959年，第273页。

④ 广西南宁地区民间传说，天上的雷公是怕蟾蜍的，蟾蜍能压制雷公。

岭南后，骆越人对蟾蜍更加推崇了，于是将蟾蜍的形象塑造于所铸的铜鼓上。这是南方铜鼓蟾饰的来源和意义。

提到蟾饰，必然会涉及蟾头的方向问题。对这问题，有些人没有注意到，有些人注意上了，但不以为然，以为这是偶然的现象，或虽不是那样的看法，但由于弄不清其究竟，结果只好避而不谈。至今，有关蟾向的问题知之甚少。笔者觉得这问题相当重要，弄清楚这问题，不仅有助于对蟾饰意义的理解，也有助于对铜鼓作用的理解，故讨论这问题是必要的。下面拟谈下个人的看法。

先说右向。此向出在俚僚类云雷纹铜鼓中。在未论及问题之前，让我们先明确下有关右向的地理方位和空间云雨区的移动方向问题。在我国，历代皇宫坐北朝南，民间每有"左东右西"之说。另外，在中纬度地区，大范围的云雨区一般是自西向东移动的[①]。我国领土多属中纬度范畴，云雨常自西方来，民间常以为西方是雷雨之方[②]。蟾头右向，实为西向，即迎向雷雨之方，大概古人亦这样认为，只有这样的蟾向，才能使铜鼓起到制雷求雨和镇雷止雨的作用。

左向。此向见于骆越类铜鼓和俚僚类的钱纹铜鼓中。右向是西向，左向是什么？《逸周书·王会解第五十九》说："南人至众皆北向。"当南方人面向北方的时候，左边必然在西方，右边在东方，所以《战国策·魏一》云："三苗之居，左彭蠡之波，右洞庭之水。"可见在南方人看来，左向也是西向，也是迎向雷雨之方的。

左右相对向。多出在俚僚类的云雷纹铜鼓中。既然左、右向都是西向，左右相对向当然也不会例外。这种情况反映了云雷纹铜鼓是由骆越铜鼓演变过来的，它既保留了原骆越鼓的左西右东的习惯，又吸收了中原汉文化左东右西的习俗，这是越汉文化交流融合的又一表征。

中间向。此向出在骆越晚期铜鼓中，如图 6-8 所示，蟾头昂起迎向鼓面中心太阳纹，这正是望天求雨止雨的体现。

---

① 齐彦斌：《雨雪冰雹》，北京人民出版社，1973 年，第 53 页。
② 《诗经》："朝隮于西，崇朝其雨。"民间气象谚语：东闪日头红，西闪雨重重；云往东雨无踪，云往西雨凄凄；乌云遮落日，不落今日落明日。

图 6-8　蟾头中间向铜鼓
（广西柳州市博物馆藏）

关于蟾数问题。广西壮族地区有关雷公的传说很多，一说天上有四个雷公[①]。雷公和蟾蜍，雷公怕蟾蜍，蟾蜍能压制雷公。因此，铜鼓上的四蟾可能与天上的四雷公有关，就是四蟾分管四雷。钱纹铜鼓和云雷纹铜鼓是在汉文化影响下产生的，它的六、八蟾与中原地区雷鼓的面数可能有关。中原的雷鼓有六面鼓与八面鼓之分，铜鼓不便铸多面，只好以蟾数代之。

8. 蜥蜴纹（或蝾螈纹）

始见于《古铜鼓图录》第二十图，铜鼓第十一，董仲舒的"求雨止雨法"曾提到蜥蜴，可知铜鼓上的蜥蜴纹也与求雨止雨有关。

9. 龙纹

始见于《古铜鼓图录》第二十二图，铜鼓第十二乙，骆越晚期小鼓也有，董仲舒的"求雨止雨法"也提到苍龙。唐诗有"铜鼓赛江神"[②]之句，江神就是水龙王。民间常谓龙与风雨有关，可知铜鼓上的龙纹也是与风雨有关的。

---

① 《雷公故事》："从前天上是有着四个雷公的，它们管理着地面上的一切。"《雷公的传说》："从前天上有四个神，姓赵、邓、马、关等……奉玉帝之命，赵、邓、马、关四神爷，每年轮流值巡天堂并监视凡界。"广西僮族自治区科学工作委员会、僮族文学史编辑室：《僮族民间故事资料》（第二集），1959 年，第 2、5、6 页。

② 唐代许浑《送客南归有怀》有"瓦尊迎海客，铜鼓赛江神"句，该诗载于（清）彭定求：《全唐诗》八函八册，中华书局，1960 年。

10. 龟鳖饰

中期的骆越鼓面有此纹饰（图6-9）。龟饰多于蟾饰间出现，头向与蟾向同。鳖饰常出在蟾背上，头向鼓心太阳纹。对此纹饰，有人认为是灵龟，为封建统治阶级"显贵"的象征。笔者认为不是这个意思。气象科学告诉

图6-9　孩童推龟饰

我们：龟是一种淡水两栖类动物，雷雨前，因气候变化，龟背凝有小水点，产生"龟背潮"现象。这时，龟在洞中感到不快，常跑出洞外活动，并壳首向天。所以民间有"龟背潮，下雨兆""龟出洞，雨淙淙"的说法。清乾隆年间（1736～1795年）李调元之《南越笔记》卷十"毛龟"条说："有红白二龟……旱祷之，红出则雨，白出则否，亦龟之神者。"道出了龟饰与风雨的关系。至于鳖，与龟一样，对风雨也有预应的特性，都能预报风雨[①]，董仲舒《求雨》《止雨》篇也提到鳖，说明鳖饰也与风雨有关。民间常认为龟鳖和雷公相对抗[②]，以龟鳖饰鼓意在以龟鳖制雷，以达到风调雨顺的目的。

图6-10　屎壳郎饰

11. 屎壳郎饰

出现于广西上林云聪1号铜鼓鼓面蛙间（图6-10）。我国古谚语云"植佳谷必以粪壤"，将屎壳郎作为五谷丰登的标志，凸显它与农业丰收的关联。

---

① 齐彦斌：《雨雪冰雹》，北京人民出版社，1973年，第55页；江苏省建湖县《物象测天》编写组：《物象测天》，农业出版社，1977年，第30、31页；广西宜山县《观天看物识天气》编写组：《观天看物识天气》，广西人民出版社，1973年，第123页。

② 在广西，当龟鳖咬人时，人们总会说要等到雷鸣后它才放口。

12. 白蚁纹

常见于俚僚类的钱纹铜鼓中。身部较长，头尾尖，无翅膀，两边有小足。有人认为是蜜蜂纹。笔者认为不是蜂，而是白蚁，即飞白蚁。春夏间的黄昏时分，白蚁常从树脚或篱笆间飞出（交尾。白蚁一经飞出，翅膀即行脱落），此时农人会说："白蚁飞，雨霏霏。"铜鼓上的蚁纹应与风雨有关。

13. 猪纹、蛇纹、鱼纹、狗纹①

见于晚期的骆越铜鼓中。前二者有人以为是十二生肖，反映了道家的思想。如果是这样，同一晕中，十二生肖应全列上。但现在看到的只有龙纹、蛇纹、水牛纹和猪纹四种，另加上飞鹤纹、荷锄老农纹及鱼纹，说明这并非十二生肖。鱼纹，有人以为鱼即"馀"，鱼即"有余"，反映了古人致富的思想（图6-11）。笔者以为也不是这个意思。气象科学告诉我们，此四者对风雨都有预应的特性②。董仲舒也有以蛇、鱼、猪作法求雨止雨者，说明此四物与风雨有关。

图6-11　蟾负鱼饰

14. 荷锄老农纹③

见于晚期骆越铜鼓中。有人以为是农奴的形象。笔者认为荷锄老农就是董仲舒一再提到的那个田啬夫（按：田啬夫即都老，或称老农）。按照董仲舒的说法，以蟾蜍、蜥蜴

---

① 洪声：《广西古代铜鼓研究》，《考古学报》1974年第1期，图一九、图二一；江苏省建湖县《物象测天》编写组：《物象测天》，农业出版社，1977年，第8、22、27、56页；广西宜山县《观天看物识天气》编写组：《观天看物识天气》，广西人民出版社，1973年，第100、101、117页。

② 洪声：《广西古代铜鼓研究》，《考古学报》1974年第1期，图一九、图二一；江苏省建湖县《物象测天》编写组：《物象测天》，农业出版社，1977年，第8、22、27、56页；广西宜山县《观天看物识天气》编写组：《观天看物识天气》，广西人民出版社，1973年，第100、101、117页。

③ 洪声：《广西古代铜鼓研究》，《考古学报》1974年第1期，图一九。

等生物并通过田啬夫的斋戒祈祷，可以求雨止雨，说明荷锄老农纹与求雨止雨有关。

15. 马饰、骑乘饰[①]

常见于俚僚类前段铜鼓中（相当于骆越类的中期前段），对此纹饰，有人认为是骆越铜鼓的典型，如"广西少数民族统治者崇尚勇武精神的另一表现"。如前所说，这样的提法不妥。该纹饰要说是有什么"崇武精神"的话，那应与伏波将军马援有关。以马饰鼓为两广铜鼓所独有，多发现于粤西南和桂东南地区。此种纹饰与岭南兄弟民族的生活习俗似无联系，而与伏波将军马援的威武精神和爱马生活有关。马援是河西扶风茂陵人，东汉名将，家有牛马数千头，谷数万斛，平生酷爱马，并有一套相马法[②]。"山留铜柱水铜船，新息威灵在漳天"[③]，为体现新息侯的威灵，当年的马援在"得骆越铜鼓"后，除铸铜柱铜船外，还铸有马式铜鼓，今两广地区特有之马饰铜鼓应系其遗迹。在平定交趾叛乱以后，人们将马援将军的威武精神和爱马生活反映在所铸的铜鼓上，不无可能，这对于马援来说更有意义。再者，从有关历史、考古、民族资料看，先秦广西无马[④]，广西的马是西汉以来从中原地区和西南地区传入的，直到宋代（甚至明代）还是这样。先秦广西既然无马，人们对马一定很生疏，不会将马的形象反映在所铸的铜鼓上。这么看来，这些纹饰应为伏波将军马援精神生活的反映，是《后汉书·马援列传》"乃铸为马式"的历史遗迹之一（图6-12）。

[①] 洪声：《广西古代铜鼓研究》，《考古学报》1974年第1期，图一七，5～8；图版肆，3、4。

[②] 《后汉书》卷五十四《马援列传》；朱拙存：《中国历代名人传》第三编"马援"条，上海经纬书局，1947年。

[③] （清）屈大均：《广东新语》卷七"马人"条，中华书局，1985年，第233页。

[④] 在广西，古生物化石种类繁多，但马类化石就很少；在古文化遗址中，各种古动物遗骨都有，从巨猿到猩猴，从大象到野牛、犀牛、野猪等，应有尽有，而马类遗骨至今未发现；在古墓葬出土的遗物很多，有陶猪、陶牛、陶鸡、陶狗等，唯独陶马没有，至今未发现；出土的铜器也多，有盒、壶、鼎、屋、凤灯等，但马就很少。广西壮族对马畜无本民族语称，现有的是汉语借词。所有这些，说明古代的广西无马。

图 6-12　双骑饰

16. 钱纹

通常有五铢钱纹和四出五铢钱纹之分，常见于俚僚类中段铜鼓中（相当于骆越类的中期中段）（图 6-13）。以钱饰鼓是粤西南和与粤西南相邻的桂东南地区所出铜鼓的一大特征。对此，有人以为这是富有阶级的贪财爱富思想的表现。笔者以为这或许是一个方面，此外，此种纹饰应有其在时代上和族属上的意义。五铢钱创自汉武帝，盛行于汉代，有浓厚的时代特征，是我国古代重要的钱币之一，素被认为是"汉代"或"汉家"的标志，是汉文化遗产的一部分。汉族是我国主体民族，社会经济和文化发展程度较高，正统的观念很浓。秦代以来，接受了汉文化的骆越人也不例外，当年的马援在"得骆越铜鼓"之后，在"乃铸为马式"铜鼓的基础上，将具有汉代和汉文化特征的五铢钱纹样反映在所铸的铜鼓上，也是有可能的。从这方面来说，钱纹铜鼓可说是"乃铸为马式"的又一实物例证。

图 6-13　五铢钱纹饰

17. 云雷纹

有方、圆两种，多见于俚僚类后段云雷纹或钱纹铜鼓中（约为骆越类的中期后段）。这是粤西南、桂东南出土的铜鼓的又一大特征。此纹饰铜鼓多发现于粤西雷州地区及与此相邻的桂东南地区。对此纹饰，有人以为是南方少数民族崇拜云雷的表现。据笔者所知，广西壮人祭太阳神较多，祭木石水的也有，祭云雷似未闻过。在笔者看来，饰鼓以云雷纹与齐全天体的形象和雷鼓的特征有关（图6-14）。有关天体的问题，前已提过。至于雷鼓，《广东新语·器语》"铜鼓"条说：铜鼓"雷人辄击之以享雷神，亦号之为雷鼓云。雷，天鼓也……以鼓象其声，以金发其气，故以铜鼓为雷鼓也"。我国历史悠久、文化发达，群众中每有"好古"之风。云雷纹为商周时期青铜器上的主导纹饰，古风较浓，为使铜鼓具有中原古色和雷鼓特征，以适应飨雷神之需，已接受汉文化的骆越人以仿古手法在纹饰上加以云雷纹，也不无可能。从这方面上说，云雷纹铜鼓又可说是"乃铸为马式"的又一历史遗迹，是越汉文化融合的又一表现。云雷纹铜鼓在粤西南、桂东南地区出现绝非偶然。由于地理上和地质上的原因，这些地区历来比较干旱，又多雷电，故它与雷州地区（包括桂东南地区在内）多雷电的问题有关[①]。由于此地多雷电，为了生产和安全，人们多造雷庙、雷鼓、雷楔、雷车以享雷神[②]。古往今来，雷州地区出土的铜鼓多为云雷纹铜鼓，可知雷州人所造之雷鼓即为云雷纹铜鼓。宋徽宗敕撰、王黼编纂的《宣和博古图录》卷一说：云雷纹象征圣人的"恩泽"。民国二十二年（1933年）《辞源》谓"恩泽"犹"雨泽之膏物也"。光绪《平南县志》"云雷纹尊"条说："雷取其奋豫，云取其濡泽。"[③]云雷纹是雷鼓的特征之一，说明雷鼓上的云雷纹与风云雷雨相关。

[①] （清）屈大均：《广东新语》卷一《天语》"雷风"条："雷州在海北多阴，雷生于阴之极，故雷州多雷。""雷耕"条："义雷州无日不雷，故农人无日不耕。"
[②] （清）吴震方《岭南杂记》上卷："志传：雷州府有雷公庙，每岁乡人造雷鼓、雷楔、雷车送入庙。"以享雷神。
[③] 光绪《平南县志》孔庙祭器"云雷纹尊"条。

图 6-14　云雷纹大铜鼓上的云雷纹饰
[广西北流出土，被誉为"铜鼓王"，西汉（公元前202～公元8年），广西民族博物馆藏]

18. 斿幡纹

即过去所谓的游旗纹。它是由前期之羽人纹发展而来的，说明斿幡纹与风雨有关。常见于骆越晚期小铜鼓中。其后为符箓纹和所谓十二生肖纹所取代。所谓十二生肖纹，那是过去的说法。现在看来，这一说法欠妥。不错，有些鼓晕是有十二种动物纹饰的，但这不全是十二生肖，而是由符箓纹、鱼纹、龙纹、蛇纹或荷锄老农纹与船纹、水牛纹、猪纹、鱼纹分别组成的。如前所说，这些纹饰都与风雨有关。同时，斿幡纹是由羽人纹演变过来的，羽人纹是水鹤的化身，都与风雨有关。说明斿幡纹与风雨有关，是道士祭天求雨惯用的符法。

19. 双龙朝阳纹

常见于晚期小铜鼓中。以往，人们常因骆越晚期小鼓于两龙纹间的圆形物体填以团寿纹，以团寿延及珠宝，遂有所谓"云龙献寿"纹和"云龙献宝"纹之说[①]。其实这不是团寿，也不是珠宝，而是天空太阳的形象，即所谓"双龙朝阳"。两龙纹间的圆形物体也是太阳纹。我国民间舞龙素有求雨祈年之义[②]，双龙朝阳为民间舞龙之一，也有求雨祈年之义。

20. 双鱼朝阳纹

如前所说，鱼儿能预报风雨，董仲舒之文也有提到鱼的。说明双鱼朝阳纹也如双龙朝阳纹一样与风雨有关。我国民间素以为鱼龙为非凡的神物，可以互变。一些旧式书院门联还有"鱼龙变化池"句。可知鱼龙是统一的，双鱼朝阳纹也有望天祈雨之义。

21. 同心圆纹、乳钉纹

其所要表示的是星星，以呈现天体的景象（图6-15）。

22. 汉铭文

宋代以后的铜鼓，每有"万代进宝，永世家财""福如东海，寿比南山""三多九如""孔明鼓"等铭文（图6-16）。这是古人追求"福寿富贵"的流露。晚期铜鼓出现汉铭文，

图6-15 同心圆纹饰

---

① 洪声：《广西古代铜鼓研究》，《考古学报》1974年第1期。
② 吴红萍、黄点谷：《舞龙和舞狮》，《广西日报》1980年2月16日第4版。

图6-16 鼓面拓片（主纹为双龙献寿，铭文为"万代进宝""永世家财"）

表明宋明时期南方骆越人地区与汉族地区之间经济文化上的交流和融合情况。

除此以外，在俚僚类的云雷纹和钱纹铜鼓鼓面底壁中心部分常有四个呈扇形的两相对称的锤压角（铲角），在中期骆越鼓鼓颈及鼓脚内壁相对两边每有小耳一对或两对。这些都不是纹饰，而是属于乐理方面的结构，拟于第七章"铜鼓的音乐性能"中讨论，这里从略。

综上以观，可知铜鼓上的各种纹饰多与风雨有密切的关系，古骆越人用之制雷求雨保丰收和镇雷止雨消灾。

第七章　铜鼓的音乐性能

铜鼓，全用铜铸，面平腰曲，形如坐墩，中空无底，两旁有耳，纹饰多样，是我国南方少数民族地区特有的一种打击乐器（图7-1），对音响有一定要求。为了达到预定的音响效果，铜鼓铸成之后还要经过一道"调重"而非出于"调音"的工序，即减轻铜鼓的重量以使其在横悬时鼓面一端与鼓脚一端平衡。

图7-1　西林铜鼓的挂法、打法及制音并以稻草绳护鼓

南方铜鼓常用于文娱活动，这在《新唐书》《太平御览》《广东新语》等书中都有明确记载。铜鼓在更多的场合还和其他乐器配套使用，在考古学上也有反映，如在云南万家坝古墓葬 M1 腰坑就有铜鼓与铜编钟共出[1]，石寨山汉墓 M16 也有铜鼓和铜葫芦笙共出，M12 出土的青铜贮贝器盖上更有铜鼓和錞于同挂在一块合奏的图像[2]。广西西林普驮铜鼓墓葬

---

[1] 云南省博物馆文物工作队、四川大学历史系考古专业：《云南楚雄县万家坝古墓群发掘简报》，《文物》1978 年第 10 期。

[2] 云南省博物馆：《云南晋宁石寨山古墓群发掘报告》，文物出版社，1959 年。

也同时出土了 4 面铜鼓与 2 件羊角钮钟,证实了铜鼓可与羊角钮钟配合演奏。现今铜鼓通常也与皮鼓、铜锣合奏,以伴歌伴舞自娱。

铜鼓的音乐性还可从鼓腹内壁特有的音乐设施考究出来。比较早期的铜鼓,由于铸造技术上的原因,还没有什么音乐设施。到了中期,不论是骆越类铜鼓还是俚僚类铜鼓[①],都有音乐设施。在骆越类铜鼓中,鼓胴和鼓脚的内壁相对两边(通常是与鼓耳同侧)常设有半环小耳一对或两对(图 7-2)。目前这些半环小耳还没有引起他人的注意。这些半环小耳并非偶然出现,而是有意制作的,属于鼓乐上的设施。就是说,位于鼓胴内壁的半环小耳是作悬挂助音器用的,鼓脚内壁的半环小耳是作悬挂制音器用的。这种助音器,可能是一种弹簧式的钢丝或薄铜片,制音器可能是一种圆形的薄铜片或木板。为便于理解助音器的作用,我们来看看现代革鼓内的共鸣设施。在一些较大的革鼓内,于近鼓面皮革下常设有四条弹簧式的钢丝,击鼓时钢丝受鼓声冲击发出金属的共鸣声,使革鼓的音色更好。调查发现,广西各地师公剧常用的蜂鼓(一名腰鼓,壮语叫"岳")鼓面皮革下也设有弹簧钢丝。师公艺人说,没有这钢丝,鼓音会不好。铜鼓上的助音器的作用与上述革鼓内的弹簧钢丝的作用相同,当铜鼓受击的时候,助音器被鼓声冲击发出共鸣,使铜鼓声音更加

图 7-2 羽人纹铜鼓鼓胸和鼓脚内壁相对两边(通常是与鼓耳同侧)
设有半环小耳一对或两对

---

① 根据有关历史记载和铜鼓上的造型及纹饰特点,笔者将南方铜鼓分为骆越型与俚僚型两类。

响亮。至于助音器的作用，只要我们留心观察各少数民族跳铜鼓舞时击鼓的情形就清楚了——他们常于受击的铜鼓后面配以木桶控制鼓音（图7-3），这是专为铜鼓接音而配套使用的"助音器"。正如民国贵州《八寨县志稿·古迹·金石附》"铜鼓"条所说："击（铜鼓）时，以绳系耳悬之，一人执木梃力击，一人以木桶合之，一击一合，故声洪而应远。"[①] 前人的这种打法，应是上述助音器的运用，是上述助音器的延续和发展。中期的骆越铜鼓，体型比较大，面径常在1米上下，重约100千克，使用木桶控制鼓音有些困难，而通过鼓脚内壁的半环小耳设置助音器，让助音器横拦于鼓脚之内，再视鼓声的大小和舞蹈的动作表情，使助音器进行不同程度的摆动，这样就可以控制鼓声，使鼓声可大可小、可抑可扬，从而使舞蹈更具声色（图7-4）。至于铜鼓的演奏方式，一般是将它侧身悬挂，一人击鼓，一人持木桶在鼓底晃动，以改变音量和音色。也常平置于地面击奏或由两人抬鼓边走边以手拍击。其音色粗犷洪亮，鼓声大者可达数里之外。

图7-3　西林铜鼓的木质桶形助音器
（此器可控制鼓音）

在俚僚一类铜鼓中，鼓腹内壁没有半环小耳装置，但在云雷纹铜鼓和钱纹铜鼓中，于鼓面底壁中心常有四个呈扇形的两两相对称的锤压角。这些锤压角的设置有一定规律性（具体构造部分从略）。

---

① （民国）王世鑫纂，（民国）郭辅相修：《八寨县志稿》，民国二十年（1931年）刊本。

图 7-4　贵州凯里苗族铜鼓的木质桶形助音器

对于这样的一种锤压角，有些人没有注意到；有些人虽注意到，但以为这是偶然的现象，没有就此进行探索，故至今也无人就此发表过任何意见。笔者以为这些锤压角也不是偶然出现的，而是有意装上去的，属于鼓乐上的一种设施。笔者曾多次试验过（图 7-5），其结果是：在云雷纹和钱纹铜鼓中，鼓声的高低、强弱都与锤压角内的夹角和锤压角面（弧）的大小有关，并且互成反比。如在上下两个锤压角中，因夹角和锤压角面（弧）较小，故鼓声较硬而高。而在左右两个锤压角中，因夹角和锤压角面（弧）较大，故鼓声较软而低。在各个锤压角内，一弧一个音，内弧的音较低，最低的音在鼓心脐部（脐径通常为 4.5 厘米左右）；外弧的音较高，越接近鼓边音越高。在一个锤压角内可发 3～5 个（或者更多的）音。在相邻的两个锤压角内，因夹角和锤压角面（弧）不等，可发 6～10 个（或者更多的）音。这些情况表明，云雷纹和钱纹铜鼓上的这种锤压角完全是从变音（即多音）和音响上考虑的（图 7-6）。此外还应该看到，经过制造锤压角，能使鼓面受击处铜质更坚实，鼓声更铿锵。

总之，上述之骆越类铜鼓和俚僚类铜鼓鼓腹内壁的设施虽各有不同，但目的都是一致的，就是要使铜鼓具有更多的变音和更好的音色，以适应文娱上的需要。

图 7-5 试敲西林铜鼓
（1986年12月16日摄于西林近郊坡迈村，中间为笔者）

晚期的小铜鼓鼓腹内壁没有半环小耳装置，也没有锤压角。为弥补这些不足，各少数民族在"击铜鼓为欢"时，必须在打鼓面的同时以小棍打鼓身作配音，并于受击打的铜鼓后面放木桶控制鼓音。

由此可见，我国南方特有的铜鼓就是鼓，是一种乐器，娱乐的作用是主要的，贯穿于整个铜鼓发展的过程（图7-7、图7-8）。有些人认

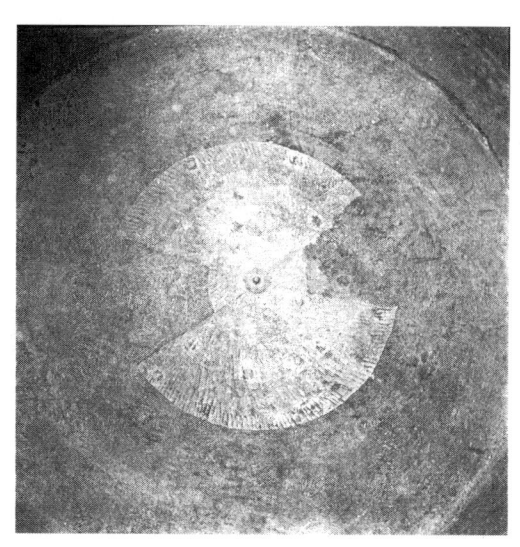

图 7-6 灵山01号铜鼓鼓面内壁中心4个扇面锤压角中心之消气孔

为铜鼓不是鼓，而是一种窖藏器；有些人虽承认是鼓，是打击乐器，但认为铜鼓用于娱乐是明清时期的事。如果是这样，上述历史和考古资料说明什么？同时，上述之半环小耳装置和锤压角设施作何用处？应该看到，上述之中期大铜鼓不是明清时期的，而是汉魏时期的。

图 7-7 1991年在南宁国际铜鼓学术讨论会上与学者交流
（右为笔者）

图 7-8 1991年参加南宁国际铜鼓学术讨论会
（观看河池铜鼓艺术团表演合影，第二排居中为笔者）

第八章　铜鼓在历史上的作用

晋裴渊《广州记》说：岭南"狸獠铸铜为鼓"。《隋书·地理志下》也说："自岭已南二十余郡……诸獠皆然，并铸铜为大鼓。"可知南方的俚僚人历史上铸造过铜鼓。古俚僚人为什么要铸铜鼓，铜鼓在历史上有何作用？这是对南方铜鼓感兴趣的人所需要了解的一个问题。其实，这问题过去也曾有人提过，只是他们多是从某个方面提出问题的，未能全面地考虑问题，故其所做的解释常是片面不清的。从有关历史、考古和民族学资料看，南方铜鼓在历史上的作用如下。

一、卜鼓祈年

这是南方铜鼓作用的主要方面。我国自古以农立国，农业生产与阳光雨露有密切的关系，为了"阳雨时若，年谷顺成，民大和会"[①]，古时候，每年新年伊始，上自皇帝，下至庶民百姓，都会举行祈年求丰收活动。北京南郊的天坛就是明清时期皇帝为祭天祈年求丰收而设的（图8-1）。广西东兰、巴马、凤山、天峨一带春节举行蚂𧊅卜（俗称埋蚂𧊅）活动，就是民间新年祈年求丰收之一种。壮族的蚂𧊅卜，原先是与铜鼓卜合搞的，卜时将蚂𧊅棺置于铜鼓面上一起卜入土中，一年之后进行发掘，从出土铜鼓鼓面的铜色和蚂

图8-1　北京天坛

---

① 1949年铅印本《新纂云南通志》卷八十五《金石考五·广南铜鼓》。

蚂的骨色断定当年年景：人们认定，鼓面的铜色和蚂蚜的骨色呈金黄色的为吉，是年可风调雨顺，五谷丰登，人畜兴旺；呈黑色者为凶，预示当年非旱即涝，需预作防范，以保年成而安生活。但到后来，因社会生齿日繁，人事日繁，所卜葬之铜鼓常常失窃，为防止铜鼓失窃，于是一改昔日的做法，春节举行蚂蚜卜祈年时，只举行蚂蚜卜，不举行铜鼓卜了，但在举行蚂蚜卜的时候，一定要备有铜鼓，并大敲铜鼓，高唱《铜鼓歌》，不然，蚂蚜卜就会失灵，其所唱之《铜鼓歌》云：

打鼓响一声，万村得太平，
不受水旱灾，不受虎狼侵；
打鼓响二声，五谷得丰登，
一穗三百粒，十粒有半斤；
……
打鼓响十声，报给万众人，
来年风调雨又顺，万家笑盈盈。
今日埋蚂蚜，求玉皇开恩，
祈求及时雨，干旱莫来临[①]。

据调查，田林木柄瑶（瑶族的一支）新春佳节也有卜鼓祈年的风俗。就是在每年农历十二月底，择一龙、蛇（辰、巳）之日，并椎杀一雄性水牛祭社亭（土地神）和祖先，之后即发掘上一年度葬下之铜鼓。铜鼓掘出后，以鼓面铜色和鼓腹内的积水量及水色定吉凶，人们认定，鼓面铜色呈金黄色、鼓腹内积有少量的清水为吉，是年可风调雨顺，五谷丰登；否则为凶，需预作防范，以保年成而安生活。铜鼓掘出后，经民族代表（头人）辨认鼓面铜色、诵经作法并试击一轮之后（图8-2），群众就可以上场，大打其铜鼓，大跳其铜鼓舞。铜鼓一经开打，可以天天打，夜夜打，一直打到正月底，到了二月，就不能再打铜鼓了。正月底或二月初，再择一龙、蛇（辰、巳）之日举行祭仪，复将铜鼓秘密地卜

---

① 潘世雄：《铜鼓入土原因论》，《广西民族研究》1985年第2期；《铜鼓歌》为广西东兰县城厢公社田垌大队孙孟儒老人（62岁）口述，广西东兰县文化馆馆长马永全同志记录整理。

图 8-2　木柄瑶长者

葬于预先选好的吉地之中，以作明年春节掘鼓祈年之用①。四川会东县的布依族是一百多年前太平天国运动时期由贵州迁去的，至今还保留使用铜鼓和卜葬铜鼓的风俗，如置于鲁吉公社梁家的会东一号鼓，1956年春节在击鼓娱年后，即由梁家老祖父经手卜葬于梁家屋后山上；置于松坪公社潘家的会东二号鼓，也曾于1958年入土卜葬，至1979年才被发掘出来②。贵州布依族在新春佳节期间，各村寨群众都有"岁时击铜鼓为欢"的风俗③。贵州三都等地的水族群众，在过水历年——端节和卯节时，也有赛铜鼓、歌舞娱乐的风俗④（图8-3、图8-4）。新年过后，广西各地在春秋赛社时，也常敲击铜鼓以祈年："椎牛酹酒欢相噱……春秋赛社击铜鼓。"⑤ "铜鼓喧春社……祈岁酒三卮。泉洿儿童乐，年丰父老

---

① 潘世雄：《铜鼓入土原因论》，《广西民族研究》1985年第2期；《铜鼓歌》为广西东兰县文化馆馆长马永全同志翻译整理。
② 胡立嘉：《会东布依族传世铜鼓》，《第二次古代铜鼓学术讨论会资料集》，1984年。
③ 明嘉靖三十四年刻本《贵州通志》卷七《地理·苗蛮》。
④ 《水族简史》编写组：《水族简史》，贵州民族出版社，1985年，第七章"文化艺术与生活习俗"。
⑤ （清）戴朱纮：《铜鼓歌》，乾隆《柳州县志》卷十《艺文·诗》，民国二十一年铅字重印本。

图 8-3 贵州水族铜鼓舞

（引自《民族团结》1957 年）

图 8-4 古装铜鼓舞

（三都水族自治县都江区摆乌村）

知。"①南方铜鼓"得者往往求诸野,渔人施网田夫耕。大抵蛮僚留土乐,祈田赛社环边氓"②。"在昔篱章掌土鼓,春祈秋报敦农耕。俗或击以乐田祖,蕢桴苇籥罗编氓。"③值得注意的是,前面所提到的铜鼓卜,历来都是上了年纪的民族代表(头人)或民族长者和铜鼓保管人经手秘密卜葬的,他人不得过问。看来,此种卜鼓祈年的风俗,恐非桂北壮族、田林瑶族和川南布依族所独有,古代南方使用铜鼓的地区和民族也是如此。在此情况下,在这长长的一年当中,如经手卜鼓的这两个老人有何意外且又来不及告知其他可靠的人,铜鼓的卜葬地点谁能知晓?这并非耸人听闻之谈,历史上确有其事。如上述之四川会东一号鼓,1956年春节在用以击鼓娱乐之后,即由梁家的老祖父经手卜葬于梁家屋后山上,不久老祖父过世,来不及告知亲人,结果铜鼓的卜葬处谁也不知道。后因大雨,山洪暴发,铜鼓被冲刷出来才为人发现④。要不是山洪帮了忙,该铜鼓还不知何时始为人发现。又如都安七百弄瑶族头人蓝有理,生前曾拥有五面(一说八面)铜鼓,但这些铜鼓平时都不放在家,更无以铜鼓作"鸣鼓集众"之用,而是选时择地秘密地将铜鼓卜葬于山野,后来他过世,但生前来不及告知他人卜葬之地,至今,那五面铜鼓仍不知卜葬于何方,只能有待后人于耕垦中去发现了⑤,其情况正如《岭外代答·乐器门》"铜鼓"条所言:"广西土中铜鼓,耕者屡得之。"

南方铜鼓的这方面情况(卜鼓祈年),在铜鼓的一些主要纹饰中也有所体现。比如太阳纹——南方各地各类铜鼓,纹饰各有所异,但太阳纹是共有,必不可少的,而且各类铜鼓都不约而同地将它置于铜鼓最主要的位置上(鼓面中心处),足见太阳纹在铜鼓纹饰中的重要性。南方铜鼓以太阳纹为饰,除要成全古人在铜鼓上关于天体景象的构思外,与农业生产也有关系,所谓"万物生长靠太阳",这不只是现代人的话,古人也有这个体会。饰鼓以太阳纹,反映了南方古人在农业生产中对阳光雨露

---

① 高攀桂:《神窟流泉》,《武宣县志》,嘉庆十三年。
② (清)梁章钜:道光十八年刻本《铜鼓联吟集》吴楷《铜鼓歌》。
③ 道光《铜鼓联吟集》孔昭任《铜鼓歌》。
④ 胡立嘉:《会东布依族传世铜鼓》,《第二次古代铜鼓学术讨论会资料集》,1984年。
⑤ 潘世雄:《铜鼓入土原因论》,《广西民族研究》1985年第2期;《铜鼓歌》为广西东兰县文化馆馆长马永全同志翻译整理。

的需求。青蛙纹饰——此种纹饰在南方铜鼓中多以立体装饰出现，为中期各类铜鼓鼓面立体饰物所必有。说明这类纹饰在铜鼓纹饰中也是较为重要的。对这种饰物，有些史书记作蟾蜍，也有叫作蚂蚜的，实即青蛙之讹称。西汉学者董仲舒在其《春秋繁露》之《求雨》《止雨》篇中认为是蟾蜍，并认为用蟾蜍（青蛙）等物，并通过田啬夫的斋戒祈祷，可以求雨止雨[1]。广西东兰一带春节所举行的蚂蚜卜，其所用的蚂蚜即小青蛙。可见饰鼓以蛙其意在求雨祈年。云雷纹——这类纹饰在云雷纹一类铜鼓中多以方雷纹形式出现，而在羽人纹一类铜鼓以及晚期的游旗纹铜鼓中多以卷云纹形式出现。对这类纹饰，古人早已有所研究，认为云雷纹中之"雷取其奋豫，云取其濡泽"[2]，一语道白了云雷纹与风云雷雨的关系。蜥蜴纹、龙纹、荷锄老农纹——蜥蜴纹始见于闻宥《古铜鼓图录》第二十图，铜鼓第十一鼓面纹饰。云南楚雄万家坝古墓M23∶159号铜鼓鼓腰内壁上出现的所谓"四足爬虫纹"[3]，实即铜鼓上蜥蜴纹之一种，为南方铜鼓蜥蜴纹的前期作品。龙纹始见于《古铜鼓图录》第二十二图，铜鼓第十二乙鼓面纹饰，晚期的游旗纹（斿幡纹）铜鼓鼓面主晕也有此纹饰。荷锄老农纹似即董仲舒所言"田啬夫"的化身。晚期的游旗纹铜鼓鼓面主晕也每有此纹饰。董仲舒在《春秋繁露》之《求雨》《止雨》篇中曾多次提到用苍龙、蜥蜴等物，并通过田啬夫的斋戒祈祷，可以求雨止雨。表明南方铜鼓上的蜥蜴纹、龙纹和荷锄老农纹与求雨祈年有关[4]。总之，南方铜鼓上的纹饰多与农业生产所需的"阳光雨露"有关。前面所提的4项6种铜鼓纹饰只是举例说明而已。似可这样说，南方铜鼓上的各种纹饰，较为集中地反映了古代南方处于农业社会的民族祈求"阳雨时若、年谷顺成、民大和会"的共同心愿。南方铜鼓的这一情况，与中原地区古铜（铁）钟以云雷纹、龙纹为主导纹饰并镌以"风调、雨顺"等铭文的情况是相似的。所不同的是，中原古铜（铁）钟是汉文化遗物，有铭文标明其用途；南方铜鼓无铭文标明其用途，其用途均反映于铜鼓

---

[1]（汉）董仲舒：《春秋繁露》卷十六；（清）李调元：《罗江县志》卷二。
[2] 光绪广西《平南县志》孔庙祭器"云雷纹尊"条。
[3] 云南省文物工作队：《楚雄万家坝古墓群发掘报告》，《考古学报》1983年第3期。
[4] 上述四项六种铜鼓纹饰意详见潘世雄：《广西铜鼓纹饰的意义》，《古代铜鼓学术讨论会论文集》，文物出版社，1982年。

的各种纹饰之中，观其纹饰即知其用途。南方铜鼓实为南方一幅纹饰绚丽但无说明文的"新春祈年图"！

二、娱乐作用

这是南方铜鼓作用中的一方面，与南方的卜鼓祈年和击鼓娱年活动有关。古代南方铸造铜鼓的俚僚人和使用铜鼓的南方民族，新春佳节在卜鼓祈年和击鼓娱年时，各村寨都有赛铜鼓、歌舞娱乐的风俗。为使赛铜鼓和歌舞娱乐气氛更热烈，场面更活跃，人们要求铜鼓具有多音和变音的功能。于是铸鼓的俚僚人就想出办法，在中期各类铜鼓中，在云雷纹、钱纹铜鼓鼓面底壁中心创下四个呈扇形的两两相对称的锤压角（图8-5），在羽人纹铜鼓鼓胸和鼓脚内壁相对两边各铸出一对或两对半环小耳。击云雷纹钱纹铜

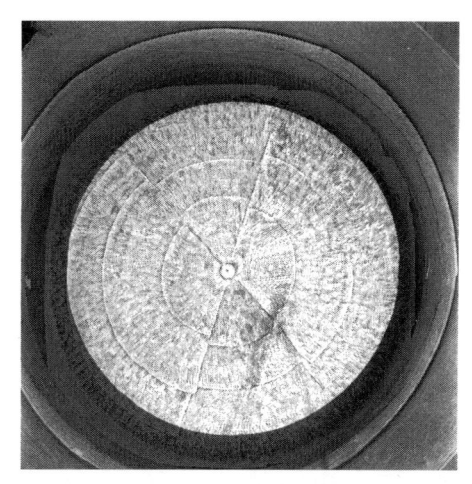

图8-5　云雷纹、钱纹铜鼓鼓面底壁中心4个呈扇形两相对称的锤压角

鼓时，打击不同的扇面，就可使铜鼓发出不同的鼓声，这样铜鼓的多音问题便解决了[①]；在羽人纹铜鼓中，在鼓胸内壁的小耳上装上助音器（推想为弹簧钢丝，就像现代一些较大的革鼓在鼓面皮革之下装有数条弹簧钢丝一样），击鼓时，助音器受鼓声冲击，发生共鸣，使鼓声更清越响亮。与此同时，在鼓脚内壁的小耳上装上变音器［推想为一圆形的薄铜片或薄木板。因为中期的羽人纹铜鼓体型也比较大，面径多在60~90厘米。在这样大的铜鼓鼓脚口内制造出与之相适的变音桶（俗称接音桶）有一定困难，只好以圆形的薄铜片或薄木板代之。这虽属一种推论，但看来这推论是可以成立的。如今，变音桶在晚期游旗纹铜鼓的鼓乐中广泛应用，可以为证］，并对变音器做不同程度的摆动，可对鼓声起到节

[①]　潘世雄：《铜鼓的音乐性能》，《中国音乐》1982年第4期。

制、变音的作用，使羽人纹铜鼓具有多音和变音的功能[①]。属羽人纹铜鼓晚期作品的游旗纹铜鼓，鼓面底壁中心无扇形锤压角，鼓胸和鼓脚内壁也无半环小耳，铜鼓本身不具有多音与变音的功能。但古代的铜鼓乐表演师受中期铜鼓助音器和变音器的启发，击鼓时，使用变音桶和鼓身小棍作辅助工具，有效地解决了晚期铜鼓的多音和变音问题。其具体做法是：击鼓时，将铜鼓系耳横悬，一人右手持木槌击鼓面发主音，左手执小棍轻打鼓身发配音（俗称邓音）（图8-6）；另一人手持助音桶，根据鼓声的高低强弱，对变音桶做不同程度的摆动，可对鼓声起到节制和变音的作用，使鼓声和歌舞更具声色。所以《广东新语·器语》"铜鼓"条说：击铜鼓时，"或以革掩底，或积水瓮中，盖而击之，声闻十余里外"。民国贵州《八寨县志稿·古迹·金石附》"铜鼓"条说：铜鼓"击时以绳系耳悬之，一人执木梃力击，一人以木桶合之，一击一合，故声洪而应远"（图8-7、图8-8）。前文所提之"革"和"木桶"，显然为上述变音器之一种，为上述变音器之延续和发展。这是古俚僚人在人类鼓乐文化建设上的又一创作。

图 8-6　笔者在试敲西林铜鼓
（后面持助音桶者为铜鼓保管员李金亮同志。鼓面右角白线为稻草绳，用以压实。右边一鼓为西林县博物馆铜鼓，鼓音较差。1986年12月16日摄于西林近郊坡迓村）

三、压邪保平安

沉、瘗铜鼓以压邪保平安，为南方铜鼓作用的重要方面。

中国古代有"五行"学说，按照五行家的解释，"五行"就是指木、火、土、金、水五种物质。它们之间是相生相胜的。"相生"意味着相

---

① 潘世雄：《铜鼓的音乐性能》，《中国音乐》1982年第4期。

图 8-7　贵州凯里苗族铜鼓下面的木质桶形助音器
[此器用于控制鼓音（中立者为笔者）]

图 8-8　笔者在研究贵州凯里铜鼓
（1992 年 11 月）

互促进，相辅相成，如木生火、火生土、土生金、金生水、水生木等。"相胜"即相克，意味着互相排斥，互相攻击，如水胜火、火胜金、金胜木、木胜土、土胜水等[①]。这么说来，情况清楚了：就是因为龙属木，铜

---

① 《辞海》第 30 页"五行"条。

属金（详见下章），金能胜木。又因为南方地区的"骆越多铜锡"①，南越人的青铜冶铸技术很高，于是南越人的后裔俚僚人遂"铸铜为鼓"②。鼓成之后，将其"或沉之水，或瘗之土"③，"遍藏于山川瘴险之间"④。究其原因，诚如《广东新语·器语》"钟"条所言：广东"五仙观有大禁钟，洪武初，永嘉侯朱亮祖所铸，然不敢击。岁乙酉，有司命击之，城中婴儿女死者千余。于是婴儿女皆著绛衣，系小银钟以厌之……钟，金也，龙，木也，金木相斗，其必有不得其平者欤"。同书"铁鼓"条又言：广东"韶州忠惠公祠，有铁鼓，一面微损，击之有声。先时江中有一蛟，舟行者多为所害。公以铁为鼓及船，使役人乘之……盖以铁物治蛟，乃金克木之道。龙性畏铁，蛟亦然，是皆属木，故以金制之。伏波铸铁（铜）船沉于合浦，其亦以镇压毒龙而已"。《太平御览》卷八百一十三"铜"条也说："下以桂薪烧之。铜成，以铜炭冶之。取牡铜以为雄剑，取牝铜为雌剑。带之以入河，则蛟龙、巨鱼、水神不敢进也。"是故东汉伏波将军当年在渡海南征交趾时，为保证其水师渡海海上平安，特于合浦铸铜船五，沉一于合浦石康湖中，以其四随征交趾⑤。迨平定交趾叛乱班师回朝时，为保障回师水上平安，舟经广西八桂江，特将骆越二铜鼓"跃入八桂江中"⑥。后人有诗志之云："汉将勋名遍远郊，独抛征鼓压惊潮。"⑦表明古人较为迷信，他们笃信五行中关于"金胜木"之说，在生产生活中，凡认为此山中有不明"怪物"作祟，即以铜鼓瘗埋其间以镇之，认为此水中有水神作难，即以铜鼓下沉水底以压之。所以南方铜鼓"罗获多从渔与耕"⑧，南方地区像铜鼓潭、铜鼓湾、铜鼓山、铜鼓岭、铜鼓冲之类地名很多。

这样说，也许读者会问：铜鼓属金，金能胜木，以之镇山妖水怪，

---

① （宋）周去非：《岭外代答》"铜"条。
② （晋）裴渊：《广州记》。
③ 道光《铜鼓联吟集》吕璜序。
④ （清）屈大均：《广东新语》卷二《地语》"铜柱界"条。
⑤ （清）李调元：《南越笔记》卷七"马人"条。
⑥ 同治《浔州府志》"遗迹"条。
⑦ 民国九年《桂平县志》卷五十五《纪文·诗录一》"铜鼓滩"诗"同前题"。
⑧ 道光《铜鼓联吟集》谢启昆《铜鼓歌》。

似易理解，以之作铜鼓卜丰年，如何？历史的回答是肯定的，因为"铜为物至精，不为燥湿寒暑变其节，不为风雨暴露改其形"[①]，所以古人将铜（铁）钟作祈年物，并在铜（铁）钟上铸以"风调、雨顺"等铭文，民间占卜亦多以铜钱为质。

四、其他作用

南方铜鼓的作用除上述的主要方面和重要方面外，见于史籍记载和考古报道的还有很多。有作为方物，上献给皇帝，以邀功请赏，如《后汉书·马援列传》所载；有作为军鼓，用之于战阵，如《老学庵笔记》所载；有作为军门陈设品，以壮军威，如《浔州府志·铜鼓》所载；有作为重器，用以镇压蛮夷，如《广东新语》所载；有作为赏赐品，用以笼络下属，如《新唐书·南蛮传》所载；有作为贡品，表示自己对封建王朝的臣服，如《宋史·蛮夷传》所载；有作为祭器，用以祭祀鬼神，如《宋史·蛮夷传》所载；有用以祭祀亡灵，如广西南丹县里湖白裤瑶砍牛送葬打铜鼓，一次集合许多铜鼓。这种砍牛祭丧之俗历史悠久，犹如云南广南铜鼓腰部花纹中有一幅椎牛图，其情景同白裤瑶砍牛的悲壮场面如出一辙（图8-9）；有作为一种号令，用以集合群众，如《明史·刘显传》所载；有作为一种信号，州县用以为更点，如《岭外代答·铜鼓》所载；有作为随葬品，用以殉葬死人，如《广西贵县罗泊湾汉墓》所载；有作为炊具，用以烹饪食物，如《滇绎·铜鼓》所载；有作为聚宝器，用以集财聚宝（调查材料）。1972年在广西西林铜鼓葬中，发现以铜鼓改作金坛，用以盛置骸骨[②]的例子（图8-10）；1976年在广西贵港罗泊湾汉墓中，更发现将铜鼓从鼓胸锯开，以鼓面改装成三足铜盆的情况[③]（图8-11），这是考古学上的新发现，也是铜鼓作用的新闻，但所有这些，都是铜鼓在某一时一地的作用，不具普遍意义，非铜鼓作用的主要方面和重要方面。

---

① （宋）李昉、李穆、徐铉：《太平御览》卷八百一十三"铜"条，河北教育出版社，1994年。
② 广西壮族自治区文物工作队：《广西西林县普驮铜鼓墓葬》，《文物》1978年第9期。
③ 广西壮族自治区博物馆：《广西贵县罗泊湾汉墓》，文物出版社，1988年。

图 8-9　广南鼓上的椎牛图和白裤瑶砍牛送葬场景

1. 广南铜鼓腰部图像——剽牛（引自云南省博物馆：《云南省博物馆铜鼓图录》，云南人民出版社，1959年，第拾叁图）　2. 白裤瑶砍牛送葬

图 8-10　1972 年广西西林县普驮铜鼓墓葬

（1972 年西林县八达镇普合粮站门口出土，出土现场旁边还有铜骑马俑、羊角钮钟）

图 8-11　1976 年在广西贵港罗泊湾汉墓中发现将铜鼓从鼓胸锯开，以鼓面改制成三足铜盆之例

（广西壮族自治区博物馆藏，引自广西壮族自治区博物馆：《广西贵县罗泊湾汉墓》，文物出版社，1988年）

南方铜鼓的上述情况，表明南方地区古代的社会经济以农业为主，生产中与阳光雨露有密切的关系。但在古代，由于时代的局限，人们无法理解风雨的成因，也无法克服天气反常导致的水旱奇灾。在此情况之下，加之儒家"五行"学说的影响，人们深信属金的铜鼓能克属木的"蛟龙、巨鱼、水神"，确保"阳雨时若，年谷顺成，民大和会"。故在生产生活中每有卜鼓祈年求丰收和卜鼓镇妖保平安之举，使南方铜鼓"罗获多从渔与耕"。无独有偶，类似南方的卜鼓风俗在中原地区也有。中原地区除上述之古铜（铁）钟被用于求雨祈年外，见于史籍记载的还有：商代的夔龙饕餮鼎所镌的铭文云："夫夔龙害物……昔禹之治水，非惟水之为治。凡为民害者，莫不去之。及其巳事，则贡金九牧，铸鼎象物，以知神奸，使民入川泽山林不逢不若。故虽有魑魅魍魉，莫能侵之。"① 汉章帝于元和二年在北岳铸一鼎，铭曰"镇地鼎"；汉明帝于永平十年铸一鼎，铭曰："蛟龙伏。"并将铜鼎沉于洛水之中②；三国孙权黄武元年（222年），于彭蠡水沉一鼎，其文曰"百神助，阳侯伏"③。了解中原古人铸钟造鼎并加以卜葬的风俗，对我们理解南方卜鼓风俗是有所裨益的，特将资料附录于此，以供参考。

---

① （宋）张抡：《绍兴内府古器评》卷之下，《丛书集成初编》，商务印书馆，1935年（注：本书与《鼎录》同册）。
② （梁）虞荔：《鼎录》，《丛书集成初编》，商务印书馆，1935年。
③ （清）沈钦韩：《三国志补注》卷六。

第九章　铜鼓源于帝尧之土鼓
——关于铜鼓起源问题的再探

有关我国南方铜鼓的起源问题，在铜鼓的研究中是个大的课题，不少学者都发表了意见。这以前，笔者也曾写过《关于铜鼓起源问题的探索》一文，刊于《广西民族研究》1987年第4期。在那篇小文里，当时由于时间关系，在论述铜鼓起源时，有些资料还没来得及用上；有些看法，虽已提出，但在论述中语焉不详，有言犹未尽之象，有待补充；有些方面，则错提了，有待更正。今特做如下补充和更正。

在我国，"全用铜铸"的古代铜鼓有两种：一种是出土于中原地区的商代铜鼓，一种是出土于南方和西南方地区的少数民族铜鼓。此两种铜鼓，名称虽同，质地也相同，但造型、纹饰、用法与用途不同，起源也不一样。本章由于篇幅的关系，有关商代铜鼓的起源问题暂略，这里主要是阐明南方少数民族铜鼓（以下简称为"南方铜鼓"）的起源问题。

南方铜鼓的起源问题，一如铜鼓的作用和铜鼓的族属问题一样，素为铜鼓学人所关注，并发表了不少意见，这些意见有革鼓说[1]、錞于说[2]、铜釜说[3]和林邦存先生的土鼓说[4]。以上四说，多是从器形的比较上考虑问题的，论证中的一些提法，虽也还能言之成理，但就整体而论，其观

---

[1] 中国古代铜鼓研究会：《古代铜鼓学术讨论会论文集》，文物出版社，1982年，第88、89页。

[2] 中国古代铜鼓研究会：《古代铜鼓学术讨论会论文集》，文物出版社，1982年，第44、46页。

[3] 中国古代铜鼓研究会：《古代铜鼓学术讨论会论文集》，文物出版社，1982年，第22~25页。

[4] 中国铜鼓研究会：《中国铜鼓研究会第二次学术讨论会论文集》，文物出版社，1986年，第132~139页。

点笔者以为尚大可商榷。为将这一问题的研究引向深入，作为抛砖引玉，谨将个人的不同意见阐述于下，请读者赐正。

一、铜鼓之制与"濒海饶湿"无关

首倡铜鼓源于革鼓的是法国学者戈鹭波（一作哥禄贝）（V. Goloubew）。在20世纪30年代初期，他在越南河内作题为《关于铜鼓之起源及其流布》的演讲时，曾谓："铜鼓表面之花纹与（中国）汉代青铜器之纹样相类……铜鼓之起源，在北安南等山地，受来自中国之工匠之影响，因而发达。安南土人普通安置于藤制置台上之大鼓，为其原型。今日住居北安南山地之土著民族之间，尚有行之。"[①] 原来，在越南北部山区的少数民族中曾使用一种两头有鼓面、鼓腹稍鼓的木框革鼓；为便于安置革鼓并使鼓声易于向外传播，人们在革鼓之下加配一个用藤条编织而成的状若坐墩的筐座（图9-1）。当革鼓平置于筐座之上时，其外形颇类铜鼓，因而戈氏遂得出如上结论。殊不知戈氏接触的那种革鼓是一种以木为框、中间鼓腹、两头有鼓面、体型略扁的木框革鼓，其质地、造型、纹饰和用法与南方铜鼓殊异。戈氏将此小革鼓在加配藤筐座后连成的复合物体看作南方铜鼓的雏形（图9-2），这是不切实的，故其说已为大多数铜鼓学人所摒弃。不过，迄今仍有人支持此说，他们认为："南方铜鼓的起源离不开鼓，作为铜鼓来说，也应该是由革鼓演变而来的。"并在戈氏"革鼓说"的基础上引用明《峤南琐记》的话说：南方铜鼓之所以"以铜代革，这是因为'南方濒海饶湿，革鼓多痹缓不鸣，故铸铜为鼓'"[②]。此后，徐中舒、唐嘉

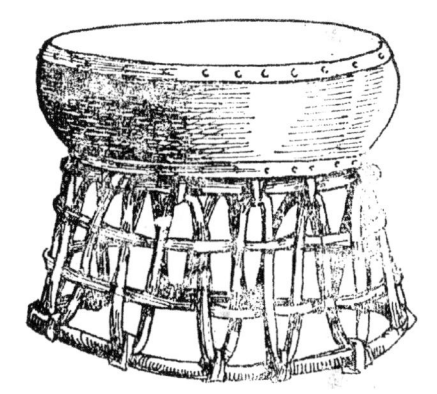

图9-1 越南江オン族使用之太鼓和藤台
（摹自《东南亚细亚の原始文明》）

---

① 郑师许：《铜鼓考略》，中华书局，1937年，第31、32页。
② 王克荣：《中国古代铜鼓研究中心的几个问题》，《古代铜鼓学术讨论会论文集》，文物出版社，1982年，第88、89页。

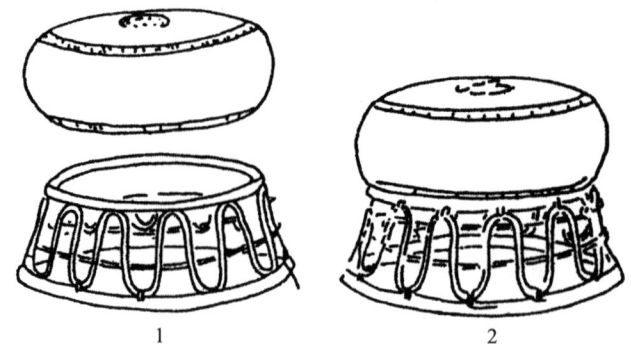

图 9-2 戈鹭波设想由扁形革鼓与藤台构成的铜鼓
1. 扁形革鼓与藤台　2. 想象中的铜鼓

弘先生在其《錞于与铜鼓》一文中亦持此说[①]。在这里，人们不禁要问：上述之"革鼓说"对吗？笔者的回答是否定的，原因如下。

第一，笔者知道，持"革鼓"说的学者所谓"南方铜鼓的起源离不开鼓，作为铜鼓来说，也应该是由革鼓演变而来的"之说，是引自许慎《说文解字》"鼓"条。这对于持"革鼓"说的学者而言，算是言之有"据"了。但对于有历史与文物考古知识的学者来说，这条资料是不堪使用的，因为我国是一个有五千年历史的文明古国，地上地下的文物很多，以属于乐器类之一的鼓类而言，从鼓的质地和用途来看，便有多种：有石鼓、土鼓（即陶鼓）、木鼓、金鼓（即铜鼓）、铁鼓、革鼓等，此外还有雷鼓、灵鼓、路鼓、鼖鼓、应鼓和戏剧上的板鼓、八角鼓、定音鼓、堂鼓、书鼓、云鼓（佛教用鼓，该鼓以云纹为饰，故名）和木框革鼓等，陕西的安塞腰鼓，云南傣族的象脚鼓，广西瑶族的黄泥鼓、长鼓，新疆维吾尔族的手鼓，东北朝鲜族的杖鼓等。这么多的鼓，"革鼓"说中的"离不开鼓"，究竟离不开哪一种鼓？这一点，"革鼓"说没有具体说明，表明"革鼓"说所谓"离不开鼓"之说太过于笼统不清了，不能说明任何问题。至若铜鼓是"由革鼓演变而来"之说，其所谓之"革鼓"，显然是指以木为框的革鼓，即便是这样，论点也难以成立，因为正如《辞海》"鼓"条所言："鼓，击乐器，远古时以陶为框，后世以木为框，蒙以兽皮或蟒皮，亦有以铜铸成者。"

---

① 徐中舒、唐嘉弘:《錞于与铜鼓》，《社会科学研究》1980 年第 5 期。

《辞海》的解释表明，"以陶为框"之土鼓才是远古时人类社会鼓类的早期作品，这是南方铜鼓的母鼓；而以木为框之革鼓是后世的鼓乐，不是远古时人类社会鼓类的早期作品，当然也就不是南方铜鼓的鼓源了。这一点还可以从南方铜鼓鼓身遗下的一些迹象中得到证明。显而易见，古往今来，所有的木框革鼓鼓身的一端或两端都蒙有皮革并遗留有钉压鼓面皮革的鼓钉遗迹，如早年出土之河南安阳的商代铜鼓和湖北崇阳的商代铜鼓鼓身左右两端都遗留有三纵行反映原来钉压鼓面皮革的鼓钉痕迹（图9-3）。这就形象地表明，这两具商代铜鼓都是由它前期的一种两面蒙皮的木框革鼓演变过来的。而遍查南方铜鼓的鼓面和鼓身各处，均未发现任何反映钉压鼓面皮革的鼓钉遗迹，说明南方铜鼓不是由木框革鼓演变过来的。

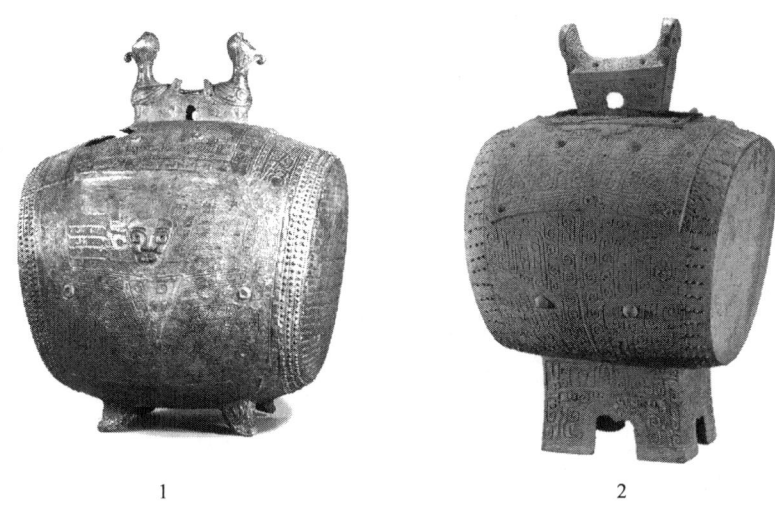

1　　　　　　　　　　　　2
图9-3　商代铜鼓鼓身两端遗下的压皮鼓钉遗迹
1. 安阳铜鼓　2. 崇阳铜鼓
（引自中国古代铜鼓研究会：《中国古代铜鼓》，文物出版社，1988年，图版一）

第二，关于所谓"南方濒海饶湿"而"以铜代革"之说的问题。清檀萃《说蛮》云："铜鼓与铜船，俱伏波所铸，船凡五，以其四征林邑，留其一焉，在今合浦。天阴雨，船出浮，人常见之，因名铜船湖。"《广东新语·地语》"铜柱界"条云："伏波既平交趾，或尽收其兵销镕，既铸铜柱五以表汉疆，又为铜船五、铜鼓数百枚，遍藏于山川瘴险之间，以为镇蛮大器。"这就说明，汉伏波将军马援虽非南方铜鼓的创铸人，但他在南征中"得骆越铜鼓"之后,曾责令南方古骆越人的铸鼓工匠铸造过铜鼓,而且还铸造了铜船。究其原因,并非出于"濒海饶湿"问题,而是出于用"以为镇蛮大器"。这个"蛮"指什么?笔者认为不是指人或民族,而是指南方的"蛮烟瘴雨"。也就是说,当年的马伏波将军曾以所铸的铜鼓、铜船镇住南方的"蛮烟瘴雨",使马援将军在南征中"人舟赖以无险"[①],以确保马援南征的胜利。所以清《粤西诸蛮胜迹》载乾隆五十三年广西平南举人彭廷椿《铜鼓歌》云:"或云伏波讨交趾,山溪霪液涌寒溜,制鼓击之驱烟岚,蛮烟瘴雨霁边堠。"因其如此,所以伏波将军马援在铜鼓、铜船铸就之后,复将其"或沉之水,或瘗之土","遍藏于山川瘴险之间,以为镇蛮大器"。如果不是为了这个目的而仅仅是因"濒海饶湿"问题,为什么还要造铜船?为什么又将所造之铜鼓、铜船"遍藏于山川瘴险之间"?同时,所谓"南方濒海饶湿"问题,不独东汉初期为然,东汉以后直至今天也还是如此,为何此时南方地区的革鼓又不"以铜代革"了呢?难道此时南方地区又不"濒海饶湿"了吗?由此可知,木框革鼓说所谓因"南方濒海饶湿"而"以铜代革"之说是站不住脚的,经不起历史事实的推敲。而铸造铜鼓、铜船并将其"或沉之水,或瘗之土","遍藏于山川瘴险之间",以镇住南方的"蛮烟瘴雨",确保马援将军南征的胜利,乃系当年马援将军铸铜鼓造铜船的本意。所谓因南方"濒海饶湿"而"以铜代革"之说,只不过是后人追述马援在南征中仿造骆越铜鼓的史事时发出的揣度之言罢了。同时,据考古报道,南方铜鼓的早期作品已不断于20世纪60~80年代在云贵高原地区的云南祥云、楚雄和贵州的赫章等地被发现(详下文),地处南方的岭南地区历史上发现的铜鼓虽多,但早期铜鼓迄未发现[当时,广西东兰河口屯铜釜(早期铜鼓)还未被发现],说明濒海饶湿的岭南地区不是南方铜鼓的发祥地,南方铜鼓的发祥地是在距南海很远、气候干燥凉爽的云贵高原地区。所谓因"南方濒海饶湿"而"以铜代革"之说,如系在20世纪50年代前提出,或许尚有可令人作某些思索之处,因为当时早已存在于云贵高原地区的南方早期铜鼓尚未被发现,而在南方的岭南地区,铜鼓

---

① (明)张穆:《异闻录》。

出土之多达到"耕者屡得之"[①]的程度（图9-4），而且史籍上又每有"自岭已南二十余郡……诸獠皆然，并铸铜为大鼓"之说[②]。但到20世纪80年代时，当云贵高原地区不断发现早期铜鼓以后，尚有人以所谓"南方濒海饶湿"为据来说明岭南地区首开"以铜代革"的先河，不免令人感到有"过时"和"不识泰山"之嫌。

图9-4　广西北流隆盛铜鼓出土情形

再说的是，伏波将军马援当年要造铜鼓、铜船并将其"或沉之水，或瘗之土"绝非偶然。考中原古人每有铸钟鼓造铜鼎并将其沉瘗于山川中以镇山妖水怪者，所以虞荔在《鼎录》中云，汉明帝于永平十年铸一

---

① （宋）周去非：《岭外代答》卷七《乐器门》"铜鼓"条。
② （唐）魏征：《隋书》卷三十一《地理下》，中华书局，1997年。

鼎,铭曰"蛟龙伏",并将铜鼎沉于洛水之中。同书又云:"金华山皇帝作一鼎……像龙腾云,百神螭兽满其中。文曰:'真金作鼎,百神率服'。"张抡在《绍兴内府古器评》卷下云:"商夔龙饕餮鼎:'夫夔龙害物……昔禹之治水,非惟水之为治。凡为民害者,莫不去之。及其已事,则贡金九牧,铸鼎象物,以知神奸,使民入川泽山林不逢不若。故虽有魑魅魍魉,莫能侵之。'"今人李福泉在《千古一帝》中引《史记·秦始皇本纪》亦云:"象征天子权力的周鼎沉于泗水,秦始皇'使千人没水求之,弗得'"。前人的做法,对来自中原河西扶风地区的伏波将军马援不无影响。迨其南征时,一方面,高温且潮湿的南方天气使人一时难以适应,致其部下官兵病倒的不少。史称马援之师至广西合浦,在渡海南征前,楼船将军段志即病殁于合浦①。此事真如唐代诗人杜甫在《蜀相》的诗中所言:"出师未捷身先死,长使英雄泪满襟。"同时,广西民间也每有"鬼门关(援军进军交趾必经之地,在今广西北流至玉林茂林之间)十至九不还"之说。另一方面,他还受到南方土著的骆越人关于"图额"之说②所影响,且因他对儒家"五行"学说中的"土生金"和"金胜木"之说(详下文)深信不疑。于是乃命古骆越人的铸鼓工匠大造铜鼓、铜船,并将它们"或沉之水,或瘗之土","遍藏于山川瘴险之间,以为镇蛮大器"。以今日的观点来看,此说为荒谬之言,但史书中这样记述,可能这些资料是客观存在的,我们不能无视它。

二、錞于与铜鼓形制不同、时代亦异

首先提出铜鼓与錞于有关的是清人朱彝尊。他在撰《南海庙二铜鼓图跋》中云:"窃思作錞本以和鼓,度其形亦略似。"此后徐中舒先生亦主此说。他在《巴蜀文化初论》中云:"东汉以来在中国南部以及交趾支那半岛盛行的铜鼓,它的形制也是由錞于逐渐发展演化而成。越南清化东山出土的小铜鼓……它应是由錞于向铜鼓过渡的中间型。"③看

---

① 《后汉书》卷五十四《马援列传》。
② 广西壮族地区多有"图额"之说,这图额本指水怪,但广义的"图额"大概包括"图岩"在内,泛指山妖水怪,与中原地区的魑魅魍魉相类。
③ 徐中舒:《巴蜀文化初论》,《四川大学学报(社会科学版)》1959年第2期。

来，前述之"錞于说"是难以成立的：其一，时代不符。据考证，最早的錞于是于安徽宿州市出土的无钮錞于，其时代据伴出物考证，为春秋中期①。《辞海》"錞于"条亦云："目前发现最早的（錞于）属春秋时期，盛行于汉代。"而南方铜鼓的早期作品问世的时间上限可推到西周晚期至春秋初期②，时代远较錞于为早。其二，纹饰各异。徐中舒先生所提之"越南清化东山出土的小铜鼓……"按，该"小铜鼓"详见越南陶维英《越南古代史》第三编插图三第5图，注文为"小铜鼓"（图9-5）。但该小铜鼓除鼓面中心处有个半环状的小立耳以为钮外，其形制与南方铜鼓中的云南石寨山型铜鼓极为相似③。从铜鼓方面看，所有的中外铜鼓，不论是何种类型，鼓面中心处历来只有一个醒目的太阳纹图案而无其他立体的钮。而徐氏所提之"小铜鼓"鼓面中心处无太阳纹饰却竖置一个半环状的小立耳以为钮（图9-6）。像这样的一个小铜鼓，不难看出，该鼓的鼓面中心因已被半环小立耳压住，已不能打击发音，表明该"小铜鼓"本身就不是铜鼓，不应将这小铜器叫作"小铜鼓"，应叫作"錞于"，这是錞于的雏形物。大家

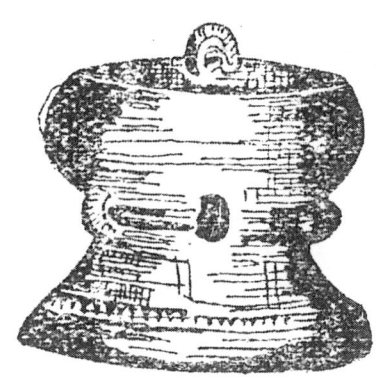

图9-5　越南东山出土的早期錞于

（引自〔越〕陶维英著，刘统文、子钺译：《越南古代史》，科学出版社，1959年，第三编第五章插图三之半环钮錞于）

---

① 熊传新：《古代錞于漫话》，《历史知识》1982年第6期。
② 详本书第五章。
③ 〔越〕陶维英著，刘统文、子钺译：《越南古代史》，科学出版社，1959年，第三编插图三。

图 9-6 小铜鼓
（引自〔越〕陶维英著，刘统文、子钺译：《越南古代史》，科学出版社，1959年）

都知道，錞于器顶小平面的中心处通常是有小立虎为钮的（图9-7）。徐先生所提之小铜鼓鼓面中心的钮不作小立虎，而以半环状的小立耳为钮，该半环状的小立耳实为立虎钮之一种。所以如前所说，徐先生所提之小铜鼓实不是铜鼓，而是錞于，它是由类似云南石寨山型铜鼓脱胎而来的。这一点，前面所提之《越南古代史》第三编插图二第7图可以佐证。第7图的注文为"鼓形器"（图9-8）。从图9-8中可以看到，该鼓形器的器顶以小立虎为钮，器的胸部下方至器的中腰左右两边各有一个半环状的片耳，器的腰部内束，足部外侈。像这样的一种鼓形器，明眼人一看便知，这不是铜鼓而是錞于，是虎钮錞于，是由石寨山型铜鼓演变过来，或者说是由石寨山型铜鼓改装而成的，所以外形和纹饰还保留有石寨山型铜鼓的基本特征。如是，则有关南方铜鼓的起源问题，不是铜鼓源出于錞于，恰恰相反，是錞于源出于南方铜鼓中的石寨山型铜鼓。

图 9-7 虎钮錞于

图 9-8 鼓形器
（引自〔越〕陶维英著，刘统文、子钺译：《越南古代史》，科学出版社，1959年，第三编插图二）

三、鼓乎？釜乎？

如前所说，南方铜鼓的基本形状是：整个铜鼓面平胸鼓，束腰敞足，中空无底，鼓身两旁有耳。如将铜鼓倒置过来，其状与炊具铜釜确有某些相类之处。所以20世纪初当南方铜鼓开始问世时，对它接触见识未多的人（尤其是西方学者）常感奇异，有以为是某台案或某容器之属，也有以为是炊具釜或釜形鼓者。这是人们从鼓形或因鼓、釜形状相近而随意提出的一种设想，不具研究性质。随后，随着铜鼓的出土和人们与铜鼓接触的增多，有人怀疑炊具铜釜与乐器铜鼓之间具有渊源关系。最先提出这个问题的是法国学者莱维（Pawl Lévy）。他于1944年作的学术报告中曾谓"在最古老的金属鼓与釜之间有许多形态上的相似性"[①]。不难看出，莱维说的尚是一种推测之谈，并未下定论。因为当时早已存在于云贵高原上的南方早期铜鼓还未被发现，他在中南半岛接触到的不外是在20世纪30年代在越南东山等地出土的鼓面有飞鸟等纹饰的铜鼓，属中期的铜鼓，以中期铜鼓来推测铜鼓的产生，那是不切实际的，因为中期铜鼓与早期铜鼓不唯在形制上有所差异，纹饰与合金成分也不相同。1964年云南祥云大波那铜棺墓出土一件被认为属炊具的铜釜。如将该铜釜倒置过来，其状颇类铜鼓，因而发掘人员就认为："此釜形状和铜鼓十分近似，倒置过来看，其异于铜鼓者只不过是打击面的直径较小，足边无折棱而已。过去，对铜鼓形式来源于何物，颇多揣测，迄无定论，此式铜釜之出现，又增添了一个值得注意的线索。"[②]1965年四川的冯汉骥先生在接触云南出土的铜鼓资料之后指出："从早期铜鼓的形制来看，它似乎是从一种实用器（铜釜）发展而来的。"[③]1976年云南楚雄万家坝古墓M1和M23出土了五面被认为是最原始的铜鼓和三种铜釜的器物。由于铜鼓的面部多留有烟炱痕迹，铜釜中也有将铜鼓改装而成者（Ⅲ型釜，万M1：1），Ⅰ型釜（万M1：14）釜底也有烟炱，倒置过来也类似铜

---

① 童恩正：《再论早期铜鼓》，《中国铜鼓研究会第二次学术讨论会论文集》，文物出版社，1986年，第13页。
② 云南省文物工作队：《云南祥云大波那木椁铜棺墓清理报告》，《考古》1964年第12期。
③ 冯汉骥：《云南晋宁出土铜鼓研究》，《文物》1974年第1期。

鼓，所以发掘人员就认为："万家坝所出之铜鼓，是迄今为止我国经科学发掘所获铜鼓中之最原始者。这批铜鼓器身似釜，而且大部分鼓表面有烟炱，明显曾作炊爨之用；与此同时，有的釜又是利用铜鼓改制的（万M1∶1）。这都足以证明，本地铜鼓不但是从铜釜发展而来，而且还停留在乐器、炊具分工不十分严格的初期阶段。这对于解决铜鼓产生的时代、地点以及追溯其发展的源流，都具有重要的意义。"① 由于近年来云南出土了不少被认为属早期的铜鼓，因而大家都把解决铜鼓起源问题的希望寄托在云南方面，当上述意见提出以后，大家都感到高兴，对这类铜鼓的起源问题，也不再做别的思考了。在提到铜鼓起源问题时，不少人都以为与铜釜有关，中国古代铜鼓研究会组织编写的《中国古代铜鼓》就认为"铜鼓是由铜釜演变而来的"②。有些同志对"铜釜说"虽持怀疑或否定的态度，但对将类似万家坝 M1∶14 那样的铜器断定为炊具性铜釜，则持默认的态度。

虽然"铜釜说"是言之成理的，并已为多数学者所接受，大有一边倒之势，但尽管这样，笔者仍然有充分的理由认为此说是值得商榷的。笔者认为：第一，我国之南方铜鼓不是导源于铜釜，而是导源于我国古帝尧所造之土鼓（详下文）。第二，汉刘安《淮南子·说山训》云："见窾木浮而知为舟，见飞蓬转而知为车，见鸟迹而知著书，以类取之。"《事物纪原》卷八《舟车帷幄部四十》也有相类的记载。对于《淮南子》诸书的上述论述，中央电视台《走遍天下·江山多娇，中土往事》曾认为是对的，如中文之"飞"字是取飞鸟的飞翔形状而形成的③。这里需要补充的是，考古学家、青铜器专家早已经典性地指出，我国商周时期盛极一时的三足炊具青铜鼎就是在新石器晚期的三足炊具陶鬲的基础上发展演变而来的。由于该陶鬲本身就是炊具之一种，又由于该陶鬲在古"五行"学说中属土，所以该陶鬲后来就能在"五行"学说"土生金"中自然地发展演变为三足炊具青铜鼎了。大家都知道，铜釜是一种炊具，

---

① 云南省博物馆文物工作队、四川大学历史系考古专业七四级学员：《云南楚雄县万家坝古墓群发掘简报》，《文物》1978年第10期。
② 中国古代铜鼓研究会：《中国古代铜鼓》，文物出版社，1988年。
③ 中央电视台国际频道2005年5月6日18∶10～18∶40播出，次日上午11∶10～11∶40重播。

铜鼓是一种乐器，两者的社会功能是不同的，器形和性质各异，它们之间如何能"以类取之"？如何能传承和转化？第三，"铜釜说"所提之云南万家坝Ⅰ型铜釜（包括万家坝M1:14号铜釜、呈贡天子庙铜釜、祥云大波那铜釜，下同）和贵州赫章B型铜釜都不是炊具性铜釜，而是铜鼓——是我国南方铜鼓中之最早期最原始的作品[①]。笔者这样说是以如下资料为依据的。

1. 从釜耳的位置看

考古资料告诉我们，古代所有的炊具如鼎类，鼎耳皆竖置于鼎口口沿之上，有些鼎如湖北曾侯乙墓出土之镬鼎和匜鼎，为便于使用，防止在烹饪时鼎耳受热高温伤人，在鼎耳之外另附加一对带铁链的铁钩[②]。古铜鼎是这样，古铜釜亦莫不然。可资证明的是，贵州赫章A型一式铜釜、云南万家坝Ⅱ型铜釜（万M:2）、石寨山古墓M7:82号铜釜，是真正的炊具铜釜，这是大家都看见并公认了的，其耳均竖置于釜口口沿之上（图9-9）。就连以铜鼓改装而成的万家坝Ⅲ型铜釜（万M1:1）和贵州赫章A型二式铜釜（M91:1），尽管二者在釜腹与釜腰之间原来已铸有属于铜鼓的鼓耳了，但为便于作炊爨之用，古人狠心将原有的鼓耳废掉，另于釜口（即原鼓脚）口沿之上加铸一对半环状的竖耳作釜耳（图9-10）。"铜釜说"所提之万家坝Ⅰ型铜釜和赫章B型铜釜，如果果真

 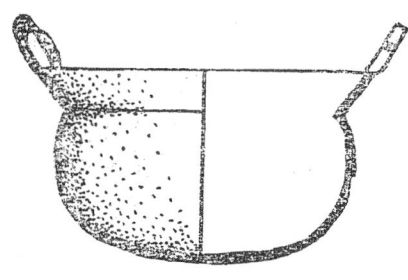

图9-9　贵州赫章汉墓出土的A型一式釜（M58:5）
（真铜釜，引自贵州省博物馆考古组、贵州省赫章县文化馆：《赫章可乐发掘报告》，
《考古学报》1986年第2期）

---

① 潘世雄：《关于铜鼓起源问题的探索》，《广西民族研究》1987年第4期。
② 湖北省博物馆：《随县曾侯乙墓》，文物出版社，1980年，图42、图44。

图 9-10　贵州赫章 A 型二式釜（M91：1）
（鼓改釜）

是炊具性铜釜，其耳为何不竖置于釜口口沿之上而设置于釜腹与釜腰之间呢？接触过厨房对炊事知识稍有所知的人都会知道，像万家坝Ⅰ型和赫章 B 型那样的所谓铜釜，一经烹饪，釜耳一定会被烧得滚烫而无法碰触，这样釜耳就无实用意义了，所以属于鼓改釜的万家坝Ⅲ型铜釜（万 M1：1）和赫章 A 型二式铜釜（M91：1）必须于釜口口沿之上加铸一对竖耳作釜耳。说到这里，我们应该相信，古代的能工巧匠既具有铸造青铜釜的技能，对釜耳的位置也一定会考虑得比较科学且实用，不会随便将釜耳设置于釜腹与釜腰之间致使该釜耳流为废物。上述之真铜釜以及由铜鼓改装而成的铜釜釜耳的位置和设置形象地表明，作为炊具性铜釜，其耳均竖置于釜口口沿之上。"铜釜说"所提的万家坝Ⅰ型铜釜和赫章 B 型铜釜，其耳均不在釜口口沿之上，而是在釜腹与釜腰之间，说明这种耳就不是釜耳，釜耳不会设置于釜腹与釜腰之间，这是肯定的。

2. 从鼓耳的位置看

接触过南方铜鼓的人都会知道，鼓耳在铜鼓身上的位置及其作用是相当巧妙的，当你用绳子穿过鼓耳将铜鼓横悬起来的时候，鼓面一端与鼓脚一端始终保持平衡。这一点，不仅中晚期铜鼓是这样，经测试，被"铜釜说"定为早期的万家坝型铜鼓（万 M23 出土者）也是如此。这是南方铜鼓的一个特点，也是区别铜鼓与非铜鼓的要素之一。南方铜鼓的这个特点，是由铜鼓的造型结构和铜鼓的使用方法决定的。大家知道，南方铜鼓的用法与一般革鼓的用法不同，革鼓是平置平击的，铜鼓则是横悬侧击的。如前所说，南方铜鼓的基本形状是面平胸鼓，束腰敞足，中空无底，鼓身两旁有耳。鼓面一端因为有鼓面及隆起的鼓胸，重量较大，而鼓脚一端因为是束腰敞足，中空无底，重量远较鼓面一端为轻。古代的铸鼓师傅从实践中已摸索到，一个铜鼓当其处于提耳横悬状态时，鼓面一端的重量与鼓脚一端的重量相等的分界线就在鼓胸与鼓腰之间的交接线上，所以一般的铜鼓之耳均设置于此，让鼓耳跃跨于鼓胸与鼓腰之间。只有这样，才能使铜鼓在提耳横悬时鼓面一端与鼓脚一端保持平衡，从而方便人们对铜鼓的打击娱乐。但北流型铜鼓和西盟型铜鼓情况稍有所异。前者，鼓面一端因有鼓面，且鼓面大于鼓身，鼓胸稍隆起，重量较大，而鼓脚一端因是束腰敞足，中空无底，重量远较鼓面一端为轻，因而该型铜鼓的鼓耳常被置于鼓胸之下方（没跨过鼓腰）[1]。后者，鼓面一端因有鼓面，且鼓面大于鼓身，鼓胸较发达，重量较大，而鼓脚一端自鼓腰至鼓脚内收成直筒形，中空无底，重量远较鼓面一端为轻，因而此型铜鼓之耳常被置于鼓胸之上方[2]。值得注意的是，赫章B型铜釜也有这种情况。1985年春，笔者等在贵州省博物馆参观学习时，得到博物馆领导和同志们的热情接待，使笔者有机会接触该B型铜釜。当笔者用绳子穿其一耳将铜釜悬起时，虽然对铜釜做了不同程度的摇动，但挂绳下的铜釜釜腹一端与釜口一端始终保持平衡。这就说明，贵州赫章汉墓出土之B型铜釜其耳就不是釜耳，而应是铜鼓之耳。与赫章B型铜釜同型的云南万家坝I型铜釜之耳也应如此。

3. 从鼓耳长耳缝的设置看

接触过石寨山型铜鼓的人都会发现，在石寨山型铜鼓中，鼓耳的结构是颇为奇特的，那就是，该型铜鼓的鼓耳均为片耳，在片耳的左右两边各有一行纵向的羽状纹。另于鼓耳的底壁又有与鼓耳相垂直的横向凸线纹。这些凸线纹在相邻两凸线纹之间是互相平行的，且显而易见。这些羽状纹和凸线纹是为防止铜鼓在悬挂时挂绳被左右移动而设置的。有些石寨山型铜鼓的鼓耳除上述的羽状纹和凸线纹外，在鼓耳的中间又有一条纵向的长耳缝。这条长耳缝从该鼓耳的上耳根直通至下耳根。长耳缝缝宽1厘米。经查明，广西西林县普驮铜鼓墓葬出土的第282号铜鼓（图9-11）、著名的云南开化鼓[3]、云南石寨山古墓出土的穿孔铜

---

[1] 中国古代铜鼓研究会：《中国铜鼓研究会第二次学术讨论会论文集》，文物出版社，1986年，第113页。

[2] 中国古代铜鼓研究会：《古代铜鼓学术讨论会论文集》，文物出版社，1982年，肆版，第1～4图。

[3] 闻宥：《古铜鼓图录》，中国古典艺术出版社，1957年，第十二图，铜鼓第七甲。

（M15∶7）和小铜鼓（M10∶3）、四川会理3号鼓①、越南河内军事博物馆二楼陈列室陈列的铜鼓，以及另据《蒋廷瑜集——岭南铜鼓论集》一书介绍，泰国北碧府沙越县翁巴洞出土的第86号鼓和印度尼西亚爪哇岛出土的展玉铜鼓鼓耳的中间也有一条上下纵向的长耳缝。就连近年在广西南宁市新铸的"2005'城市可持续发展南宁国际会议"南宁市人民政府赠送联合国人类住区规划署的纪念铜鼓，鼓耳的中间也有一条上下纵向的长耳缝（图9-12）。

图9-11 西林282号鼓
（1972年西林县普驮铜鼓墓葬出土；引自广西壮族自治区博物馆：《广西铜鼓图录》，文物出版社，1991年）

图9-12 南宁市赠送联合国人类住区规划署的纪念铜鼓（2005年）
（该铜鼓直径1米，重330多千克，配红木底座；引自罗琼：《"花"开绿城 香飘世界》，《南宁日报》2005年11月12日第3版）

这些长耳缝在石寨山型铜鼓中起何作用？古人为何要造这样的长耳缝？如上所述，鼓耳在铜鼓身上的位置及作用是相当巧妙的。在一般的铜鼓中，当用绳子穿过鼓耳将铜鼓悬起时，鼓面一端与鼓脚一端始终保持平衡，这是南方铜鼓的特点。如南方铜鼓在提耳悬挂时，鼓面一端与鼓脚一端出现不平衡状态，那该怎么办？经研究发现，石寨山型铜鼓鼓耳长耳缝就是古铸鼓师傅为克服铜鼓在提耳悬挂时鼓面一端与鼓脚一端出现不平衡状态而特设的一种技术设施。因为有了这条长耳缝，出现不平衡时，只要打鼓人将铜鼓的挂绳稍提起并向鼓耳的上耳根或鼓耳的下耳根方向稍加移动，挂绳下的铜鼓鼓面一端与鼓脚一端就平衡了。因此，

---

① 中国古代铜鼓研究会：《中国古代铜鼓》，文物出版社，1988年，插图。

可以这样说，长耳缝是南方铜鼓鼓耳特有的一种技术性设施。

像这样的长耳缝在铜鼓中如何应用？经研究试验，其用法大致是：①准备好一条长约3米的铜鼓挂绳和两条粗如指头、长10厘米的小木（或竹）条作挟有长耳缝的鼓耳；②将挂绳的一端穿过被挂铜鼓的长耳缝，再将刚穿过长耳缝挂绳的末端搭在一小木条的中点；③将搭于小木条中点的挂绳与该小木条打个死结，再将刚打死结的挂绳稍拉紧，让小木条横着紧贴于有长耳缝鼓耳的内壁；④将另一小木条横着搭在有长耳缝鼓耳的外壁；⑤使挂绳的另一端在长耳缝中，将紧贴于有长耳缝鼓耳内外壁的两小木条绕一周。这样，有长耳缝的鼓耳就被两小木条夹在中间了。当铜鼓被提耳悬挂时，如鼓面一端与鼓脚一端出现不平衡状态而需要移动挂绳，只要打鼓人稍将被挂铜鼓提起，让挂绳松弛，就可将铜鼓挂绳向需要的方向移动。这样，被挂铜鼓的不平衡状态就趋于平衡了。至于长耳缝的用法，笔者曾做过几次试验，均获成功，不过，这不是本节所必需，暂略。

值得注意的是，上述鼓耳长耳缝不只是在一般的石寨山型铜鼓鼓耳中有，在被"铜釜说"定为铜釜的贵州赫章汉墓出土的B型铜釜上也有（图9-13）。说明贵州赫章汉墓出土的B型铜釜目前虽被"铜釜说"断定为铜釜，但实不是铜釜，而是铜鼓，是我国南方铜鼓中难得的早期作品之一。如该B型铜釜果真是炊具性铜釜，其耳就不应被设置于釜口与釜腹之间，而应设置于釜口口沿之上。同时，釜耳不应制成片状，更不应在片耳的中间加条长耳缝。釜耳设置于釜口与釜腹之间，釜耳中间加长耳缝，这不是铜釜之耳，而是铜鼓之耳。

4. 从铜釜的容量上看

我们说赫章B型铜釜和万家坝I型铜釜不是炊具铜釜，而是铜鼓，还可以从该型铜釜釜腹与釜口容量的对比上得到证明。不

图9-13 贵州赫章汉墓出土的B型铜釜（M25：1）

（引自中国考古学会：《中国考古学会第一次年会论文集（1979）》，文物出版社，1979年，图版伍，第二图）

难理解，作为炊具性的铜釜，釜腹一端的容量应大于釜口一端的容量，只有这样，才能使铜釜在烹饪时稳置于地（灶）上而不倾倒；要不然，如釜腹的容量小于釜口一端的容量，釜身上重下轻，这时即使像持"铜釜说"的同志所言，在釜底之下加置三块呈鼎足状的锅庄石支撑，铜釜也难免会倒，当铜釜内盛满食物时，倾倒的可能性就更大了。这是肯定的。为供参考，今将贵州赫章可乐乙类墓出土之三种铜釜（A 型一式、A 型二式、B 型）各部分的容量之比列下。

A 型一式釜，即赫章 M58：5 号铜釜，该釜据《赫章可乐发掘报告》[①] 称：侈口，束腰，圆鼓腹，小平底，口沿上有二绹纹立耳。像这样的一种铜器，大家都认为是铜釜，而且是真正的铜釜。经实测，该铜釜各部分的规格为：釜口半径 19.4 厘米，釜腰半径 15.75 厘米；釜口至釜腰深 4.9 厘米，釜腹半径 16.45 厘米，釜腰至釜腹深 4.6、釜腹最大径至釜底深 10.8 厘米，釜底半径 4.1 厘米。像这样的一种铜釜，如何计算其各部分的容量？用求圆柱体积的公式算，不行，铜釜不是圆柱形的。用求圆锥体积的公式算，也不行，铜釜也不是圆锥形的。看来，该铜釜各部分的容量须通过不同的方式计算，然后将其容量进行对比研究，这样，该铜器是釜是鼓就清楚了。从实物上看，该铜釜釜口部分（从釜口至釜腰之间）就是一个上大下小的圆台体，其容量宜用求圆台体积的公式去计算。釜腹容量的计算则较为麻烦，可分四个步骤进行：第一步，先将釜腹看作一个圆形的球体，并用求球体积的公式计算出其容量；第二步，因为釜腹的上方和下方有釜腰和釜底两个小平面，应先将这两个小平面看作该釜圆球中存在两个球缺（估叫作上球缺和下球缺），再以釜腹半径 r 为基数，分别求出这上、下两球缺的高度 h；第三步，用求球缺体积的公式分别计算出上、下两球缺的容量；第四步，将第一步计算出之釜腹圆球体的容量减去第三步计算出之上、下两球缺的容量，余数就是釜腹的容量了。如该设想不误，依求球体积的公式（$V_{圆台} = \frac{1}{3}\pi h (r^2 + r \cdot r' + r'^2)$，求圆球体积的公式（$V_{台} = \frac{4}{3}\pi r^3$），求球缺体积的公式

---

① 贵州省博物馆考古组、贵州省赫章县文化馆：《赫章可乐发掘报告》，《考古学报》1986 年第 2 期。

$[V_{球缺}=\frac{1}{3}\pi h^2(3r-h)]$①，赫章 A 型一式釜各部分的容量应为：

$$釜口部分容量 = \frac{1}{3} \times 3.14 \times 4.9 \times [(19.4)^2+19.4\times15.75+(15.75)^2]$$
$$\approx 4769.52（立方厘米） \tag{9-1}$$

$$釜腹圆球容量 = \frac{4}{3} \times 3.14 \times (16.45)^3 \approx 18636.57（立方厘米） \tag{9-2}$$

上球缺高 = 釜腹半径 − 釜腰径至釜腹径的深 =16.45−4.6=11.85（厘米）
$$\tag{9-3}$$

下球缺高 = 釜腹半径 − 釜腹径至釜底的深 =16.45−10.8=5.65（厘米）
$$\tag{9-4}$$

$$上球缺容量 = \frac{1}{3} \times 3.14 \times (11.85)^2(3\times16.45-11.85) \approx 5511.58（立方厘米）$$
$$\tag{9-5}$$

$$下球缺容量 = \frac{1}{3} \times 3.14 \times (5.65)^2(3\times16.45-5.65) \approx 1460.11（立方厘米）$$
$$\tag{9-6}$$

釜腹容量 =（9-2）−（9-5）−（9-6）=18636.57−5511.58−1460.11
$$= 11664.88（立方厘米） \tag{9-7}$$

釜腹容量与釜口部分容量差 =（9-7）−（9-1）=11664.88−4769.52
$$= 6895.36（立方厘米）② \tag{9-8}$$

上列所得数字表明，属真正炊具的赫章 A 型一式釜的釜腹容量大于釜口部分的容量。使用这种铜釜作炊具，釜身上轻下重，放于地（灶）上比较稳定，不易倾倒。这是真铜釜本身所具的特性。

而由铜鼓改装成铜釜的赫章 A 型二式釜（M91∶1），情况就不是这样了。经实测，该铜釜各部分的规格为：釜口半径 18.37 厘米，釜口至釜腰上端直径深 4.7 厘米，釜腰上端半径 15.8 厘米；釜腰下端半径 13.25 厘米，釜腰高（釜腰上端直径至下端直径）4 厘米，釜腹半径 15.55 厘米，釜腰下端直径至釜腹最大径深 4.1 厘米，釜腹最大径至釜底深 3.5 厘米，釜底半径 13.15 厘米。从实物上看，釜口部分（自釜口至釜腰上端直径）为第一个圆台，釜腰部分（自釜腰上端直径至釜腰下端直径）为

---

① 求球缺体积的公式有二，今取其第一式。
② 各组数据取至小数点后第二位数，下同。

第二个圆台。釜腹容量的计算方法与上述之 A 型一式釜同。依求圆台、圆球、球缺体积的公式，赫章 A 型二式釜各部分的容量为：

釜口部分容量 $= \dfrac{1}{3} \times 3.14 \times 4.7 \times [(18.37)^2 + 18.37 \times 15.8 + (15.8)^2]$
≈ 4315.94（立方厘米） （9-9）

釜腰部分容量 $= \dfrac{1}{3} \times 3.14 \times 4 \times [(15.8)^2 + 15.8 \times 13.25 + (13.25)^2]$
≈ 2656.66（立方厘米） （9-10）

釜腹圆球容量 $= \dfrac{4}{3} \times 3.14 \times (15.55)^3 \approx 15741.99$（立方厘米）（9-11）

上球缺高 = 釜腹半径 − 釜腰下端直径至釜腹径的深 =15.55−4.1
=11.45（厘米） （9-12）

下球缺高 = 釜腹半径 − 釜腹径至釜底的深 =15.55−3.5=12.05（厘米）
（9-13）

上球缺容量 $= \dfrac{1}{3} \times 3.14 \times (11.45)^2 \times (3 \times 15.55 − 11.45)$
≈ 4830.17（立方厘米） （9-14）

下球缺容量 $= \dfrac{1}{3} \times 3.14 \times (12.05)^2 \times (3 \times 15.55 − 12.05)$
≈ 5258.46（立方厘米） （9-15）

釜腹容量 =（9-11）−（9-14）−（9-15）=15741.99−4830.17−5258.46
=5653.36（立方厘米） （9-16）

在这里，由于釜腰与釜口紧密相连，且均在釜腹的上方，故釜腰部分的容量应计入釜口部分容量中：

釜口部分容量 =（9-9）+（9-10）=4315.94+2656.66 = 6972.6（立方厘米）
（9-17）

釜口部分容量与釜腹容量差 =（9-17）−（9-16）= 6972.6−5653.36
= 1319.24（立方厘米） （9-18）

上列所得数字表明，以铜鼓改装而成的铜釜釜口部分的容量较釜腹容量大，使用这样的铜釜作炊具，釜身上重下轻，置放不稳，容易倾倒，不堪使用，这是"以鼓当锅"带来的不可避免的问题。

至于赫章 B 型铜釜（M25∶1），各部分的规格为：釜口半径 18.4 厘米，釜口至釜腰深 12.9 厘米，釜腰半径 10.15 厘米，釜腹半径 13.65 厘米，釜腹最大直径至釜腰高 7.5 厘米，釜腹最大径至釜底深 7 厘米，釜底半径 3.75 厘米。依求圆台、圆球、球缺体积的公式，该铜釜各部分的容量为：

$$釜口部分容量 = \frac{1}{3} \times 3.14 \times 12.9 \times [(18.4)^2 + 18.4 \times 10.15 + (10.15)^2] \approx 8483.88 （平方厘米） \quad (9-19)$$

$$釜腹圆球容量 = \frac{4}{3} \times 3.14 \times (13.65)^3 \approx 10647.96 （平方厘米） \quad (9-20)$$

$$上球缺高 = 釜腹半径 - 釜腹径至釜腰高 = 13.65 - 7.5 = 6.15 （厘米） \quad (9-21)$$

$$下球缺高 = 釜腹半径 - 釜腹径至釜底深 = 13.65 - 7 = 6.65 （厘米） \quad (9-22)$$

$$上球缺容量 = \frac{1}{3} \times 3.14 \times (6.15)^2 \times (3 \times 13.65 - 6.15) \approx 1377.65 （平方厘米） \quad (9-23)$$

$$下球缺容量 = \frac{1}{3} \times 3.14 \times (6.65)^2 \times (3 \times 13.65 - 6.65) \approx 1587.62 （平方厘米） \quad (9-24)$$

$$釜腹容量 = (9-20) - (9-23) - (9-24)$$
$$= 10647.96 - 1377.65 - 1587.62$$
$$= 7682.69 （平方厘米） \quad (9-25)$$

$$釜口部分容量与釜腹容量差 = (9-19) - (9-25) = 8483.88 - 7682.69$$
$$= 801.19 （平方厘米） \quad (9-26)$$

上列所得数字表明，赫章 B 型铜釜釜口、釜腹容量之差与赫章 A 型一式釜（真铜釜）釜口、釜腹容量之差不同，而与赫章 A 型二式釜（鼓改釜）釜口、釜腹容量之差比较一致，都是釜口部分的容量大于釜腹的容量。《淮南子》卷十六《说山训》云："故末不可以强于本，指不可以大于臂，下轻上重，其覆必易。"《淮南子》之言，能使我们明白，使用这样的铜釜作炊具，釜身上重下轻，置放不稳，容易倾倒，不堪使用。这也说明，赫章 B 型铜釜如赫章 A 型二式釜（鼓改釜）一样，其形虽似釜但实不是釜，而是铜鼓。与贵州赫章 B 型铜釜同型的云南万家坝 I 型铜釜也是如此。

在这里，也许有人会问：既然赫章B型铜釜和万家坝I型铜釜都不是铜釜而是铜鼓，何以该型铜鼓鼓面留有烟炱痕迹？这个问题并不难理解，与赫章A型二式釜（M91∶1）和万家坝Ⅲ型釜（万M1∶1）（两者均是鼓改釜）一样，这是古代社会生产力低导致生活用具不足的情况下存在一物多用、"以鼓当锅"的结果。据考古报道，早在春秋时期，云南万家坝人曾将铜鼓用于烹饪，万家坝古墓M23出土了曾被用作垫棺的四面春秋晚期铜鼓（万M23∶158～万M23∶161）鼓面均留有"烟熏痕迹"，就是证明。万家坝人从实践中体会到，直接将铜鼓作为炊具有所不便，后来才发展为以"鼓改釜"，即在用作炊具的铜鼓鼓脚边沿上加铸一对半环小耳作釜耳。此种"以鼓当锅"的情况，不独春秋时期的铜鼓为然，明清时期的晚期小铜鼓也有，如广西壮族自治区博物馆藏的两面清代晚期小铜鼓（编号0231号、0263号）鼓面就积有厚厚的烟炱，表明这两面晚期铜鼓历史上曾被人"以鼓当锅"过。所以清袁嘉谷在《滇绎·铜鼓》中云：南方铜鼓"形如今楂斗之倒置……且其用如刁斗。昼烹饪，夜击鸣。用者广，斯铸者众"。1948年广西《靖西县志·文化》载王阳明《征南日记》诗云："铜鼓金川自古多，也当军乐也当锅。"① 晚期的铜鼓尚被用以当锅，早期的贵州赫章B型铜鼓和云南万家坝I型铜鼓当不例外，所以这些早期铜鼓鼓面都留有烟炱。

以上四方面资料表明，"铜釜说"所提之贵州赫章B型铜釜和云南万家坝I型铜釜实际上就不是铜釜，而是铜鼓。过去，"铜釜说"将它断定为炊具性铜釜，那是一时的疏忽。今后随着铜鼓研究的深化，曾被"铜釜说"断定为铜釜的贵州赫章B型铜釜和云南万家坝I型铜釜等铜釜终将有一天会冲破重围，回到南方铜鼓的鼓群中来，这是可以预见到的。

那么，这些铜鼓即赫章B型铜鼓和祥云大波那铜鼓（包括万家坝I型铜鼓、天子庙铜鼓和广西东兰河口屯铜鼓）在中国铜鼓的分类中属于什么时期呢？青铜器的历史告诉我们，早期的青铜器，体型一般都比较小，器身通常朴素无纹饰或只有简单的纹饰，铜的含量较高，锡铅的含量较低，至中晚期，体型逐渐增大，纹饰从无到有，由粗到精，由简到

---

① （民）封赫鲁修，黄海福纂：《靖西县志》第六编《文化·五金石》民国三十七年（1948年）油印。

繁，铜的含量逐渐减少，锡铅的含量逐渐增多。这是青铜器历史发展的规律。作为青铜器之一的南方铜鼓，情况也是如此。据报道，贵州赫章B型铜鼓（M25：1，原定为铜釜）通体朴素无纹饰，通高27.6、足径37、面径（原定为釜底径）7.5厘米，铜含量为96%，锡为0.76%，属红铜器[①]。云南祥云大波那铜鼓（原定为铜釜）通体也朴素无纹饰，通高28、足径44、面径16厘米，铜含量93.25%，未发现锡铅合金，亦属红铜器之列[②]。而为"铜釜说"定为早期铜鼓的云南楚雄大海波11号铜鼓，鼓面和鼓身虽朴素无纹饰，但铜鼓的基本特征较前二鼓明显，通高27、足径40、面径已达21.5厘米，鼓的胸、腰、足三段分明，足部外侈，内沿折边，铜含量为83.4%，锡含量为7.6%，为锡青铜鼓[③]。说明楚雄大海波11号鼓较之前述的赫章B型铜鼓和大波那铜鼓（包括原定为铜釜的万家坝I型铜鼓、天子庙铜鼓在内）为进步。也就是说，大海波11号鼓不是南方铜鼓中之最早期作品，南方铜鼓中之最早期作品应为赫章B型铜鼓、大波那铜鼓和万家坝I型铜鼓、天子庙铜鼓。在时代上，大海波11号鼓目前被定为春秋早期之物[④]。这个断代笔者以为是合适的。这么说来，较大海波11号鼓为早的赫章B型铜鼓、大波那铜鼓（含万家坝I型铜鼓和天子庙铜鼓）则应为春秋早期以前甚至西周晚期的铜鼓了。这虽属一种推论，但看来这推论是合适的。诚如是，则赫章B型铜鼓和大波那铜鼓（含万家坝I型铜鼓和天子庙铜鼓）乃是南方铜鼓中之最原始最早期的作品，是祖国文物宝库中难得的珍品，不啻国之瑰宝。而在过去，"铜釜说"因一时的疏忽被断定为一般无足轻重的炊具性铜釜，真令人有种"明珠暗投"之感！

---

① 贵州省博物馆考古组、贵州省赫章县文化馆：《赫章可乐发掘报告》，《考古学报》1986年第2期。
② 云南省文物工作队：《云南祥云大波那木椁铜棺墓清理报告》，《考古》1964年第12期。
③ 云南省博物馆：《近年来云南出土铜鼓》《考古》1981年第4期；中国古代铜鼓研究会：《中国铜鼓研究会第二次学术讨论会论文集》，文物出版社，1986年，第76、103页。
④ 中国铜鼓研究会：《中国铜鼓研究会第二次学术讨论会论文集》，文物出版社，1986年，第106页。

最后一点，如上所述可知，这类赫章 B 型铜鼓和祥云大波那铜鼓（包括万家坝 I 型铜鼓、天子庙铜鼓和广西东兰河口屯铜鼓）的形制和含铜量与一般的万家坝型铜鼓明显不同。像这样的一类铜鼓，应让其独立于万家坝型铜鼓之外，自成一个类型，并将其置于万家坝型铜鼓之前。如是，则我国铜鼓就有 9 个类型，即早期型铜鼓、万家坝型铜鼓、石寨山型铜鼓、冷水冲型铜鼓、北流型铜鼓、灵山型铜鼓、西盟型铜鼓、遵义型铜鼓、麻江型铜鼓。关于赫章 B 型铜鼓和祥云大波那铜鼓的"型名"问题，眼下因该型铜鼓的相关资料如铜鼓的出土地点、铜鼓的形制、铜鼓的金属含量等均阙如，难以定名，姑且暂名为"早期型"铜鼓。

四、林邦存先生的土鼓与南方铜鼓无渊源关系

这里所说的"土鼓"指的是新近湖北房县七里河古文化遗址出土的"异型器座"[①]（遗址发掘人对该陶器的原鉴定语）。据报道，七里河古文化遗址出土之所谓土鼓有两种，共四件（图 9-14）。第一种器身呈筒状，中空无底，底沿宽平，两端器口口沿略外侈或外卷，器身遍饰镂孔；第二种的形制与第一种近似，唯器身无镂孔（图 9-15）。据历史记载，鼓为乐器中的"群音之长，有金石之声"；《太平御览·乐部》"鼓"条引《帝王世纪》曰："黄帝杀夔，以其皮为鼓，声闻五百。"而如上所说，七里河遗址出土之所谓土鼓，第一种器身有镂孔。不难看出，器身有镂孔之鼓，鼓声即从镂孔中溢出四散，这样鼓声就不响亮了，这种鼓就失去了鼓的作用和意义。在这方面，林邦存先生在其大作中也说过，七里河遗址出土之土鼓，"鼓腔上有无镂孔都能发出咚咚的鼓声，但也略有区别：有镂孔者音响较低沉，无镂孔者音响稍高亢"[②]。这就说明，林先生所提七里河遗址出土之所谓土鼓实不是鼓。对该陶具，遗址发掘人

[①] 中国铜鼓研究会：《中国铜鼓研究会第二次学术讨论会论文集》，文物出版社，1986 年。

[②] 林邦存：《试论濮人先民的土鼓及其与南方铜鼓的关系》，《中国铜鼓研究会第二次学术讨论会论文集》，文物出版社，1986 年，第 139 页。

原定为"异型器座"，笔者以为这鉴定语是对的。可供参考的是，中央电视台国际频道2008年6月29日（周日）18：45～19：00所播"国宝档案·郑和与青花瓷器"云：明代郑和下西洋时，船队所载的瓷器多为伊朗等伊斯兰国家所喜爱的景德镇瓷厂生产的青花瓷器。瓷器中有一件造型较为奇特，器身呈圆柱状，上下两端器口口沿外折略呈喇叭形，中空无底，通高约40、口径约20厘米。对这异型瓷器，多数人都未见过，也叫不出其名称，更不懂得其用途。对此，"国宝档案"栏目主持人任志宏先生解释说："这是个放置器物的器座，可于其上放置花盘等物。"任先生对郑和异型瓷器的解释，对我们对湖北房县七里河遗址出土之"异型器座"作用的理解是有益的。湖北房县七里河古文化遗址出土之"异型器座"是器座，不是土鼓。另外，遍查古今中外史籍，通观古今中外鼓类，均未见鼓身有镂孔者，再次表明，湖北房县七里河古文化遗址出土的那些异型器座确实不是土鼓，与南方铜鼓无渊源关系。

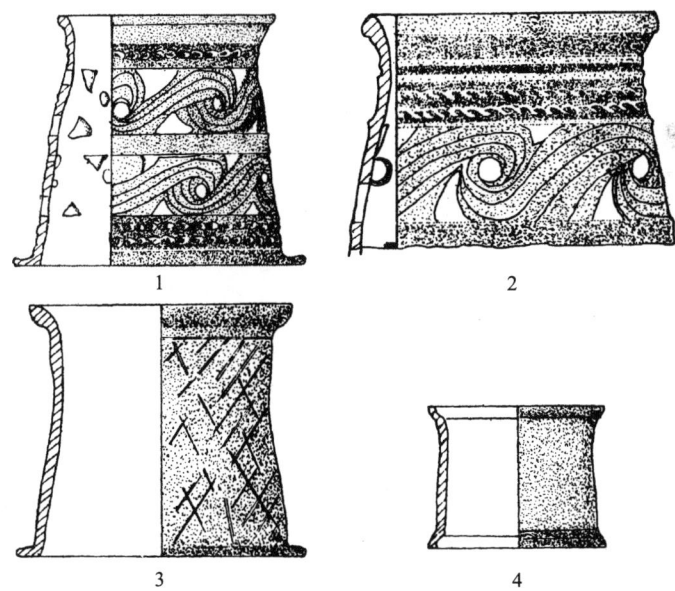

图9-14　湖北房县七里河遗址出土的土鼓

1、2. 鼓身有镂孔　3、4. 鼓身无镂孔（引自中国铜鼓研究会：《中国铜鼓研究会第二次学术讨论会论文集》，文物出版社，1986年）

1　　　　　　　　　　2

图 9-15　湖北房县七里河遗址出土的土鼓
1. 有镂孔　2. 无镂孔

五、铜鼓源于帝尧之土鼓

综合四方面的讨论可知，上述之革鼓说、錞于说、铜釜说和林邦存先生的土鼓说，都不是南方铜鼓的起源。那么，我国南方铜鼓的起源是什么？从有关历史、考古和古"五行"学说诸方面的资料看，南方铜鼓应是源于古帝尧所造之土鼓。可以这样说，笔者的"帝尧土鼓"说与汉许慎《说文解字》"鼓"条的"凡鼓之属皆从鼓"之说可以说是一致的，许慎的"从鼓"说当然是经典性的，这也表明，笔者的"帝尧土鼓"说也应是对的。在这里，当笔者提出铜鼓源于帝尧之土鼓时，下面三方面情况需于此加以说明。

其一，《辞海》"鼓"条云：鼓为"击乐器。远古时以陶为框，后世以木为框，蒙以兽皮或蟒皮；亦有以铜铸成者……"《辞海》那富于考古学知识的论述，使我们更清楚地明白，这种"以铜铸成"的南方铜鼓应是由"远古时以陶为框"的帝尧的土鼓发展演变过来的。同时，亦使我们看到，许慎的"从鼓"说虽然是经典性的，但也要知道，他所提的"从鼓"显然不是"从"后世一般的木腔革鼓，而是"从"人类社会中最原始、最古老、最具影响力的陶鼓——帝尧所造之土鼓。

其二，在这以前，笔者曾一度认为我国南方铜鼓源于新石器时代的陶釜[①]。现在看来，笔者的这一"陶釜"说欠妥，与铜鼓发展的史实不符。

---

① 潘世雄：《关于铜鼓起源问题的探索》，《广西民族研究》1987年第4期。

经过多年的研究，在铜鼓起源问题上，笔者不仅要否定他人的革鼓说、錞于说、铜釜说和林邦存先生的土鼓说，连自己的"陶釜"说也要否定。如今，笔者认为，我国南方铜鼓应是源于我国原始氏族社会晚期帝尧所造之土鼓。

其三，笔者所提之土鼓与林邦存先生所提之土鼓，名虽同但实质殊异。大家都知道，林先生所提之土鼓指的是湖北房县七里河古文化遗址出土的"异型器座"（遗址发掘人对该陶器的原鉴定语），这一点前面已经提过，兹不重复。而笔者所提之土鼓指的是帝尧所造之土鼓，两种土鼓名同而实异。

在这里，由于笔者所提之土鼓是个新的课题，为使大家更好地理解，避免对两种土鼓产生混淆，笔者除了在标题上标明"帝尧土鼓"外，并将相关资料较多地展示于众，以供参考。

1. 帝尧土鼓的发现

我国鼓乐资料中的"土鼓"一词，始见于丛书集成版的汉《周礼·郑氏注》一书。该书在卷二十四《春官·籥章》篇中云："籥章，掌土鼓豳籥（注：……玄谓豳籥，邠人吹籥之声章。《明堂位》曰：土鼓蒉桴，苇籥伊耆氏之乐义）。""中春昼，击土鼓，龡《豳诗》以逆暑（注：豳诗，豳风七月也……七月，言寒暑之事……迎暑以昼，求诸阳）。""中秋夜，迎寒亦如之（注：迎寒以夜，求诸阴）。""凡国祈年于田祖，吹《豳雅》，击土鼓，以乐田畯（注：祈年祈丰年也。田祖，始耕田者，谓神农也……郑司农云：田畯，古之先教田者。尔雅曰：畯，农夫也）。""国祭蜡，则龡《豳颂》，击土鼓，以息老物（注：……郊特牲曰：天子大蜡八，伊耆氏始为蜡。岁十二月而合聚万物而索飨之也。蜡之祭也，主先啬而祭司啬也……求万物而祭之者，万物助天成岁事。至此，为其老而劳，乃祀而老息之，于是国亦养老焉……谓之颂者，以其言岁终人功之成）"。

以上是《周礼·郑氏注》关于帝尧土鼓在西周时使用情况的记述。这些资料出自汉代，可说是较为古老且真实可靠的。

对于《周礼·郑氏注》中之土鼓及其制作者伊耆氏，1933年版《辞源》"伊耆"条引《帝王世纪》云："'帝尧姓伊祈'，故伊耆氏即帝尧。"

至于帝尧，据《辞海》考证，我国之"帝尧为原始父系氏族社会后期部落联盟领袖"。是则帝尧之土鼓亦当为原始氏族社会晚期的产物，这是人类社会鼓类中之最原始最古老者，堪称天下第一鼓。所以笔者说，我国南方铜鼓源于帝尧之土鼓。由文实主编的《中国文化全知道·舞蹈》①一书中也说："原始社会就已经有了'土鼓'……陶鼓和原始社会的土鼓、铜鼓和青铜时代的鼓，都有渊源关系，是远古文化的遗存和发展。"

2. 帝尧土鼓与广西腰鼓形制相同

帝尧的土鼓，其形制如何？《周礼·郑氏注》卷二十四引汉杜子春的话云：帝尧的"土鼓，以瓦为匡，以革为两面，可击也"。《辞海》"鼓"条云："鼓，击乐器。远古时以陶为框，后世以木为框，蒙以兽皮或蟒皮；亦有以铜铸成者。"《辞源》"土鼓"条②亦云：土鼓，"乐器，以瓦为匡，以革为两面，可击也"。辞书上的"以陶为框""以瓦为匡"之鼓与《周礼·郑氏注》的"土鼓以瓦为匡，以革为两面，可击也"之说是相一致的，显然是指帝尧"以瓦为匡，以革为两面"的土鼓。

上述"以瓦为匡，以革为面"之土鼓，地处岭南的广西地区也有，而且很多，并且还发现有多处烧制土鼓鼓腔的窑址。所异者是，广西的土鼓，从不以"土鼓"命名，也不以"陶鼓"名之。涉及广西的古籍中，宋范成大《桂海虞衡志》记作"花腔腰鼓"，宋周去非《岭外代答》记作"腰鼓"；广西的汉语多叫作"蜂鼓"，以该鼓腰部束腰似蜂腰状而得名；也有叫作"横鼓"的，因该鼓用时常被横挂于击鼓人的胸腹之间并横击鼓面而得名。广西壮语叫作"岳"（单音词，读 yuak³ 音），意为瓦（陶）质的腰鼓。懂得壮语的人都知道，壮语中的"岳"音是由壮语对瓦片的"瓦"字（音）引申出来的，故壮语中的"岳"音本身就含有"瓦（陶）质的土鼓"之义。受壮语"岳"音所影响，广西南宁周边地区的平话（汉语方言之一）对广西腰鼓多叫作"岳鼓"或"乐鼓"（两广地区白话方言"岳""乐"同音），故在广西地区腰鼓又常被叫作"岳鼓"，这是一句壮汉语并用之词，说起来无须翻译，桂南地区的壮汉族人都可听懂，

---

① 文实：《中国文化全知道·舞蹈》，中国华侨出版社，2013年，第190、191页。
② 商务印书馆编辑部：《辞源》（丁种二册）（修订本），商务印书馆，1953年，如未特别说明，本书所引均出自此版。

故对腰鼓的"岳鼓""乐鼓"之称，在广西壮族地区可通用。

在广西，不仅现存的腰鼓多，而且还发现了多处烧制腰鼓鼓腔的窑址。据考古报道，在广西除了早已被报道过的永福县窑田岭窑、藤县中和窑和容县城关窑老三处宋代窑址外，后经考古普查，又于全州县的永岁乡、桂林市郊的东窑村、柳城县的柳村等地发现了宋代窑址，并有陶质的腰鼓鼓腔出土[①]。加上上述之《桂海虞衡志》和《岭外代答》曾提到的临桂县职田乡窑址（详下文），这样，广西一地已发现有七县市宋代有烧制腰鼓鼓腔的窑址，烧制腰鼓窑址之多，恐居全国首位。提到临桂职田乡窑址烧制的腰鼓，范成大《桂海虞衡志·花腔腰鼓》云："花腔腰鼓，出（广西）临桂职田乡，其土特宜鼓腔，村人专作窑烧之，油画红花纹，以为饰。"周去非《岭外代答·乐器门》"腰鼓"条云："静江腰鼓最有声腔，出于临桂县职由（田）乡，其土特宜，乡人作窑烧腔。鼓面铁圈，出于古县，其地产佳铁，铁工善煅，故圈劲而不褊。其皮以大羊之革……或用蚺蛇皮鞔之，合乐之际，声响特远，一二面鼓，已若十面矣。"《岭外代答》的"其声特远"之说是对的，河池市一位师公老艺人对笔者说："一个好的岳鼓，在池塘边敲击，塘中鱼虾有因受鼓声震惊而飙出水面者。"但通观《桂海虞衡志》和《岭外代答》关于腰鼓的载文，字里行间，竟无一字言及"土鼓"之事。而从《桂海虞衡志》的"其土特宜鼓腔，村人专作窑烧之"和《岭外代答》的"其土特宜，乡人作窑烧腔"等文观之，广西各地宋窑所烧制的腰鼓，实为帝尧土鼓之一种，为帝尧土鼓之属，说明广西腰鼓与帝尧土鼓的质地、形制相同，两者均为"以瓦为匡，以革为两面"的打击乐器。而在过去，对广西各地宋窑所烧制之土鼓，无统一的名称，以汉语而言，有叫作"腰鼓"的，也有叫作"蜂鼓""横鼓""岳鼓"和"乐鼓"的，可谓名目繁多，而且这些名称都是名不副实的。为了名正言顺，笔者认为，广西腰鼓应正名为"广西土鼓"。它是由帝尧之土鼓发展演变过来的。从实际来看，广西的这种土鼓实为古陶鼓之一种，其质地、形制与《辞海》的"以陶为框"、《辞源》的"用瓦作框"之陶鼓和壮语中的"岳"鼓相同。这一点，下列资料可以佐证。

---

① 潘其旭、覃乃昌主编：《壮族百科辞典·文物类》，广西人民出版社，1993年。

其一，据报道，中国古代乐器计有金、石、土、革、丝、木、匏、竹八个种类，其中土质的乐器有埙和陶鼓。在陶鼓中有大小两种类型：大者体型较大且长，鼓的首尾均蒙之以革。鼓面呈喇叭状，鼓尾呈圆球状。鼓的中部束腰如蜂腰状。这种大型陶鼓往后可能发展成为南方型土鼓，故这种大型陶鼓的形制与广西土鼓和壮语中的"岳"的形制极为相似（图9-16，1）。小者只一头有鼓面，属单面革鼓之一种。鼓面呈喇叭状。这种小型陶鼓往后可能发展成为中原地区一头有鼓面的单面木框革鼓，成为中原地区单一鼓面木框革鼓的鼻祖。大者体型较大而长，鼓的中部束腰，两头均蒙之以革面。这种大型陶鼓往后发展为南方地区的腰鼓，所以广西腰鼓和壮语中的"岳"鼓外形与古之大陶鼓极为相似[①]。

1　　　　　　　　　　　2

图 9-16　古代的陶鼓

1. 小陶鼓　2. 永福窑青釉彩绘花腔腰鼓鼓腔［宋（960～1279年），长46.7、鼓面径19.8、另一端径11厘米。1979年永福县窑田岭窑址出土。细长腰，一端近球形，另一端呈喇叭形。灰胎，施青釉。鼓身绘釉下褐彩花纹。鼓腔内书写"蒋四""蒋小八"人名。引自广西壮族自治区博物馆：《广西博物馆古陶瓷精粹》，文物出版社，2002年］

其二，《辞海》"腰鼓"条云：腰鼓为打"击乐器，古今形制不同，古之腰鼓，据陈旸《乐书》：'大者瓦，小者木，皆广首纤腹'……奏

---

① 以上资料详见中央电视台科教频道，2006年3月7～8日晚21：25～22：10"探索发现·中国古代乐器·看得见的音乐"上、下集，其中上集"中国古代乐器"有金、石、土、竹、木、匏、革、丝几种。土质的乐器有埙和陶鼓。陶鼓有大、小两种。

时挂在腰间，用两手掌拍击"鼓面的一种腰鼓。这种"广首纤腰"之腰鼓，状若蜂鼓，其形制与广西腰鼓、壮语中的"岳"鼓相同，说明广西腰鼓与壮语中的"岳"鼓就是古陶鼓之一种，是由较大之古陶鼓发展而来的。这也表明，广西腰鼓与壮语中的"岳"鼓同为帝尧土鼓之属。但看来，广西各地宋窑所烧制之腰鼓和"岳"鼓不会是无中生有、白手起家的，而应是水出有源、木出有根的，这个根源不是别的，而是帝尧的土鼓。也就是说，广西腰鼓和壮语中的"岳"鼓是在帝尧土鼓的基础上发展起来的，帝尧的土鼓是源，广西腰鼓和壮语中的"岳"鼓是流，广西腰鼓和壮语中的"岳"鼓与帝尧土鼓是同源而异流，同一鼓类而异名。只是时至今日，帝尧土鼓制造的窑址、土鼓的出土地点、土鼓的形制、土鼓的用法和用途，多不清楚，而所有这些，在广西的腰鼓和"岳"鼓群中均有迹可循。在广西的全州、桂林、临桂、永福、柳城、藤县和容县的宋代窑址中腰鼓和"岳"鼓鼓腔多有出土（图9-16，2）。广西各地和广东西部地区民间娱乐和八月中秋节师公艺人在土地庙前跳岭头赛神时都常使用腰鼓（图9-17）。广西民间更有收藏腰鼓鼓腔之俗。据报道，广西象州县中平乡的欧村农家所藏的腰鼓鼓腔曾镌刻有"岁次道光二十一年蒋告作长（壮）古（鼓）一个，十方庆（兴）旺，四远传扬"铭文。又金秀瑶族自治县六巷乡六巷村农家也收藏了一个腰鼓鼓腔，并镌刻有"十方庆（兴）旺，四远传扬"铭文，形式与象州欧村鼓相同，表明象州欧村鼓与金秀六巷村的这两个腰鼓鼓腔均出自同一窑址[①]。这也表明，自宋以迄清道光年间，广西各地宋窑都在烧制腰鼓。从窑址出土的遗物看，广西宋窑既产腰鼓鼓腔，也产民用瓷碗，产品多样，质地精良，广西的瓷腰鼓宋时已远销日本[②]。广西腰鼓之多，恐居全国首位[③]。又于广西来宾市的师公艺人那里发现一个完整在用的铜质腰鼓，此铜质腰鼓据称已使用了200多

[①] 郑超雄：《广西工艺文化》，广西人民出版社，1996年，第63页。
[②] 郑超雄：《广西瓷器宋时已远销日本》，《广西日报》1980年8月16日第3版。
[③] 郑超雄：《广西工艺文化》，广西人民出版社，1996年，第63页；郑超雄：《广西瓷器宋时已远销日本》，《广西日报》1980年8月16日第3版。

图9-17 打腰鼓姿势（左）及壮族腰鼓舞（右）
（引自何济麟主编：《可爱的邕宁》，广西人民出版社，1993年）

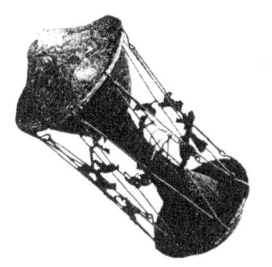

图9-18 广西来宾市的铜质腰鼓
（引自广西壮族自治区民族事务委员会：《壮族》画册，人民出版社，1988年）

年（图9-18）。来宾铜质腰鼓的发现，应该说是我国古"五行"学说"土生金"中土质腰鼓向铜质腰鼓过渡的实物例证，是土质腰鼓向铜质铜鼓过渡的探索型腰鼓。

这个铜质腰鼓在广西乃至全国是唯一的一个，当然是较为稀有而珍贵的，值得收藏保护。广西腰鼓的这些情况与中原地区帝尧之土鼓可互为补充，互相印证，相辅相成。

3. 帝尧土鼓与广西腰鼓的用途

从上节土鼓的资料中得知，西周时中原人常于农历七月中春节之昼"击土鼓，歃《豳诗》以逆暑"，于农历八月中秋节之夜，击土鼓以"迎寒"，同时"击土鼓，以乐田畯"，又于岁十二月"国祭蜡……击土鼓，以息老物"。何以古西周人于中春之昼"击土鼓，歃《豳诗》以逆暑"，于中秋之夜击土鼓以"迎寒"，又"击土鼓，以乐田畯"？汉《礼记》卷十一《乐记第十九》云："天地之道，寒暑不时则疾，风雨不节则饥"。《礼记》之言表明，西周人之所以于中春昼和中秋夜击土鼓以"逆暑""迎寒"，又"击土鼓以乐田畯"，是为防止"疾"和"饥"对凡间的侵袭而祈求于上苍，希望上苍给凡间以寒暑适时、气候温和、风调雨顺、五谷丰登，以达国泰民安之目的。至若于岁十二月"国祭蜡……击土鼓，以息老物"之举，其意应如《周易·上经·乾》所言："《彖》曰：大哉乾元！万物资始，乃统天。云行雨施，品物流形。大明终始，六位时成，时乘六龙以御天。乾道变化，各正性命，保合大和，乃利贞。首出庶物，万国咸宁。"[①]原来，西周人之所以于岁十二月"国祭蜡……击土鼓，以息老物"，目的也是求天公作美，给凡间以"云行雨施……万国咸宁"。这是自古以农立国的中国举国上下一致的需求。所以自秦始皇起，不少皇帝都率群臣到山东登泰山作"封禅"；至汉代，董仲舒在《春秋繁露》中特写了"求雨止雨法"，朝廷诏令全国各州县官依其祭天求雨止雨；至明清时代，更于北京南郊建造天坛，专供明清皇帝就近祭天求雨祈年，以达国泰民安之目的，所以民国二十二年（午集）《辞源》"老物"条云："古代蜡祭的对象，《周礼》：'国祭蜡，则龡《豳》颂，击土鼓以息老物。'注：'万物助天成岁事，至此为其老而劳，乃祀而老息之。于是国亦养老焉。'"《辞海》"腊八"条云：民间"以夏历十二月初八日吃腊八粥，有庆丰收之意"。大家都知道，"腊八"，不是金秋秋收登场时节，在这行将送旧迎新之际，《辞海》的所谓"庆丰收"之说，当与"送旧迎新"的迎新春祈年相关。

当我们了解了中原地区西周人对土鼓的使用之后，也应同时了解南方两广地区民间对腰鼓的使用情况。两广地区民间农历七月所过的节气，不叫中春节，而叫作"中元节"，俗称"七月十四节"。是节也，民间过得颇具特点：①有些壮族地区所过的七月十四节，节期为三天（七月十三至十五日）；②过节时，须给祖先焚化很多的纸钱、纸衣、纸鞋等物；③过节时，杀牲祭祖先，民间不成文但却是不可逾越的习俗是，节日中只杀鸭，不杀鸡，原因是阳界与阴界之间曾隔着一道水——奈河，鸡不能下水，不能将纸衣等物载运到奈河彼岸给祖先享用，而鸭则可以，所以过七月十四节，民间只杀鸭，不杀鸡；④在中元节中，祖先神回家过节，穿上新衣新鞋，高兴地上山品尝野果（稔果、牛甘果），故在中元节期间，山上的野果是专供祖先神品尝的，民间不许摘吃，谁摘吃了野果，等于与祖先神争吃，会招来不幸。

[①] （魏）王弼、（晋）韩康伯注，（唐）孔颖达疏：《周易注疏》卷一《上经·乾》，中央编译出版社，2013年，第20页。

提到八月中秋节，两广地区民间各村寨都延请师公艺人到村土地庙前设坛唱师打腰鼓跳岭头舞以娱神。关于师公唱师打腰鼓娱神的意义，可从师公唱师的唱词和师公所印发的"镇宅符"的符文及对联中体现出来。"镇宅符"的符文曰："䰡……灵符镇宅，驱邪斩煞；符文左右两边

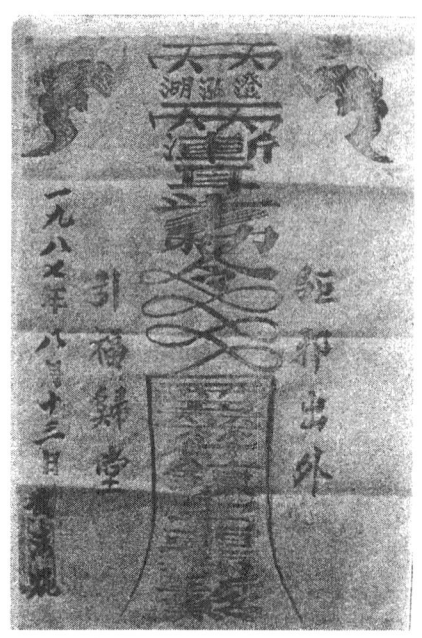

图9-19 䰡像——广西大寺师公的"镇宅符"

的对联云：驱邪出外，引福归堂；师公唱师的唱词有云：我师公能'上压天罗捉百鬼，下迫地网捉邪魔'。"①上述之师公唱词和"镇宅符"中的对联，文意都较浅显易懂，唯符文中的"䰡"字较偏。《康熙字典》"䰡"条云：䰡读"子役切，音积。人死作鬼，人见惧之；鬼死作䰡，鬼见怕之。若篆书此字贴于门上，一切鬼祟，远离千里"②。《辞海》"䰡"条与新《辞源》"䰡"条也有相类的记录。所以新春过年时，各农家都不约而同地将"䰡"像张贴于大门门扇上（图9-19）。

至若"击土鼓以息老物"之说，两广地区每届秋冬时节，各村寨农家多延请师公艺人到家设坛打腰鼓祭祖先。一为家中老者"添粮"祈寿，二为全家年终许福祈年。同时，每届年终除夕，各村寨对所属各神祠庙宇，都例行敬奉，以慰神灵而安社稷。这些情况表明，南方两广地区民间打腰鼓娱神的情况与中原地区西周人击土鼓赛神的情况，可说是基本相同或大同小异。

4. 帝尧土鼓的发展变化

宇宙间的事物在不断地发展变化，帝尧的土鼓亦然。土鼓在帝尧之后，经历代进谏者所用，致土鼓从名称到形制，从纹饰到社会功能，均有所发展变化。

---

① 1986年中秋节，广西大寺师公唱师采访记。
② 《康熙字典》，中华书局，1958年。

《礼记·明堂位》云："土鼓，蒉桴苇籥，伊耆氏之乐也。"《康熙字典·鼓》云：鼓"革音之器，伊耆氏造鼓"。到底伊耆氏为何人？1915年版《辞源》"伊耆"条引《帝王世纪》云："'帝尧姓伊祁'，故伊耆氏即帝尧。"1986年版《辞源·伊耆》也有相同的记载。说明伊祁耆氏即帝尧，他首创了土鼓，所以史称"土鼓……伊耆氏之乐也"。

至战国时代，吕不韦在《吕氏春秋·自知》中则云："尧有欲谏之鼓，舜有诽谤之木。"汉刘安《淮南子·主术训下》云："尧置敢谏之鼓，舜立诽谤之木。"唐欧阳询《艺文类聚》卷十九《讴谣》晋孙楚反金人铭云："尧悬谏鼓，舜立谤木"。《辞海》"谏鼓"条云："相传尧时曾设鼓于庭，使民击之以进谏。"《辞源》"谏鼓"条亦云："谏鼓，设于朝廷供进谏者敲击以闻之鼓。"说明古之谏鼓亦为帝尧所作。而通观古史，从未有言明帝尧既造土鼓，又造谏鼓之说，表明帝尧只造土鼓，"谏鼓"是土鼓在战国—唐时的别称。

帝尧之土鼓何以在战国之后一转而被称为"谏鼓"？如前所引之《吕氏春秋·自知》云："尧有欲谏之鼓，舜有诽谤之木。"历史表明，在尧舜时代，被号称为"有鼓者"，唯帝尧的土鼓而已，史籍上未闻有"尧造谏鼓"之说。可知《吕氏春秋·自知》中的"尧有欲谏之鼓"的谏鼓，指的就是帝尧原有的土鼓；帝尧原有的土鼓，在战国—唐时是因常为进谏者所用而被称为"谏鼓"的。"谏鼓"之称，因此得名。

在中国古代的鼓乐坛上，除土鼓和谏鼓外，还有登闻鼓。盩厔王三聘辑《古今事物考·国制》"登闻鼓"条云："登闻鼓，昔尧置敢谏之鼓，即其始也。用下达上而施于朝登闻。《东京记》曰：唐置匦，兴国九年，改为检院。"《辞海·国制》"登闻鼓"条云："古代统治阶级为表示听取臣民谏议之言或冤抑之情，特在朝堂外悬鼓，让臣民击鼓上闻，称为'登闻鼓'。《晋书·武帝纪》：'西平人麹路，伐登闻鼓'。后来历代都有这种制度。宋有登闻鼓院，简称鼓院。"1986年版《辞源·国制》"登闻鼓"条云："古代帝王为了表示听取臣下谏议或冤情，悬鼓于朝堂外，许击鼓上闻，谓之登闻鼓。其事起于晋。唐时长安洛阳并置登闻鼓。宋真宗景德四年置登闻鼓院，掌收臣民章奏。明以后置于通政院。"民国二十二年（午集）《辞源》"登闻鼓"条云："悬鼓于朝堂，有冤抑欲上诉者，许击之以闻，谓之登闻鼓。其事起于南朝。唐时东西都并置登闻鼓……"按，对登闻鼓出现的时间，《辞源》认为"其事起于晋"，而民国二十二年（午集）《辞源》则认为"其事起于南朝"，未知孰是。历史表明，我国的登闻鼓出现于晋至南朝。南朝以后，我国社会间无登闻鼓了。但在明清时代，在中原京畿地区常出现一种新的建筑物——华表。华表在我国历史悠久，源远流长。

晋崔豹《古今注下·问答释义第八》云："程雅问曰：'尧设诽谤之木，何也？'答曰：'今之华表木也。以横木交柱头，状如花也，形如桔槔，大路交衢悉施焉。或谓之表木，以表王者纳谏也，亦以表识衢路。秦乃除之，汉始复修焉。今西京谓之交午木。"蓥屋王三聘辑《古今事物考》卷一《丧礼》"华表"条云："《古今注》曰：程雅问：尧设诽谤之木，何也？曰：今之华表，以木交柱头，状如华，形似褐楔之状，或谓之表木。应劭曰：今宫外桥梁头四柱木是也。韦昭曰：虑政事有缺失，使言事者书之于木。凡交衢道路悉施焉。后世以石易之，第取其观瞻而已。后人立于墓前，以纪其识也。"

《辞海》与《辞源》对此的记述与《古今注》和《古今事物考》所记基本相同。《辞海·华表》云："古代设在桥梁、宫殿、城垣或陵墓等前作为标志和装饰用的大柱。设在陵墓前的又名'墓表'。一般所见为石造。柱身往往雕有蟠龙等纹饰，上为云板和蹲兽。"《北京十大名胜·华表》[①]亦云："天安门前的华表，建于明永乐年间，是和故宫一起建立起来的，距今已500多年，每个重四万斤。上面是承露盘，盘上有个怪兽，叫犼……"（图9-20）另外，《后汉书·杨震传》云："臣闻尧舜之世，谏鼓谤木，立之于朝。"《细说中国文化五千年的由来》第十一章"中国建筑文化的由来"[②]亦云："华表是中华民族的传统建筑物，中华民族的标志之一，有着悠久的历史，在原始社会的尧舜时代就出现了。"这都表明，我国的古华表是由帝尧之土鼓和帝舜之谤木有机地融合而成的。因其如此，所以较前期的华表如南京的明陵华表表身上还保有帝尧的谏鼓［表身上之承露盘，当是帝尧土鼓（即谏鼓）的化身］和帝舜的谤木（表身

---

① 《旅行家》杂志社：《北京十大名胜》，中国青年出版社，1983年，第6、7页。
② 王厚、赵文明：《细说中国文化五千年的由来》，北京科学技术出版社，2007年，第183页。

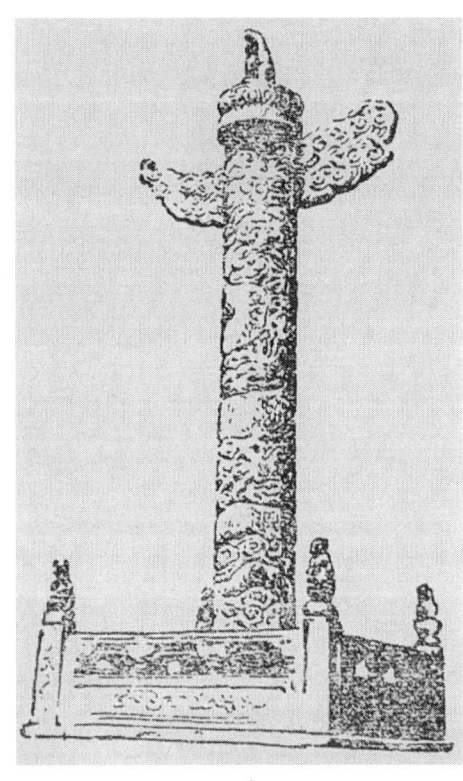

图 9-20 北京天安门前华表和万家坝型铜鼓

1. 天安门前华表（引自《旅行家》杂志编辑部：《北京十大名胜》，中国青年出版社，1983年）
2. 华表（引自中国建筑业协会工程项目管理委员会：《中国建筑骄子》，人民日报出版社，2008年）
3. 万家坝型铜鼓（引自蒋廷瑜：《广西新发现：田东县出土两面"万家坝"型铜鼓》，
《广西画报》1994年第1期）

四边四个呈梯形的版面，这当是古进谏者书写谏言的版面）的遗迹（图9-20）。从器物的形状上看，图 9-20 之 3 显示的北京天安门前华表表身上的承露盘外形极似南方铜鼓中的万家坝型铜鼓。图 9-21 之 2 显示的南京明陵华表表身上的承露盘外形也极似南方铜鼓中的石寨山型铜鼓。总之，可以这样说，上述之北京天安门前华表和南京明陵华表表身上的那个承露盘外形极似南方铜鼓，反过来说，南方铜鼓的外形也极似华表表身上的承露盘。此一"极似"性的出现，绝非偶然，应有其内在的联系，这就是南方铜鼓是由帝尧之土鼓——华表表身上之承露盘沿着古"五行"学说"土生金"的轨迹演变过来的。在这里，笔者想要指出的一点是，上述天安门前华表表身上之承露盘位于表身横向云板的上方，表明该承露盘（土鼓）处于高天云雾之上，从而表明，该土鼓就是天上的云鼓（或称雷鼓、天鼓）。现代建筑资料表明，在一些公共建筑物上常有以云鼓为饰者，如广西壮族自治区首府南宁市体育局（俗称跑马场）大门牌楼两边四根柱的柱头顶上均有个束腰的云鼓为饰（图9-21）。这牌楼顶之所以以云鼓为饰，显然是因为该云鼓出自天上，有"天神"之义，具有镇妖压邪之功，犹如中原地区商周青铜器上和民间民房门头上每有以饕餮纹和八卦纹为饰一样。显而易见，前面所提之牌楼云鼓鼓面中心处都有一朵半立体状的云彩，表明该鼓就是天上的云鼓。

1　　　　　　　　　　　　　2

图 9-21　明陵华表和石寨山型铜鼓

1. 明陵华表［引自《中华上下五千年》（第二册），中国戏剧出版社，2010年］　2. 石寨山型铜鼓（引自中国古代铜鼓研究会：《中国古代铜鼓》，文物出版社，1988年）

　　帝尧之土鼓和帝舜之谤木如何发展为驰名中外的古华表？从器物的形制和使用上说，帝尧之土鼓与帝舜之谤木，原来就是两个不同的物体，但两者都是为进谏者的进谏服务的。为便于进谏者进谏时击鼓进谏，帝尧之土鼓与帝舜之谤木最初可能是被并立在一块，或将帝尧之土鼓附挂于帝舜之谤木木身之上。后来到了秦汉时代，先是我国"千古一帝"秦始皇在当上"始皇帝"之后，仍不满足，他迷信长生不老药，梦想得到这种药以延年益寿，长生不老。为此他派了方士徐福（一作市）带领一

图 9-22　广西南宁市体育局大门牌楼顶上的云鼓

群童男童女到东海寻求长生不老药（《辞海》"徐福"条）。社会间本无长生不老药，秦始皇的此举注定以失败而告终，但此举对后世的影响却很大。首先是汉武帝，汉武帝名刘彻，是西汉王朝的第六个皇帝。汉武帝在开拓祖国边疆、保卫祖国边防上，确是劳苦功高、功不可没的；但不容忽视，他在对待祖国国宝文物上，却带了个坏的头。据历史记载，当年的汉武帝在当上皇帝后还不满足，也像秦始皇那样想得到长生不老药，以延年益寿，长生不老。但他不想走秦始皇的老路，而要另辟新径，那就是如张家国在《神秘的占候》"三、门类篇"①中所言："汉武帝下令造柏梁铜柱，柱上有铜仙人手捧铜盘，就是为了在铜盘中接收所谓的'云表之露'，和以玉屑服之，以求长生。"毕沅校正《三辅黄图》卷之五《台榭》"柏梁台"条云："柏梁台，武帝元鼎二年春起。此台在长安城中北阙内。《三辅旧事》云："以香柏为梁也，帝尝置酒其上，诏群臣和诗，能七言诗者乃得上。太初中台灾。"1979 年版《辞海·柏梁台》与 1986 年版《辞源·柏梁台》所记与此同。《北京十大名胜·铜仙承露盘》②亦云："铜仙承露盘在琼岛北侧的山腰处。小昆邱以西的一根蟠龙石柱上，有一铜制古装人像，双手托盘，俗称'铜仙承露盘'。其高 5.4 米，这是乾隆仿汉武帝求仙的故事而建造的。"图 9-23 形象地表明，古人先将帝舜谤木的木身做成圆柱状并绘蟠龙纹于其上以为饰，继而将帝尧的土鼓

---

①　张家国：《神秘的占候》，广西人民出版社，1994 年，第 125 页。
②　《旅行家》杂志社：《北京十大名胜》，中国青年出版社，1983 年，第 68 页。

图 9-23　北京琼岛上的铜仙承露盘
（引自《旅行家》杂志编辑部：《北京十大名胜》，中国青年出版社，1983 年）

从鼓脚直贯通至鼓面并将土鼓套置于帝舜谤木的顶端，将帝尧土鼓的鼓面做成承接甘露的平台，再在这个平台的台面上竖置一尊站立状的铜仙承露盘。这样，一个专为制造汉武帝的长生不老药而建造的柏梁铜柱建成了。但与此同时，两个反映我国古代民主进谏制度、至为珍贵的国宝文物——帝尧的土鼓和帝舜的谤木却被毁掉了，连土鼓与谤木两个富于历史性的名称也为"承露盘"和"华表"所取代。历史表明，上述的柏梁铜柱就是在汉武帝的指令下建造起来的。像这样的一根柏梁铜柱，可说是"汉式"的华表，是我国在历史上首次出现的第一代华表，以后至明清时代所建造的华表都是在武帝"汉式"华表的基础上建造起来的，那就是：第一，在"汉式"华表表身承露盘的下方加置一块横向的云板，使该承露盘（帝尧土鼓的化身）处于高天云雾之上，表明该承露盘（土鼓）就是天上的云鼓（或称雷鼓、天鼓）。第二，在"汉式"华表承露盘盘面上，在废掉原有那站立状的铜仙承露盘之后，换置一尊蹲式的怪兽（图 9-20）。这怪兽叫作犼，"传说是龙生九子之一，有守望的习性，所以老蹲立华表上头。它的头微昂着，面向南方，所以被人们叫作望天犼"。这个望天犼又叫朝天犼，有"对天咆哮，被视为上传天意，下达民情"之义[1]。前面提到的两种情况所组成的华表（图 9-20）是最为封建王朝的

---

[1] 黄震宇、唐鸣镝：《古建园林赏析》，旅游教育出版社，2006 年，第 230 页。

统治者所欣赏的，所以像图9-20之1那样的华表即北京天安门前华表就成了明清时代所建华表的模式。是故像北京故宫华表（在天安门后面）、北京大学华表和清东、西陵墓区等地所建立的华表，形制多与天安门前华表相类，华表表身遍饰蟠龙纹，表身上方多有横向云板、承露盘和望天犼等装饰。

再讲的是，被誉为中国建筑骄子的古华表建立起来了，但其情况恰如《北京十大名胜》[①]所言，遗存于我国中原京畿地区的华表是由帝尧的土鼓和帝舜的谤木有机融合而成的，但两者在融成华表后，虽然华表的"形状逐渐发展美化了，可是完全失去了它原来的意义和作用，成了纯粹的装饰物，变成宫殿建筑艺术的组成部分"。

5. 帝尧土鼓演变为铜鼓的原因

在铜鼓研究中，一个有待弄清的问题是，帝尧土质之土鼓何以一跃而成为铜质之铜鼓？对这一问题，前面曾经提过的"革鼓说"曾认为："南方濒海饶湿，革鼓多痹缓不鸣，故铸铜为鼓。"对此谬说，前面已经提过，兹不重复。此外，或以为可从铜质之鼓，质地更坚实耐用，音响也更佳方面去考虑[②]。笔者并不排除这一说法的可能性，但看来仅仅这样说是不够的。应该看到，在原始社会，由于社会生产力低下，人们对很多自然现象（从风云雷雨水旱奇灾，到人的生老病死）都无法理解，也无法克服，于是产生对天神地祇乃至蛟龙水神之类的敬畏，并常敲击具有乐器性能的土鼓以娱神，以求获得神灵之佑，所以《周易·系辞上》云："鼓之舞之以尽神。"《康熙字典》也有相类的记载。至春秋战国时期，社会间又出现所谓"五行"学说，按照儒家的解释，"五行"指的是木、火、土、金、水五种物质，它们之间是"相生相胜"的："相生"意味着相互促进，如木生火、火生土、土生金、金生水、水生木；"相胜"即相克，意味着互相排斥，如水胜火、火胜金、金胜木、木胜土、土胜水[③]。这么说来，情况就清楚了，因为土鼓之属属土，蛟龙水神之属属木，木胜土；铜铁之属属金，金胜木；土生金。又因为属了金之"铜

---

① 《旅行家》杂志编辑部：《北京十大名胜》，中国青年出版社，1983年。
② 中国古代铜鼓研究会：《古代铜鼓学术讨论会论文集》，文物出版社，1982年。
③ 《辞海》（1979年版）"五行"条。

为物至精，不为燥湿寒暑变其节，不为风雨暴露改其形"①，且铜的音响极佳，加之南方铜鼓的创铸人——古代的濮（布）越人及其后裔南蛮俚僚人历来崇尚多神②，迷信占卜，有岁卜、鸡卜、卵卜、茅卜、谷卜、米卜、鱼卜、龟卜、鳖卜、蛙卜、狗卜、田螺卜等，当然也迷信儒家"五行"学说中的"木胜土""土生金""金胜木"之说了，尤其迷信"土生金"和"金胜木"之说。中国人历来都认铜为"金"，认青铜为"美金"，认铁为"恶金"③。这些土、金、木原来都是在"土"（地球）中自然形成的，古人不了解其究竟，遂产生"土生金"和"金胜木"之说。这里所说的"木"指的是山精水怪之类妖怪（古称魑魅魍魉），所以《绍兴内府古器评》卷下云："商夔龙饕餮鼎，夫夔龙害物……昔禹之治水，非惟水之为（难）治，凡为民害者，莫不去之。及其已事，则贡金九牧，铸鼎象物，以知神奸，使民入川泽山林，不逢不若。故虽有魑魅魍魉，莫能侵之。"《太平御览》卷八百一十三"铁"条引《梁书》云："康绚筑浮山堰，将合，淮水漂没，复决溃。众患之，或谓：'江淮多蛟，能乘风雨决坏（堤）岸，其性恶铁。'因是引东西二冶铁器，大则釜鬲，小则镢锄数千万斤，沉于堰所。"同书"铜"条云："下以桂薪烧之。铜成，以铜炭冶之，取牡铜以为雄剑，取牝铜为雌剑。带之以入河，则蛟龙、巨鱼、水神不敢进也。"《广东新语·器语》"钟"条进一步指出：广东"五仙观有大禁钟，洪武初永嘉侯朱亮祖所铸，然不敢击。岁乙酉，有司命击之，城中婴儿女死者千余。于是婴儿女皆著绛衣，系小银钟以厌之……钟，金也，龙，木也。金木相斗，其必有不得其平者欤"。《广东新语·器语》"铜鼓"条云：南方铜鼓"雷人輙击之以享雷神，亦号之为雷鼓云。雷，天鼓也，霹雳以劈历万物者也。以鼓象其声，以金发其气，故以铜鼓为

---

① （宋）李昉等：《太平御览》卷八百一十三"铜"条，中华书局，1960年。
② 关于濮越与南蛮之间的关系，笔者在《濮为越说——兼论濮、越人的地理分布》一文中曾认为"濮"为壮侗语族诸语言中"布"字的谐音，意为"人"。故濮与越，一也。至于南蛮，笔者在《"蛮"考》中以《逸周书》《史记》的史料为据，认为古之"南蛮"，其实"蛮亦称越"。故汉之南越国赵佗就自称为"蛮夷大长"。文载《中南民族学院学报（社科版）·百越源流研究》1986年增刊；贵州《苗侗文坛》1993年第2期。
③ 《辞源》"恶金"条。

雷鼓也"。清广东海康雷祖祠的大石刻亦云："雷鼓填填，雷车锵锵。"为使作为赛神娱神用而又属土的土鼓不致为属木的蛟龙所"胜"而具有"胜木"的作用，为使以铜铸之铜鼓能"象其（雷）声，以金发其（雷）气"，发挥铜鼓的"胜木"作用，古代的濮（布）越人及其后裔南蛮俚僚人遂以"土生金"，以金代土，铸铜为鼓，并大肆举行铜鼓卜以镇蛟龙[①]。所以清《粤西诸蛮胜迹》载乾隆五十三年广西平南举人彭廷椿《铜鼓歌》云："……或云伏波征交趾，山溪霪液涌寒溜，制鼓击之驱烟岚，蛮烟瘴雨霁边堠。"《广东新语》"铜柱界"条亦云：东汉"伏波既平交趾，或尽收其兵销镕，既铸铜柱五以表汉疆。又为铜船五、铜鼓数百枚，遍藏于山川瘴险之间，以为镇蛮大器"。《广东新语·人语》"马人"条又云："铜鼓沉埋铜柱非，马留犹著汉时衣。"《岭外代答·乐器门》"铜鼓"条云：宋时"交趾尝（来广西）私买（铜鼓）以归，复埋于山，未知其何义也"。清道光《铜鼓联吟集·吕璜序》云："南中铜鼓，或沉之水，或瘗之土。"

通过前面五个方面的讨论可知，所有的革鼓说、錞于说、铜釜说和林邦存先生的土鼓说都不是南方铜鼓的鼓源，其间，铜釜说所提之铜釜本身就不是炊具性铜釜，而是铜鼓，并且还是个属于早期的铜鼓，这一点前面已经提过，兹不重复。最后要强调的一点是，真正是南方铜鼓鼓源的是帝尧所造之土鼓（含广西各地宋窑所烧制的腰鼓），这是因为如下几点。

（1）如前所说，《辞海》"尧"条云：帝"尧为原始氏族社会晚期部落联盟领袖"，是则帝尧之土鼓亦当为原始氏族社会晚期即新石器时代晚期的产物，这是人类社会中最原始、最古老的鼓乐，堪称天下第一鼓，是鼓类的鼻祖，当然也是南方铜鼓的鼻祖了。

（2）帝尧之土鼓即陶鼓，《辞海》"鼓"条云："鼓……远古时以陶为框，后世以木为框。"这是人类社会中远古时之鼓乐，当然也是南方铜鼓的鼓源了。

（3）汉许慎在《说文解字》第五上"鼓"条中云："凡鼓之属皆从鼓。"许之言当然是经典性的。但也应同时看到，许文中之"从鼓"，

---

① 潘世雄：《铜鼓入土原因论》，《广西民族研究》1985年第2期。

显然不是"从"后世一般的木框革鼓，而是"从"人类社会中的早期鼓——帝尧所造之土鼓。

（4）清屈大均在《广东新语·器语》"铜鼓"条引《晋书》云："《晋书》云：'诸獠并铸铜鼓，以高大为贵……意汉时其制尚存，故伏波铸之，留西南夷中甚众。其形皆如腰鼓，而面脐在上方。出庙中所藏，其内有镌，云：汉伏波将军所铸。……大抵粤处处有铜鼓，多从掘地而得。其状各异，皆伏波所瘗以镇蛮者。'"由此可知，南方铜鼓"其形皆如腰鼓"，它是由帝尧之土鼓——广西腰鼓沿着古"五行"学说"土生金"的轨迹发展演变而来的。

（5）我国儒家古"五行"学说中的"土生金"和"金胜木"之说严重地影响着古代首铸南方铜鼓的人。从有关的历史学、地理学、民族学、民族语言学、青铜冶铸学诸方面资料看，南方铜鼓的首铸者应为古代的濮（布）越人及其后裔南蛮俚僚人[①]。他们历来崇尚多神，迷信占卜，当然也迷信儒家的"五行"学说了，尤其迷信"五行"学说中的"土生金"和"金胜木"之说。可以这样说，我国南方铜鼓就是在"五行"学说中的"土生金"和"金胜木"之说的直接影响下产生的。因是之故，所以如前所说，南方铜鼓中的万家坝型铜鼓外形极似北京天安门前华表表身上之承露盘（图9-20，3），石寨山型铜鼓外形也极似南京明陵华表表身上之承露盘（图9-21，2）。因是之故，所以南方壮侗语族中的壮语、布依语和水语至今尚保有其先民古濮（布）越人及其后裔南蛮俚僚人当年首铸南方铜鼓时对所铸铜鼓给起的鼓名："冉"（含"年""念"音）。如上一章所言，上述壮侗语族中的这个"冉"音，原意是指"日"（日月的"日"）。《辞海》"日"条认为"日即太阳"。《古代坛庙·日坛》[②]亦谓：

[①] 关于濮越与南蛮之间的关系，笔者在《濮为越说——兼论濮、越人的地理分布》文中曾认为"濮"为壮侗语族诸语言中"布"字的谐音，意为"人"。故濮与越，一也。至于南蛮，笔者在《"蛮"考》中以《逸周书》《史记》的史料为据，认为古之"南蛮"，其实"蛮亦称越"。故汉之南越国赵佗就自称为"蛮夷大长"。文载《中南民族学院学报（社科版）·百越源流研究》1986年增刊；后又载于贵州《苗侗文坛》1993年第2期。

[②] 朱耀廷、郭引强、刘曙光主编：《古代坛庙》，辽宁师范大学出版社，1996年，第36页。

"日即太阳。"可知壮侗语族中的"冉"音,其所指是"太阳"。由于壮侗语族中之"冉"音是就鼓面中心处那个以太阳纹为饰的铜鼓而言的,如这个鼓的鼓面中心处无太阳纹饰,这个鼓就不能叫作"冉",只能笼统地叫作"广"(过去曾译作"晃",看来过去的译音"晃"有点走样了,应译作"广",如此较切合民族语音特点)。而这个"广",指的是一般无太阳纹饰的鼓。可见壮侗语族诸语言对南方铜鼓所持的"冉"音本身就含有"太阳"和"太阳鼓"之义,应意译为"太阳鼓";如是,则"冉"者,"太阳鼓"也。在这里,再说的一点是,何以壮侗语族诸语言对南方铜鼓竟以单音词的"冉"音称之?这是个涉及壮侗语族诸语言的语音特点问题。在这里,如将壮侗语族诸语言与北方汉语相比较后可知,其最大的差别除了早已为人所共知的所谓"倒装词"之外,再就是在物称名词上的不同了。北方汉语对物称的名词常是以双音为词的,而南方壮侗语族诸语言则多是以单音为词的,如在汉语中常见到的水牛、黄牛、家猪、鸭子、青蛙(田鸡)、老鼠、水田、树木、江河、山岭和房屋等物称,壮侗语族诸语言则分别叫作怀、迟、谋、毕、蛤、怒、那、美、驮、堆和栏。如今,对鼓面中心处有以太阳纹为饰的南方铜鼓,壮侗语族中的壮语、布依语和水语均叫作"冉"(含"年""念"音),这与壮侗语族诸语言对物称名词常以单音为词的规律相符,表明壮侗语族诸语言对鼓面中心处以太阳纹为饰的南方铜鼓所持的"冉"(含"年""念"音)之称是对的[①]。

  以上是笔者在南方铜鼓起源的问题上所持的新看法。对否?请读者赐正。

[①] 潘世雄:《铜鼓的本名》,《民族学报》2009年第7辑。

第十章 铜鼓沉瘗探原

铜鼓在我国是南方和西南方少数民族地区的一种富有民族特点的打击乐器，也是南方和西南方少数民族地区一种具有代表性的历史文物。我国南方铜鼓主要分布于华南的桂粤琼和西南的滇黔川等省（自治区、直辖市）。至1982年，全国各地发现并收藏于文化部门中的铜鼓已达1400多面，我国铜鼓之多为世界之冠。这些铜鼓，除晚期的小铜鼓多为传世品外，其余属于早期和中期的铜鼓，不论体型大小，悉为出土出水之物。从铜鼓发现的地点看，所有出土出水的铜鼓可分为三大类。

第一类是古墓葬出土的，为数不多，只在云南祥云大波那铜棺墓、楚雄万家坝古墓、晋宁石寨山古墓、江川李家山古墓、曲靖八塔台古墓、弥渡古墓、贵州赫章汉墓、遵义杨粲墓，广西贵港汉墓、西林普驮铜鼓葬和田东战国墓有过出土。这是古人以铜鼓作随葬品或以铜鼓作葬具随同死者一块入土的，入土的原因比较清楚，这里恕不多言。

第二类是村镇近郊的耕地或山坡地中出土的，数量很多，如广西北流的松花铜鼓、平南的下竹村铜鼓、南宁的心圩铜鼓、横县的山口村铜鼓，广东廉江的廖屋村铜鼓、化州的那务铜鼓、高州的坛头铜鼓、信宜的大垌村和樟坡村铜鼓，云南云县的曼品铜鼓、陆良的小西营铜鼓，贵州岑巩的大有铜鼓等，都是当地农民在农田耕作中发现的（图10-1）。其情况正如《桂海虞衡志·志器》之"铜鼓"条云："铜鼓，古蛮人所用，南边土中时有掘得者。"又如宋《岭外代答·乐器门》"铜鼓"条云："广西土中铜鼓，耕者屡得之。"

第三类是从较险要的江河湖海中出水的，为数不少，如广西桂平的铜鼓滩铜鼓、梧州的镇府铜鼓、北流的醮楼铜鼓、隆安的乔建铜鼓、博白的铜鼓潭铜鼓、横县的清水江铜鼓、合浦的烟墩海滩铜鼓、北海市的崇表岭海滩铜鼓，广东的茂名铜鼓、高州的鹤垌铜鼓、惠来的澳角（海

图 10-1　1986 年 3 月 29 日于广西博白县城东南面农场耕作地出土一面铜鼓的情形

滩）铜鼓，海南万州的多溪铜鼓、琼州府的铜鼓角（海角）铜鼓等。在东南亚各国出水的铜鼓也不乏其例，据云南省博物馆、中国古代铜鼓研究会编的《民族考古译文集·附录》记载，计有马来西亚彭亨鼓（残片，1926 年在河中出水）；印度尼西亚爪哇鼓 2 个（均于河中出水）；越南出水铜鼓较多，计有多效鼓（1921 年在多威河中出水），嶅坡鼓（1928 年在沱江畔出水），右钟鼓（1961 年在陆江河沙滩出水）。这些铜鼓都是当地农民或渔民在江河湖海中捞出的，所以清《南越笔记》和《广东新语》卷七"马人"条云："铜鼓沉埋铜柱非，马留犹著汉时衣。"清道光《铜鼓联吟集·吕璜序》云："南中铜鼓，或沉之水，或瘗之土，后世乃往往发而得之。"

我国历史上有关南方铜鼓的记载虽然不少,但往往只记录铜鼓出土出水时和出土出水后的一些情况,对于铜鼓沉瘗的原因问题没有说明,因而有关铜鼓的沉瘗问题,迄今仍如《岭外代答·乐器门》"铜鼓"条所言:"交趾尝(来广西)私买(铜鼓)以归,复埋于山,未知其何义也。"董逌在《广川书跋·二方鼎》中亦云:"古鼎存者尽废,其在山泽丘陇者未出,故不得其形制,然亦不知考于古也。"为探索有关铜鼓的沉瘗问题,我国第一位铜鼓专家、《铜鼓考略》一书的作者郑师许先生很想亲眼看看铜鼓的发掘现场,以便从中看出某些奥妙,但始终没有那个机会,于是他感慨地说:"铜鼓果在何种地方,何种状态之下掘出乎?此则大可研究也。"[1] 事因不明,必有揣测。由于铜鼓沉瘗的原因不明,因而这问题在20世纪30年代时学者们曾有所议论,其说有六。

(1)因战争问题而入土说[2]。刘锡蕃在《岭表纪蛮》第十九章"音乐·铜鼓"中云:"其所以得于林间,大概由蛮民屡服屡叛,官军攻剿,战事激烈,蛮人自度必败,(铜鼓)以其笨重难携,遂埋于僻地。"民国《新纂云南通志·金石考·铜鼓考》对刘介的观点甚表支持:"此说颇具理由……每遇战事,什物埋藏地中。铜鼓虽用于战阵,然寨中多鼓,必有为之埋藏者。"

(2)因兄弟民族的酋位继承问题而入土说[3]。民国广西《宾阳县志·文化·金石·铜鼓考》云:"铜鼓,系苗族酋长宝物……酋长死,则传子若孙,不啻传国宝也。如无子孙,则埋于土中,部众分头寻觅,如发现铜鼓,则击之,群苗闻声毕集环跪,共奉其人为酋长。"

---

[1] 郑师许:《铜鼓考略》,中华书局,1937年,第65页。
[2] 详见《岭表纪蛮》。它说:"其所以得于林间,大概由蛮民屡服屡叛,官军攻剿,战事激烈,蛮人自度必败,以其笨重难携,遂埋于僻地。"《新纂云南通志·金石考·铜鼓考》及《近年来云南出土的铜鼓》(《考古》1981年第4期)也支持此一观点。
[3] 民国三十七年《宾阳县志·文化·金石·铜鼓考》第463页载:"铜鼓,系苗族酋长宝物……酋长死,则传子若孙,不啻传国宝也。如无子孙,则埋于土中,部众分头寻觅,如发现铜鼓,则击之,群苗闻声毕集环跪,共奉其人为酋长。"

（3）系兄弟民族头人为表示对官府的臣服而入土说[①]。《宾阳县志·铜鼓考》又云："询以铜鼓由来曰，此孟公鼓也（孟公指孟获）。问何以多埋没土中，则谓孔明征蛮时，孟获失败，孔明令苗瑶之族，一律居板屋或茅屋，不得囤积谷米，不得设置旗鼓，以防复叛。故当时铜鼓悉埋土中，示不复用，今所存，皆得诸土中者。此说似更足征信……"

（4）因官府的"铜禁甚严"而入土说[②]。清《铜鼓联吟集·吕璜序》云："自六朝迄有唐，铜禁甚严，故南中铜鼓，或沉之水，或瘗之土，后世乃往往发而得之。"

（5）为防铜鼓"患火"而入土说[③]。民国二十三年广西《岑溪县志·杂记》云：铜鼓"……粤西所在皆有……古色斑驳，皆千年物，或以其得自瘗埋，疑为神异。不知蛮居尽茅屋，恒患火，器物多瘗于山，不足为异也"。

（6）为防铜鼓"被盗"而入土说[④]。此为今人所持的一种说法。他们解释说，南方的少数民族恒视铜鼓为神灵之物，所以人们非常珍视铜鼓，而他们多居山弄，住地分散，且多葺茅为瓦，编竹为墙，"一家灯火十家光"，住房很不牢固，平日又常下地生产劳动，无人在家看管，所以铜鼓常为贼人所窃。为保护铜鼓，防止铜鼓被盗，人们遂将铜鼓埋于山野。

中国古代铜鼓研究会曾于1980～1991年先后召开过多次国内外铜鼓学术讨论会，与会学者对有关铜鼓的起源、族属、分类、断代、纹饰含义、铜鼓在历史上的作用和铸造工艺诸方面都做了探讨，但有关铜鼓沉瘗的原因问题，却无人问津。为什么？是学者对上述之六说都无异议了么？

---

① 民国三十七年《宾阳县志·文化·金石·铜鼓考》第463页又说："询以铜鼓由来曰，此孟公鼓也。问何以多埋没土中，则谓孔明征蛮时，孟获失败……故当时铜鼓悉埋土中，示不复用……"

② （清）梁章钜：《铜鼓联吟集·吕璜序》："自六朝迄有唐，铜禁甚严，故南中铜鼓，或沉之水，或瘗之土。"

③ 民国二十三年广西《岑溪县志·杂记》：铜鼓"……粤西所在皆有……或以其得自瘗埋，疑为神异。不知蛮居尽茅屋，恒患火，器物多瘗于山，不足为异也"。

④ 此为现代人所持的一种说法。见云南省博物馆：《近年来云南出土铜鼓》，《考古》1981年第4期。

在笔者看来，上述之六说都是值得商榷的。今就所谓"战争说"而言，因时代久远，史料不足，难以断论，就大家较熟悉的近代情况而言，自清道光以来的一二百年中，在有铜鼓分布的南方少数民族地区曾发生过多少次战争，又能有多少铜鼓是因战争问题而"或沉之水，或瘗之土"呢？这方面的情况至今却是于人无说，于史无证，因而此说应属主观臆测之列，不足为信。应该看到，这个时期的铜鼓在铜鼓发展的序列中虽属尾声，但在南方少数民族地区中人们不仅仍普遍使用铜鼓，而且还在不断地铸造铜鼓。广西壮族自治区博物馆收藏的0146号和0235号铜鼓鼓面分别铸有"道光二年建立"和"道光八年建立"这样的年款，可以为证。

所谓"酋位继承"之说，看来也难以成立。因为，其一，《魏书·獠》云："獠者，盖南蛮之别种……种类甚多，散居山谷，略无氏族之别，又无名字。"《桂海虞衡志》云："……獠，依山林而居，无酋长版籍，蛮之荒忽无常者也。"①《岭外代答》云："獠，在右江溪洞之外，俗谓之山獠，依山林而居，无酋长版籍。"②明《赤雅》亦云："僚俗略与壮同……居无酋长，深山穷谷，积木以居，名曰干栏。"说明至少自宋明以来，南方少数民族地区虽有土司制度，铜鼓的出土出水也很多，但在这个时候，南方少数民族地区根本就没有高居于群众之上的酋长之类的统治阶级人物，有的是民族间的自然领袖，这是民族中德高望重的长者在民族的长老制度中自然形成的，无所谓"公推选举"产生，更无所谓"寻觅"铜鼓方能为酋长的事。其二，诚如所论，则在南方所有的土司衙门、土司、头人住宅和土司、头人的墓葬中应该发现很多铜鼓，并将铜鼓放于墓室较为显著的位置上，如一般的古墓葬中常将死者生前喜爱的玉璧、宝剑、印章等物放于墓室的重要位置上一样。但通观南方少数民族的调查报告（包括土司衙门的调查报告）和土司墓的发掘资料，在所有的土司衙门、头人住宅及其墓葬中，从未发现过铜鼓，更无以铜鼓作发号施令之用。例如，据《壮族百科辞典》载：1966年发掘时，广西宁明县明代的思明土官黄承祖夫妇合葬

---

① 《桂海虞衡志·志蛮》："獠，在右江溪洞之外，俗谓之山獠，依山林而居，无酋长版籍……"（明）邝露：《赤雅·僚》也说："僚俗略与壮同……居无酋长。"
② （宋）周去非：《岭外代答》卷十一《獠俗》。

墓中的随葬品不少,计有鎏金铜炉、金冠、金凤冠、金簪、金钱、铁牛、镇墓兽、石墓志等,但却无铜鼓[①]。又如广西忻城土司衙门,它在南方的土司衙门中是颇具规模的,现在被列为自治区级文物保护单位,忻城周边地区的铜鼓也不少,但该土司衙门历来都无铜鼓发现。在改土归流之前,土司官堂都是以敲击皮鼓为号的,该皮鼓现仍悬挂于衙门之中。广西贵港(原贵县)高中第八号汉墓和后来发掘的罗泊湾一号汉墓虽出土过铜鼓,但考古学家多认为,这些汉墓的死者都不是广西的土官,而是从中原来的汉族官吏。广西西林铜鼓葬可说是广西土官墓了,但出土的铜鼓都不是随葬品,而是一种葬具——毁铜鼓作葬具(图10-2)[②],表明该土官对铜鼓不是珍视,而是贱视,在他看来,一个铜鼓比不上葬具来得实用。广西桂平市的铜鼓很多,大铜鼓、小铜鼓、云雷纹铜鼓和羽人纹铜鼓都有。(桂平)县中的紫荆山地区也有铜鼓,至今还遗留有"铜鼓坪"这样的地名。但实地调查证实,家在紫荆山中心的瑶族头人(俗称瑶王)李荣保一家就没有铜鼓。广西都安瑶族自治县的板升、七百弄壮瑶族

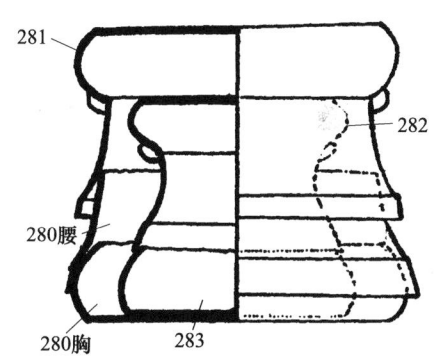

图10-2 西林铜鼓葬套叠示意图
(以四面铜鼓作葬具,280是锯成上下两节,倒过来套装的;281、282是完整的,283只有鼓面鼓胸一节;引自蒋廷瑜、彭子成、黄允兰:《西林铜鼓的套合形式及铜鼓面上的小珠》,《中国古代铜鼓研究通讯》1995年第11期)

地区铜鼓也很多,1963年5月笔者等在那里做文物普查时,如入铜鼓之乡,所到之处,无地不见铜鼓,无时不闻铜鼓声,据当地人统计,仅板升区弄立一个乡就有铜鼓36面,七百弄区有铜鼓97面。家在七百弄区的瑶族头人(俗称也为瑶王)兰有理在旧社会占有妻妾11人,照理说他该占有很多铜鼓,但是他占有的铜鼓不多,据说有5面(一说8面)。

---

① 《壮族百科辞典》编纂委员会:《壮族百科辞典》,广西人民出版社,1993年。
② 该墓用四面铜鼓作葬具,其中的两面被从鼓的腰部锯开,以作盛置骨骸之用。参见广西壮族自治区文物工作队:《广西西林县普驮铜鼓墓葬》,《文物》1978年第9期。

值得注意的是，盛行于春秋战国时期的儒家古"五行"学说中的"金胜木"之说，在都安七百弄和板升地区的瑶族人中也有一定影响，人们认为，铜鼓之属属金，鬼神家神之属属木，"金胜木"。在此情况下，如家人有铜鼓而不埋葬，家神不敢回家，这样这个家庭就不兴旺发达了；为了家庭的兴旺发达，也为防盗和保护铜鼓，兰有理占有的几面铜鼓平时都不放在家，而是选时择地将铜鼓秘密地卜葬于郊野[①]。1954年兰有理过世，死前来不及告知亲人铜鼓之事，以致这些被埋的铜鼓至今还不知卜葬于何方，有待他日的耕者、樵者、渔者于生产中偶然中去发现了。在铜鼓资料中，历史上每有所谓"鸣鼓集众"之说。但往昔兰有理有事从不鸣鼓集众，而是吹铜质长号。1949年前，他连铜质长号也不用了，改用国民党的军号。在旧社会里，兰有理可以说是个有权势的人了，他来都安县上开会，不是骑马而来就是乘舆而至，随行人员一大帮，县太爷得到几里路外去迎接他，而他却不占有多少铜鼓，更无以铜鼓作权威之用，足见前人所谓的"权威"论之说，是经不起历史事实推敲的。总之，不论是壮族的土官还是瑶族的头人，过去都没有以铜鼓作发号施令之用，也没有仗恃铜鼓以称王的事。他们的"土官"和"头人"称号，都不是通过"寻觅"铜鼓获得，而是民族间的长者在民族的长老制度中自然形成的。当然，这与历代封建王朝和国民党当局对他们的利用许封也有关系。比如，在国民党统治时期，"瑶王"兰有理曾被封为七百弄乡乡长，李荣保也和国民党李宗仁先生交换兰谱，称兄道弟，改从李姓（他原姓赵），从国民党那里获得枪支100多条，成为紫荆山瑶区一霸。

至若"臣服说"和"铜禁甚严说"，这方面无须多证，只要指出下面的这一点就足以证明其非。假如前提之论点可以成立，则南方铜鼓沉瘗于水土中的时间应始于三国孔明南征孟获时代和"铜禁甚严"的六朝至唐代。然而无数的历史和考古资料证明，早在春秋战国时期已有铜鼓沉瘗于水土之中[②]，何待三国六朝？所以清《南越笔记》和《广东新语·人

---

① 姚舜安：《布努瑶与铜鼓》，《中南民族学院学报》1986年第1期。兰有理的铜鼓一向埋葬于野外，且秘密地进行，所以他的铜鼓到底有多少，说法不一，有说是5个的，也有说是8个的。

② 杨复兴、吕蕴琪：《云南腾冲出土的古代铜鼓》，《中国古代铜鼓研究通讯》1982年第2期。

语》"马人"条云："铜鼓沉埋铜柱非，马留犹著汉时衣。"清道光《铜鼓联吟集·吕璜序》亦云："南中铜鼓，或沉之水，或瘗之土，后世乃往往发而得之。"说明南方铜鼓历来都是"或沉之水，或瘗之土"的。哪有至三国六朝时才有铜鼓沉瘗的？再说的是，关于"铜禁"问题，《晋书·食货志》是这样说的："孝武太元三年诏曰：'钱，国之重宝，小人贪利，销坏无已，监司当以为意。广州夷人宝贵铜鼓，而州境素不出铜。闻官私贾人，皆于此下贪比输钱，斤两差重，以入广州，货与夷人，铸败作鼓。其重为禁制，得者科罪。'"文中只提晋代广州地区的少数民族销毁铜钱以铸铜鼓和晋王朝加以严禁的事，并没有提到要收缴少数民族的铜鼓以致因此而导致铜鼓的沉瘗问题。

提到"患火说"和"防盗说"，不容讳言，在南方少数民族地区，铜鼓被烧毁和被盗窃的现象是有过的。但综观我国出土的铜鼓，迄今仍未发现有因"患火"和"防盗"问题而沉瘗于水土中的，表明民间被烧毁和防盗的铜鼓虽有，但为数不多，因患火和防盗问题沉瘗并被遗留于水土之中而为后人所得的铜鼓也不多，不能说凡"耕者屡得之"之铜鼓，均系上述两种原因造成。值得注意的是，南方少数民族对铜鼓的保管情况与上述说法正相反。据调查所闻，广西南丹县白裤瑶（瑶族的一支）地区的铜鼓很多，他们的铜鼓原先都是卜葬于野外岩洞中的，但若干年来，野葬的铜鼓时有失窃的情况发生，为保护铜鼓，防止铜鼓丢失，后来才改野外岩洞卜葬为家室卜葬[①]。无独有偶，广西田林县的木柄瑶、都安和巴马县的布努瑶（均为瑶族的一支）也有类似的情况。说明铜鼓的沉瘗问题与所谓"患火说"和"防盗说"并无关系。

总而言之，上述之六种说法，乍看虽也能言之成理，但均缺乏事实依据，此类说法，纯属主观臆测，想当然之谈，不足为信；尽管有时候其中某种情况也可能构成铜鼓沉瘗的原因之一，但不会很多且普遍，因而就不能说凡"耕者屡得之"之铜鼓均系上述某种原因造成。

过去之所以众说纷纭，主要是因为人们对南方少数民族的"卜鼓祈年"这一风俗缺乏了解。其次，这与人们对有关铜鼓的族属问题和铜鼓

---

① 蒋廷瑜：《南丹白裤瑶族的铜鼓》，《第二次古代铜鼓学术讨论会资料集》，1984年，第100页。

在历史上的主要作用问题弄不清楚也有关系。为说明问题，我们有必要对这两个问题做些回顾。

关于铜鼓的族属问题，目前铜鼓学界意见分歧较大。主要有两说：一是濮人说，二是越人说。其实，这两种意见都不错。有问题的是人们将濮人与越人截然分开，并视为两个不同源的部落。应该说，濮就是越，越就是濮，濮与越，一也，是布越（即濮越——下同）人（古称百越）在不同的历史时期一度出现的不同族称，犹如布越人在秦汉之间多称越，以后则称为乌浒与俚僚一样[①]。这也说明，我国南方铜鼓为古代的布越人所创制，是布越人所在地区的社会文化遗物。

古代的布越人何以要创制铜鼓，何以将所制之铜鼓埋葬于地下呢？《太平御览》卷八百一十三"铁"条引《梁书》说："康绚筑浮山堰，将合，淮水漂没复决溃，众患之。或谓：'江淮多蛟，能乘风雨决坏岸，其性恶铁。'因是引东西二冶铁器，大则釜鬲，小则钁锄数千万斤，沉于堰所。"同书"铜"条也说："下以桂薪烧之。铜成，以铜炭冶之。取牡铜以为雄剑，取牝铜为雌剑。带之以入河，则蛟龙、巨鱼、水神不敢进也。"《广东新语·器语》"钟"条说：广东"五仙观有大禁钟，洪武初，永嘉侯朱亮祖所铸，然不敢击。岁乙酉，有司命击之。城中婴儿女死者千余，于是婴儿女皆著绛衣，系小银钟以厌之……钟，金也；龙，木也。金木相斗，其必有不得其平者欤"。同书"铁鼓"条又说：广东"韶州忠惠公祠，有铁鼓。一面微损，击之有声。先时江中有一蛟，舟行者多为所害。公以铁为鼓及船……盖以铁物治蛟，乃金克木之道，龙性畏铁，蛟亦然，是皆属木，故以金制之。伏波铸铁船（按：《廉州府志》和《合浦县志》均记作'铜船'）沉于合浦，其亦以镇压毒龙而已。"历史记载表明，我国古代的人，由于时代的局限，比较迷信，曾以为那些沉重而冰冷的铜铁之物可以镇压蛟龙、水神之类的妖怪。而古代的布越人，历来崇尚多神，迷信占卜（有岁卜、鸡卜、卵卜、茅卜、谷卜、米卜、龟卜、鳖卜、蛙卜、鱼卜、狗卜等），当然也迷信铜铁之物的"金克木之

---

① 潘世雄：《濮为越说——兼论濮、越人的地理分布》，《中国百越史研究会1982年第三次年会论文集》，后收入《中南民族学院学报》1986年增刊号（《百越源流研究专刊》），第72～79页。

道"了。由于"铜为物至精，不为燥湿寒暑变其节，不为风雨暴露改其形"[1]，且铜的音响极佳，南方地区多铜矿，古越人的青铜冶铸技术又是很高的，为"以鼓象其声，以金发其气"[2]，发挥铜的"克木"作用，古代的布越人遂铸铜为鼓，并大肆举行铜鼓卜以镇压经常为患的蛟龙。所以《岭外代答·金石》"铜鼓"条说："交址尝（来广西）私买（铜鼓）以归，复埋于山。"《铜鼓联吟集·吕璜序》也说："……故南中铜鼓，或沉之水，或瘗之土……"可见南方铜鼓虽系民族乐器之一，娱乐的作用是主要的。但因中国素以农立国，生产过程中与风雨有密切的关系，加以天命观的影响，为了风调雨顺，为了丰收，为了国泰民安，历代常以帝王为首祭天求丰收。西汉学者董仲舒曾写有《春秋繁露》之《求雨》《止雨》篇[3]，民间也常以土鼓、雷鼓和铜钟作求雨求丰收之器[4]。在此情况下，南方铜鼓在应用于文化娱乐的同时，也常被用于求雨求丰收活动。这一点，可以从铜鼓上特有的音乐设施和铜鼓上的纹饰含义辨认出来[5]。可供参考的是，源于布越人的广西壮族保留有关于"图额"（$tu^2 \eta ɯ^4$）的传说，与上述的"金木相斗"之说极为相似。按照壮族人的说法，所谓图额指的是水中的蛟龙。它常兴风作浪，制造水旱奇灾，为害凡间，所以人们非常害怕它，也非常憎恨它。那个"图额"（$tu^2 \eta ɯ^4$）虽然很凶恶，但却很胆小，它害怕铜（$tu^2 \eta ɯ^4 \text{Ia}: u^2 \eta a: \eta^2$），害怕铜鼓（$tu^2 \eta ɯ^4 \text{la}: u^1 \text{Pji}: n^2$）。人们认为，铜鼓能对付"图额"，镇压"图额"，确保风调雨顺，庄稼丰收，所以人们对铜鼓非常推崇，视其为神灵之物，平时"或沉之水，或瘗之土"，把它埋葬起来，以为这样，既可以镇压"图额"，确保风调雨顺，庄稼丰收，又可以从出土铜鼓的铜色判断当年年景。人们还认为，如家有铜鼓而不埋葬，必须用铁链或稻草绳将铜鼓套

---

[1] （宋）李昉等：《太平御览》卷八百一十三"铜"条，中华书局，1960年。
[2] （清）屈大均：《广东新语》卷十六《器语》"铜鼓"条，中华书局，1985年。
[3] （汉）董仲舒：《春秋繁露》卷十六；（清）李调元：《罗江县志》卷二。
[4] 《周礼·春官·籥章》："凡国祈年于田祖，龡《豳雅》，击土鼓，以乐田畯。"《辞源》"雷鼓"条：雷鼓为"古人祀天神时用之"。而祭天神当属求雨祈丰收的一种。我国古代铜钟多有"风调雨顺、国泰民安"铭文，表明古铜钟为求雨用器。
[5] 潘世雄：《铜鼓的音乐性能》，《中国音乐》1982年第4期；潘世雄：《广西铜鼓纹饰的意义》，《古代铜鼓学术讨论会论文集》，文物出版社，1982年。

锁于柱头上，不然它会飞奔而去。与壮族杂居的田林县木柄瑶和都安巴马的布努瑶，也有类似的说法和做法。瑶语也叫作"图额"，认为铜鼓不只是"图额"怕，家里的神也怕，如家有铜鼓而不埋葬，家神不敢回归，这样家庭就不兴旺发达了。为了家庭的兴旺发达，平时要将铜鼓埋葬于郊野。瑶族头人兰有理的铜鼓从不放置在家中，原因就在这里。

那么，导致南方铜鼓沉瘗的原因是什么？从铜鼓出水出土前的情况和民间的宗教信仰诸方面情况看，导致南方铜鼓沉瘗的主要原因有二。

第一，与南方人的卜鼓祈年有关。首先，我国自古以农立国，农业生产与风雨有密切的关系。为求风调雨顺、农业丰收、国泰民安，历代都以帝王为首"礼天祈年"。据报道，早在黄帝时期就有礼天祈年之举（图10-3）。稍后至商代，由于"汤有七年之旱灾"[1]，于是以商汤为首，"以身祷于桑林之际"以求雨[2]，使以商汤"以身祷于桑林"为背景的商羊舞得以在商都亳（今山东曹县）西北隅的山东菏泽地区广为流传。至周代，周人更常敲击帝尧所造之土鼓，以乐田畯[3]。汉代以降，百儒之首董仲舒总结了前人的礼天祈年之举，在《春秋繁露》中系统地提出"求雨止雨法"。董仲舒的"求雨止雨法"在晋张华的《博物志》、宋李石的《续博物志》、清李调元的《罗江县志》中都如实地做了报道，使历代王朝及其下属的州、府县官每于新春佳节或遇水旱奇灾之际，都与下面的广大群众一道大敲锣鼓，大跳龙狮舞以娱年祈年。《幼学故事琼林·制作》篇说："夏禹欲通神祇，因铸镛钟于郊庙。"文下注："夏禹想和天神地祇交流思想，因此铸选镛置放郊外的宗庙里，每逢祭祀必敲钟，要（以）上通神明。"对此，中华书局民国三十六年之《辞海》注："镛，大钟也。"《辞海》之《郊庙歌》："郊庙，古代帝王祭祀天地神祇和祖先所用的祭坛。"由于夏禹有"欲通神祇"之举，我国城乡各地特有的神祠庙宇便应运而生。庙中也置有铜、铁钟，钟身上除铸云龙纹外，纹间并铸有"风调、雨顺"或"风调雨顺、国泰民安"铭文，每逢祭庙，必鸣钟致祭以上通神明。可见古庙中的铜、铁钟

---

[1] 王士毅：《幼学故事琼林》卷一《地舆》，广西人民出版社，1990年。
[2] （汉）刘安：《淮南子》卷九《主术训》。
[3] 《周礼·春官·籥章》："凡国祈年于田祖，龡《豳雅》，击土鼓，以乐田畯"。

及钟身上的铭文乃为我国举国上下行"礼天祈年"之举的物证。由此可见，由于我国自古以农立国，生产与风雨有密切的关系，故上自黄帝时期（图10-3），下及晚清，"礼天祈年"求雨之举就像一条红线贯穿于我国历史的始终。在"礼天祈年"思潮的影响下，广西的东兰、巴马、凤山、天峨、南丹等县的壮族，新春佳节多有"埋蚂蜴"之举，活动之中敲铜鼓，大唱《铜鼓歌》《蚂蜴歌》，大跳铜鼓舞，虔埋蚂蜴以祈年（图10-4）。聚居于广西田林县的木柄瑶（瑶族的一支），岁终除夕，也有椎牛祭铜鼓、打铜鼓、跳铜鼓舞、卜葬铜鼓以祈年之俗。

图 10-3　黄帝礼天祈年图

（引自王海燕译注：《山海经》，中央编译出版社，2009年。此为美国《国家地理杂志》1991年10月刊发的几幅轩辕黄帝族历史画卷之一，内容为黄帝正在祭祀天神，祈求来年丰收；环绕黄帝周围的动植物均是祭品）

　　为了解木柄瑶的椎牛祭铜鼓、卜鼓祈年的具体做法，1982年除夕，笔者特意到广西田林县和木柄瑶群众一道过年，借以看看他们是如何发掘铜鼓、如何埋葬铜鼓的。在跟木柄瑶群众过年后，笔者随即到田林县近邻的凤山、东兰、巴马、河池、宜州等县市作铜鼓调查（图10-5）。此

图 10-4 广西东兰壮族传统盛节 "蚂蚜节" 与铜鼓舞
（潘新民摄，2013 年 3 月 13 日）

图 10-5 笔者（右一）在广西少数民族地区作铜鼓调查

时因时值春节，正是各地的壮、瑶族群众欢度春节、大敲铜鼓娱年或卜鼓祈年之际，故笔者此行见闻不少，获益良多。为供参考，今将广西壮、瑶族的春节击鼓娱年或卜鼓祈年活动情况简述如下。

1. 壮族的卜鼓祈年

一位从事民族社会文化工作多年的壮族学者经考证后指出，壮族的卜鼓祈年原先是与蚂蚜卜[①]同时进行的。卜时过程为：①先选好吉地，并记下地理方位；②挖好一个如铜鼓大的深坑，将坑土分置于坑口四周以待卜鼓时用；③选一年轻力壮又会游泳闭气的壮汉，卜鼓时，他闭着气迅速将蚂蚜棺置于将要下葬的铜鼓面上，待将泥土盖过鼓面后始能呼吸。人们认为，只有这样卜鼓祈年才能应验。铜鼓、蚂蚜卜葬了，一年之后，在下一年的春节卜鼓祈年时，起旧葬新，将上年葬下的铜鼓和蚂蚜棺掘起，看铜鼓鼓面的铜色和蚂蚜骨的骨色如何以定吉凶，以卜当年年景。此时，人们认为，出土铜鼓的铜色、蚂蚜骨的骨色呈金黄色为吉，是年可风调雨顺，五谷丰登；呈黑白色为凶，预示当年年景不佳，非旱即涝，须预加防范，以保年成，安定群众生活。后来，因社会生齿日众，人事日繁，所卜葬下的铜鼓常遭失窃，为保护铜鼓，防止铜鼓丢失，遂一改昔日的做法，春节举行蚂蚜卜祈年时，只举行蚂蚜卜，不举行铜鼓卜了。但在举行蚂蚜卜的时候，一定要备有铜鼓，并大敲铜鼓，高唱《铜鼓歌》和《蚂蚜歌》。不然，蚂蚜卜就会失灵。对这一说法，笔者曾咨询各地群众，他们都认为，此说合情合理，说得对。这么说来，壮族的蚂蚜卜，实系原先铜鼓卜的流变。壮族的蚂蚜卜，以广西东兰、巴马、凤山三县为最普遍且典型（图 10-6、图 10-7），天峨、南丹两县次之。大年初一那天，各村寨的人都乔装打扮，大敲铜鼓，高唱《蚂蚜歌》和《铜鼓歌》，分头到田间去寻觅蚂蚜。在这里，顺便一说的是，笔者在作铜鼓调查时，在广西东兰大同乡文化站里，从曾参加过蚂蚜卜活动的文化站站长覃祥森手上看见过蚂蚜实物后得知，所谓"蚂蚜"，实为北方汉语对水陆两栖蛙类（含蟾蜍、青蛙、田鸡——南方的壮侗语族民族语叫作"蛤"）的统称和译音。笔者看得清楚，这蚂蚜从头部至腰部的中线有一

[①] 俗叫"埋蚂蚜"，是在春节时进行的。此种蚂蚜，东兰壮语叫作"$tu^2 ke^1$"，桂南壮话叫作"$tu^2 he^2$"，是小田鸡的一种。

图 10-6 广西东兰壮族作蚂蚜卜时铜鼓上的饰物
（角为野山羊角）

图 10-7 东兰壮族挂铜鼓佩羊角情形
（铜鼓上置羚羊角或牛角是为了便于铜鼓与恶龙斗，以保证风调雨顺、五谷丰登）

条绿色的彩线（图 10-8）。对这种从头至腰间有绿色彩线的小青蛙，广西东兰大同乡壮话叫作"图茹"（汉语拼音记作 tuke），上林壮话叫作"图格"（tukwe）、桂南壮话（三乡话）叫作"图也"（tuye）。当这种小青蛙进一步发育长大时，头腰间的那条绿色彩线就自然地消失，此时，该小青蛙人们就不再叫作青蛙，而叫作"田鸡"，壮侗语族民族语叫作"蛤"（gap）。可见广西东兰等地所谓埋蚂蚜的"蚂蚜"之称，过去可说是译错、叫错了，应正名为"埋青蛙"，即"埋青蛙——小田鸡"，东兰大同壮话叫作"埋图茹"（tuke）。

图 10-8　蚂蚜从头部至腰部的中线有一条绿色的彩线

话转回来，找到了蚂蚜，大家就围拢过来，在铜鼓乐的节奏中高唱《蚂蚜歌》，歌云：

　　大年初一敲铜鼓，请蚂蚜回村过年。
　　让它（蚂蚜）坐上大花轿，全村男女庆新年。
　　游村三十日，欢乐三十天。
　　又请千人来送葬，还请万人来比"欢"（vu：n²）[①]。
　　从此年年降喜雨，从此月月雨绵绵。
　　人畜安宁五谷丰，欢乐歌舞落人间[②]。

[①] 壮语译音，意为唱山歌。
[②] 覃剑萍：《壮族传统盛节——蚂蚜节》，《广西少数民族民俗调查》（第一集），1982年，第69页。

举行蚂蚜卜要打铜鼓,打鼓要齐唱《铜鼓歌》,歌云:

打鼓响一声,万村得太平,
不受水旱灾,不受虎狼侵。
打鼓响二声,五谷得丰登,
一穗三百粒,十粒有半斤。
打鼓响三声,牛羊肥胜胜,
母鸭月下三十蛋,母鸡一月四十个蛋生。
打鼓响四声,万事顺民心,
男子中状元,女子手巧灵。
打鼓响五声,样样顺民意,
不受鬼怪弄,不被坏人欺。
打鼓响六声,村人少生病,
咳嗽归虎豹,耳聋给"图林"①。
打鼓响七声,这山打来那山应,
预报今年百事好,田垌布金银。
打鼓响八声,民族团结如铁城,
千兵攻不破,万马扰不惊。
打鼓响九声,蚂蚜叫连天,
预报今年农事好,良民百事通。
打鼓响十声,报给万众人,
来年风调雨又顺,万家笑盈盈。
今日埋蚂蚜,求玉皇开恩,
祈求及时雨,干旱莫来临②。

---

① 一作"东林""独林",均系壮语译音。壮族民间故事说,图林为人聪明正直且孝顺父母,但他烫死了蚂蚜,使人世间无蚂蚜声,招来了大旱灾,犯了罪。后来他知错能改,将烫死了的蚂蚜加以卜葬,迎来了风调雨顺、五谷丰登。
② 广西东兰县城厢公社田垌大队孙孟儒老人(62岁)口述,东兰县文化馆马永全同志记录整理。

2. 木柄瑶的卜鼓祈年

木柄瑶的卜鼓祈年别具一格，饶有古风。木柄瑶原叫盘古瑶，是瑶族的一支，聚居于广西田林县浪平公社平山大队的平山、瑶湾老寨、瑶湾新寨、花蓬、上坝五个自然村，共58户304人（1983年），全是黄姓。木柄瑶胞说，我们的铜鼓卜已沿袭很久很久了。其具体做法是：每至农历十二月底逢龙、蛇之日（即逢辰巳日），即椎杀一黑色且健壮的雄性水牛，以作掘铜鼓的祭牲（黄牛不能用，因黄牛耐旱，与雨水无关）。1949年以后，为保证生产用牛，政府不许随意宰杀好耕牛。木柄瑶胞自觉遵从政府的规定，掘铜鼓时不再椎杀好耕牛了，改以偷吃粮食和野果为生的山猪、山鼠或山雀代之。发掘铜鼓的时间也随之改在农历正月初三。之所以用这些鼠雀在掘铜鼓时作祭牲，用木柄瑶的话说："人以粮食为生，上述之鼠雀也是，所以它们也要和人一道来祈年，不然，连它们自己也要被饿死。"但肉食的鸟兽不能用，因为它们与粮食生产无关。同时，铜鼓上已有肉食的鸟兽了，再用它去祭铜鼓，铜鼓卜会失灵，而且铜鼓会飞走。所用之鼠雀祭牲，要在大年初一分头去猎取。大年初二凌晨（农村习惯以雄鸡初唱为准）即在铜鼓保管员家举行名为"卜多星"（汉义为"开春门"）的赛神活动，向铜鼓之神报告，现在春天来了，可以掘铜鼓了，可以下地闹生产了①。大年初三早上，先是用上述祭牲连同各家各户自带的祭品（米酒、肉类、粽粑等）祭社亭（土地庙），接着举行掘鼓仪式。掘鼓时，先是在埋鼓处设坛祭祀，由民族代表（他同时是祭司道人）念经作法（图10-9），接着由两个男青年挥锄掘鼓。铜鼓出土时，民族代表除注意观察各鼓鼓面铜色外，还要留心审视各鼓鼓腹内的积水量和水色。人们认为，如鼓面中心的太阳光芒及各芒所属铜面的铜色呈金黄色，鼓腹内积有少量的清水为吉，是年可风调雨顺，五谷丰登，人畜兴旺；反之，如鼓腹内积水多且浑浊不清为凶，预示当年年景不佳，非旱即涝，须预加防范，以保年成，安定群众生活。经此一番辨认之后，将铜鼓洗净揩干，悬于庭中。继后经民族代表诵经作法并试击一轮（俗称开鼓）之后，群众就可以上场大打其铜鼓，大跳其铜鼓舞了。铜鼓一

---

① 按照木柄瑶的习俗，自年初一至初三"开春门"之前的这段时间不事生产，也不打柴舂米。这段时间所需柴米须于过年前备好。

经开打,可以天天打,夜夜打,一直打到正月底。到了二月就不能再打铜鼓了。正月底或二月初,复择龙、蛇之日并举行祭仪后,再将铜鼓秘密地卜葬于预先选好的吉地之中。卜葬铜鼓与发掘铜鼓之所以选龙、蛇之日进行,乃因蛇属龙类,而龙能治水。

图 10-9 铜鼓出土后的情形
(中立者为族长和祭司)

木柄瑶的卜葬铜鼓有多种具体规定。

(1)讲究方向。鼓身上的两边鼓耳历来代表南北向,其余两边为东西向。卜葬铜鼓时,要坐东向西。之所以要坐东向西,乃因人们认为,东方是太阳,西方是雨。

(2)确定月份。人们认定,鼓面中心太阳纹上的十二道芒代表一年的十二个月。算法是:先以鼓身上的两边鼓耳定南北向,余下之两边必有一边是东向的。凡对着正东方向的那一道芒就是正月。再以正月的芒为起点,往右边(即顺时针走向)数,第二芒为二月,第三芒为三月,以下依次数至第十二芒为腊月。判断各月份的天气,就是以该月份的芒及该芒所属范围的铜色为准，呈金黄色为吉，黑白色为凶。在这里，笔者曾请教过木柄瑶胞，鼓面中心的太阳纹如果不是十二道光芒，而是六芒、八芒、十芒，这又怎么算？木柄瑶胞回答说，有这样的铜鼓呀？我们未见过，也未用过。

（3）卜鼓以双，左公右母，两不分离，不能卜葬单鼓。如原有铜鼓已被打坏或丢失，则即合族集资添置新鼓代之。在这方面，笔者曾问过木柄瑶胞，能否用木柄瑶的聪明才智，群策群力，铸造一新铜鼓代之？对此，木柄瑶胞回答说，我们瑶族人不会铸造铜鼓。

（4）铜鼓面向。卜葬铜鼓时，鼓面朝上，鼓脚在下。在这方面，曾有过这样的一种说法：大约在若干年前，所卜葬的铜鼓悉鼓面朝下，鼓脚在上。但那样的葬法，鼓腹内势必灌满了水土，这样，不仅铜鼓易被锈坏，且不便于发掘清理，更主要的是无法观察鼓腹内的积水量和水色，从而无法预卜当年年景。为克服这些不利因素，后来才改成现在的样子，即鼓面朝上，鼓脚在下。

（5）鼓面覆盖物。卜葬铜鼓时，鼓面要覆盖和鼓面一样大的雨帽，以防泥土沾污鼓面，但只能用雨帽，其他如簸箕、木板之类不能用，因为这些东西与风雨无关。

（6）木柄瑶卜葬铜鼓历来都是在野外进行的。但这样的葬法，铜鼓易失窃。为保护铜鼓，防止铜鼓丢失，近若干年来，已变野外卜葬为家室卜葬了。不管是哪一种，卜葬铜鼓都是于夜间在极其保密的情况下进行的，参加者只有上了年纪的民族代表和铜鼓保管员两个人，其他人一概不得过问[①]。

（7）跳铜鼓舞时，舞者作夫妇"交媾"状。即在跳铜鼓舞时，舞者在打革鼓人的身后，另有一男青年跟随着鼓调，一面跳舞，一面将左手的食指和拇指合成一个小圆圈，另将右手的食指对着左手的小圆圈不断地刺插于打革鼓人的臀部或左右腋部之中，以示夫妇交媾状。从考古学上说，木柄瑶的这一手势，实为南方铜鼓中的灵山型、北流型、西盟型铜鼓鼓面近边缘处每有的媾蛙（即所谓累蹲蛙）之一种（图10-10）。后来，该媾蛙竟一跃变为如1962年在越南红河畔出土的陶盛铜缸缸盖上的人媾（图10-11）。其意恰如《幼学故事琼林·天文》篇所言："天地交

[①] 本节材料写成后，曾送木柄瑶同志审查，他们认为写得完全符合事实。

图 10-10　南方铜鼓中的灵山型、北流型、西盟型铜鼓鼓面近边缘处
每有的蟠蛙

图 10-11　越南陶盛铜缸盖上之交媾饰
（2004 年 7 月 4 日笔者摄于越南历史博物馆）

泰，斯称盛世。"更如同书《夫妇》篇所言："孤阴则不生，独阳则不长，故天地配以阴阳；男以女为室，女以男为家，故人生偶以夫妇。阴阳和而后雨泽降，夫妇和而后家道成。"情况就是这样，所以我国各地的神祠庙宇所悬挂的古铜、铁钟钟身上每镌以如下的铭文："风调雨顺"或"风调雨顺、国泰民安"。

类似木柄瑶的铜鼓卜，在广西的都安、巴马、天峨、南丹等县的壮族、白裤瑶族中也有。所异者是，后者的铜鼓卜仪式略为简朴。另据报道，徙居于四川会东地区的布依族和聚居于云南富宁、麻栗坡等地的彝族，也有卜葬铜鼓的风俗[①]。各地卜鼓的具体做法可以有所不同，但卜鼓的时间在新春佳节，野外卜葬，由少数老年人经手并秘密地进行，则是共同的。

透过前面壮、瑶族的卜鼓祈年风俗，可看到以下几点。

第一，古代的布越人及其后裔南蛮俚僚人，为求风调雨顺、庄稼丰收、国泰民安，新春来临时常铸造铜鼓并将所铸之铜鼓作卜鼓祈年。在卜鼓祈年时，为保护铜鼓，使铜鼓卜显得灵应，卜葬铜鼓只由上了年纪的民族代表和铜鼓保管员两个人经手并于夜间秘密地进行，其他人均不得而知。在此情况下，在这长长的一年当中，如经手卜鼓的这两位老者有何意外而又来不及告知可靠的亲人，铜鼓的卜葬地点，谁能知晓？这并非耸人听闻之谈，历史上确有其事，如前所说广西都安七百弄瑶族头人（俗称瑶王）兰有理生前就曾在野外卜葬过5面铜鼓，1954年兰有理去世，去世前因来不及告知亲人铜鼓信息，至今，他经手卜葬的那5面铜鼓仍不知位于何方[②]，有待他日由幸运的耕者、樵者、渔者于生产劳动中偶尔发现。又如四川会东一号鼓为布依族梁家的铜鼓，该鼓于1956年春节在击鼓祈年之后由梁家的老祖父经手卜葬于屋后山上，不久老祖父去世，来不及告知亲人卜葬地点，结果铜鼓多年被葬于地下，谁也不知其葬处。后来大雨导致山洪暴发，山土被山洪冲刷，铜鼓暴露于地面始

---

① 胡立嘉：《会东布依族传世铜鼓》，《第二次古代铜鼓学术讨论会资料集》，1984年；王大道：《云南富宁、麻栗坡两县铜鼓的调查与研究》，《中国铜鼓研究会第二次学术讨论会论文集》，文物出版社，1986年。

② 罗香林：《百越源流与文化》，（台北）编译馆，1955年。

为人知①。如果不是大雨和山洪帮了忙，铜鼓的卜葬地点，谁能知晓？当然，这并不是说古代的卜鼓者个个都出了意外，致使他经手卜葬的铜鼓个个都被遗忘于地下了。但古人迷信铜鼓，迷信铜鼓卜丰年活动，每当新春来临，为了祈年求丰收，村村卜铜鼓，寨寨葬铜鼓，一年一度，年复一年，两千年来，铜鼓入土知多少？那些因卜葬而被遗忘于地下的铜鼓，就算是百中遗一或千中遗一（这是极有可能的），为数也够多了。近现代的广西和粤琼滇黔川地区尚保留有卜鼓祈年之风的毕竟不多了，但尚不断有"遗忘"的情况发生；古代卜鼓祈年之风很盛，"遗忘"的情况当属不少。那些因卜鼓而被遗留于地下的铜鼓，当为日后的耕者、樵者、渔者于生产劳动中偶尔间去发现。所以宋范成大《桂海虞衡志·志器》云："铜鼓，古蛮人所用，南边土中时有掘得者。"宋周去非《岭外代答·乐器门》"铜鼓"条亦云："广西土中铜鼓，耕者屡得之。"丛书集成版本郑樵《石鼓音序》引苏东坡《后石鼓歌》云："然观今中原人所得于地中之物，多是盘鼎钟鬲，南粤人所得地中之物，多是铜鼓。"黄知元于民国三十四年主编之《防城县志初稿"金石·铜鼓"在论述铜鼓入土原因的问题时进一步指出，南方铜鼓"以不佞管见度之，此实为民间通用之物，故若是之多。自古南方信巫鬼，铸鼓为祭祀用，而祀田祖用之尤为普遍。耕稼社会开始之时，岁时祈祷丰穰。历史（学）家谓之神权时代，动辄祈神保佑。中土与南土，中国与外国，无不皆然也……南徼渔猎演进而耕稼之时，陇亩之间，处处祈年，故处处有鼓。且鼓皆为犁锄耕作所发见，其为农夫所用所藏，岂不从知哉"。文中的"所藏"之说，如系指一般的"收藏"或"埋藏"，那是不对的。这不是一般的收藏或埋藏，而属于祈年性的铜鼓卜。但其谓南方铜鼓为岁时"祈田祖""祈祷丰穰"之用器，又谓在"南缴渔猎演进而耕稼之时，陇亩之间，处处祈年，故处处有鼓"，则是对的。20世纪40年代，知名古越族史专家罗香林先生在《文教》1947年第1期发表的《古代越族文化考·铜鼓之制作及其纹式》中说："尝据《湖广通志》所记，湖南西北发现云雷纹铜鼓，因谓其与祈雨仪式有关。按古代越族或其支裔之使用铜鼓，谓其有宗教意味，观于上引各书所记，自可置信。至谓铜鼓制

---

① （宋）朱辅：《溪蛮丛笑》（四库全书）。

作，并与祈雨有关，则亦有客观依据。观鼓面常铸立体蛙蛤或蟾蜍，殆即因祈雨而作①。今日华南各地，尚认蛙蛤或蟾蜍为雨天动物，谓蟾蜍出穴，天必大雨。此盖因天将大雨，自有显明预兆或征候，蟾蛙感觉敏锐，为避免大水冲浸，故先离地穴。初民重交感巫术，见蟾出雨降，辄以为蟾蛙与雨水有连带关系，欲天降雨，必使蟾蜍出现。古代越族或其苗裔之铸造蟾蜍等动物于鼓面，依初民巫术之理解推之，自是欲以祈雨无疑。"②

第二，与前人以铜鼓镇妖怪的问题有关。前人在将铜鼓用于礼天祈保丰收的同时，也常将铜鼓作镇山妖水怪保平安之用。从历史上看，李调元《南越笔记》卷七"马人"条云："马人一曰马留……悉姓马。土人以为流寓，号曰马流人……有咏者云：'铜鼓沉埋铜柱非，马留犹著汉时衣'。"清道光《铜鼓联吟集·吕璜序》云："……故南中铜鼓，或沉之水，或瘗之土，后世乃往往发而得之。"历史表明，我国南方铜鼓的沉瘗问题不是个例，而是普遍性的，据有关史籍的记载和考古报道，如湖南的麻阳铜鼓③，广西桂平之铜鼓滩铜鼓、博白之铜鼓潭铜鼓、陆川之铜鼓湾铜鼓、合浦之廉州铜鼓塘铜鼓、隆安之乔建犀牛潭铜鼓、横县之清水江铜鼓、合浦之烟墩海滩铜鼓、北海崇表岭铜鼓和红九送铜鼓④、邕宁之九塘铜鼓，广东之茂名高田溪铜鼓、惠来澳角海滩铜鼓、高州之鹤洞铜鼓，海南之琼州府铜鼓角（海角）铜鼓、万州之多辉溪铜鼓，云南之昌宁八甲大山铜鼓⑤。在东南亚国家中，铜鼓的沉瘗也不乏其例，如越南的多效鼓、帯坡鼓、右钟鼓，马来西亚的多亨鼓（残片），印度尼西亚的2个爪哇鼓⑥。

---

① 详民国十九年《骆越铜鼓考》"铜鼓与祈雨祀雷之关系"。
② 罗香林：《百越源流与文化》，（台北）编译馆，1955年。
③ （宋）朱辅：《溪蛮丛笑》（四库全书）。
④ 报道分别见于中国古代铜鼓研究会：《中国古代铜鼓研究通讯》1997年第13期、1999年第15期、2000年第16期。
⑤ 除已注明铜鼓出处外，余均见广西壮族自治区博物馆1980年编印《铜鼓研究资料选译》。
⑥ 云南民族学院民族研究所考古/民族学研究室：《民族考古译丛》（第一辑"铜鼓问题"），内部资料，1979年。

如前所提之广西邕宁九塘铜鼓，1979年10月中出土于邕宁九塘乡替敏村特虎山，离替敏村约1千米。10月底笔者奉命前往接收。据称，该山位于著名的昆仑关下九塘圩之西，离九塘圩约2千米，为昆仑山区之属。铜鼓就出土于山腰。深埋地下30厘米。出土时仰置，鼓脚向上。鼓腹内无他物，唯于鼓面底壁中心处有一较大的圆形铲块。鼓面中心的太阳纹十二芒，主晕以羽人纹为饰，鼓面边沿饰四大蛙，头皆左向。面径75、残高50厘米，重45千克。据目测，铜鼓出土处坡度约为45°，下距山脚约600米。山间蕨类丛生、松林密布。像这样的地势，古人是不会选作吉地卜鼓祈年的。此地属昆仑关山区，据当地人说，此地古时曾遭雷击，人们以为此地有精怪，故古人埋鼓镇之，此鼓应属镇山妖鼓。

　　以上所列铜鼓都是从各地的江河湖海（含江边河畔、海角海滩）中和崇山峻岭上出水出土的，应为古人以"金胜木"——将铜鼓瘗沉以镇山妖水怪之所遗。所以《广东新语·地语》"铜柱界"条说：东汉伏波将军马援"既平交趾，或尽收其兵销镕，既铸铜柱五以表汉疆。又为铜船五、铜鼓数百枚，遍藏于山川瘴险之间，以为镇蛮大器"。文中之"蛮"字指什么？笔者看来，不是指南方人或南方民族，而是指南方的"蛮烟瘴雨"。也就是说，当年的伏波将军马援曾以所铸的铜鼓、铜船镇住南方的蛮烟瘴雨，使他在南征中，人舟赖以无险[①]，以确保南征的胜利。所以清《粤西诸蛮胜迹》载广西平南举人彭廷椿《铜鼓歌》云："或云伏波讨交趾，山溪霪液涌寒溜。制鼓击之驱烟岚，蛮烟瘴雨霁边墺。"因此，伏波将军马援在铜鼓、铜船铸就之后，复将其"或沉之水，或瘗之土"，"遍藏于山川瘴险之间，以为镇蛮大器"[②]。另清宣统元年（1909年）《南宁府志·舆地志》"古迹"条载："汉逸史谓马伏波征交趾，舟经八桂，有二铜鼓跃入水中，今三千年同日异地而出现。"因此《南宁府志》说：此乃"神明所呵护也"。

　　伏波将军马援上述想法和做法的产生，绝非偶然。考中原古人每有铸钟造鼎并将其沉瘗于江河山岭间以镇蛟龙者。所以虞荔在《鼎录》中云："金华山，皇帝作一鼎，高一丈三尺，大如十石瓮，像龙腾云，百

---

① （明）张穆：《异闻录》。
② （清）屈大均：《广东新语》卷二《地语》"铜柱界"条，中华书局，1983年。

神螭兽满其中，文曰：真金作鼎，百神率服。"宋代张抡在《绍兴内府古器评》卷下"商夔龙饕餮鼎"条云"夫夔龙害物……昔禹之治水，非惟水之为治，凡为民害者，莫不去之。及其已事，则贡金九牧，铸鼎象物，以知神奸，使民入川泽山林，不逢不若，故虽有魑魅魍魉，莫能侵之。"李福泉在《千古一帝》中引《史记·秦始皇本纪》亦云："象征天子权力的周鼎沉于泗水，秦始皇'使千人没水求之，弗得。'"前人的做法，对来自中原河西扶风地区的伏波将军马援不无影响。迨其南征交趾时，一方面部下官兵对高温而潮湿的南方天气一时难以适应，生病者不少，史称马援之师至广西合浦在渡海南征交趾前，副将楼船将军段志即病殁于合浦。此事真如唐代诗人杜甫在《蜀相》中所言："出师未捷身先死，长使英雄泪满襟。"所以，广西民间每有"鬼门关"（援军进军交趾必经之地，在今广西北流市至玉林市茂林境之间）"十至九不还"之说。另一方面他又为南方土著的骆越人关于"图额"之说①所影响，故对儒家"五行"学说中的"金胜木"之论深信不疑。于是乃命古骆越的铸鼓工匠大造起铜鼓、铜船来，并将其"或沉之水，或瘗之土"，"遍藏于山川瘴险之间，以为镇蛮大器"。《广东新语·器语》"铜鼓"条篇又云："大抵粤处处有铜鼓，多从掘地而得，其状各异，皆伏波所瘗以镇蛮者。"伏波将军马援的此一做法，反过来对南方铜鼓的创铸人——古代的布（濮）越人及其后裔南蛮俚僚人和使用南方铜鼓的其他少数民族也有所影响，因而在日常生产生活中每当遇到不测事件时，常以为是险山恶水中的山妖水怪作恶所致，于是就在其地沉瘗铜鼓以镇之。所以《广东新语·鳞语》"龙"条云：广东人多滨海而居，"海中苦龙气……舵师知龙起，但擂金鼓，或焚鲎壳诸臭物，或洒青矾却之"。清道光《铜鼓联吟集》卷四李光瀛诗云："我闻此鼓出蛮峒，一击能使蛟龙惊。"民国九年《桂平县志·纪文·诗录一》《铜鼓滩》"同前题"诗："汉将勋名遍远郊，独抛征鼓压惊潮。"民国二十六年广西《邕宁县志·兵事志·前事七·附灾祥》云："明嘉靖三十六年冬十月，有妖传自北方，历江西、粤东至州境，夜入人家淫秽。或如星，或如蝠，如猴如犬……能伤人，触之辄流

---

① 壮族地区民间每有关于"图额"的传说，"图额"原指鳄鱼，泛指水妖，也包括"图岩"（山怪）在内；这两者泛指水妖山怪，与中原地区的魑魅魍魉相类。

黄水而毙。比户夜鸣金鼓，持械以御，来则聚击之，妖即散为星火，顷则攒为一球，冲簷而去"。2004年《壮学首届国际学术研讨会论文集》中的《广南壮族与铜鼓》篇云：壮族人婚娶时，"在新娘到来之际，在门外屋檐下敲击铜鼓迎接（有以鼓声驱除附在新娘身上'五鬼'之说）"。北京《民间文学论坛》1990年第3期《水族铜鼓文化》云：贵州三都"水家人还把铜鼓当作镇服河妖水怪的神器。某河水溺死人或狂风把人搅入水里，那么便向水中抛下铜鼓镇邪。这在水族甚多"。2009年广西民族出版社出版的《河池铜鼓》一书云："广西南丹唐谢某家独子溺死塘中，不得尸，他父亲便投一铜鼓于塘中，而用泥填塞这塘。"

古人除以铜鼓作镇妖压邪之物外，也有以鸡作镇妖压邪者。这方面，最典型的是《广西铜鼓图录》①（以下简称为《图录》）第111号鼓。该鼓属冷水冲型铜鼓，在鼓面蛙饰之间夹置一鸡以为饰（图10-12）。对这鸡饰，《图录》认定：这不是鸡，而是鸟，叫作"鸟塑像"，广西壮族自治区博物馆前馆长蒋廷瑜先生在《壮族铜鼓研究》一书中也有相同的看法②。对前述之"鸟"（鸟塑像）说，笔者以为这是对的，但此说太过于笼

1　　　　　　　　　　　　2

图10-12　铜鼓及鼓面装饰

1.冷水冲型铜鼓（广西民族博物馆藏，111号鼓；20世纪50年代初广西藤县和平区出土；引自广西壮族自治区博物馆：《广西铜鼓图录》，文物出版社，1991年）　2.鼓面蟾饰之间夹置一鸡以为饰（从蒋廷瑜《壮族铜鼓研究》之鸟塑型）

---

① 广西壮族自治区博物馆：《广西铜鼓图录》，文物出版社，1991年。
② 蒋廷瑜：《壮族铜鼓研究》，广西人民出版社，2005年。

统不清了。因为在自然界中鸟有多种，以鸟对人类社会的利益关系而言，鸟类中有益鸟与害鸟之分，那么，这"鸟"说中之鸟是什么鸟？是益鸟还是害鸟？对于这些，"鸟"说中都没有说明。笔者以为前述"鸟"说中之鸟，绝不是社会间一般的无足轻重的鸟，而是极为珍贵的有"益"于人的重明鸟。据东晋王嘉的《拾遗记·唐尧》载，重明鸟是古祇支国献赠我国古帝尧的。该重明鸟"一名'双睛'，言双睛在目。状如鸡，鸣似凤"。因为该重明鸟的生态"状如鸡"，所以由福建人民出版社出版的张企荣《中国古代动物故事·重明鸟》篇就说：古之"重明鸟已经绝迹，而鸡却世代繁衍，所以人们便将重明鸟换成鸡"。这是鸡（重明鸟）饰得以夹置于《图录》第111号鼓鼓面蛙饰间的原因。至若《图录》第111号鼓鼓面以鸡（重明鸟）为饰的用意，也如《拾遗记·唐尧》所言，对这重明鸟，"国人或刻木，或铸金，为此鸟之状，置于门户之间，则魑魅丑类自然退伏。今人每岁元日，或刻木铸金，或图画为鸡于牖上，此之遗像也"。上述记载表明，《图录》第111号鼓鼓面蛙饰间夹置的鸡（重明鸟）饰为古人镇妖压邪之物之一。

人们或许会问，从沉瘗中出土出水的铜鼓有祈年鼓与镇妖鼓之分，镇妖鼓又有镇水妖与镇山怪之别，那么，在出土出水的铜鼓中，这几种铜鼓应如何去区分？从广西壮、瑶族的卜鼓祈年风俗和《广东新语·地语》关于将所铸之铜鼓"遍藏于山川瘴险之间，以为镇蛮大器"之说上看，所有从"山川瘴险之间"出土出水的铜鼓，当属镇妖鼓。由于妖有水妖山怪之分，水妖中又有江神与海神之别，故从"瘴险"之山岭中出土的铜鼓应为镇山妖鼓，如广西邕宁九塘山和云南昌宁八甲大山出土的铜鼓就是。从险要之江河中出水的铜鼓，如广西桂平铜鼓滩、博白铜鼓潭、陆川铜鼓湾、海南万州多辉溪出水的铜鼓，当与镇江神的问题有关。而广东惠来澳角铜鼓、海南琼州铜鼓角铜鼓和广西合浦烟墩海滩铜鼓、北海海边崇表岭和红九匡铜鼓，因系从海角、海滩中所出，则与镇海神的问题相连。至若那些从村镇近郊一般的未垦耕地或山坡地中出土为数很多的铜鼓，则为祈年鼓，这是南方古人在新春卜鼓祈年时卜鼓，因故被遗忘于地下所致。广西都安七百弄瑶王兰有理那5面铜鼓和四川会东1号鼓，应属此类铜鼓之一种。为什么这样说？因为在广西的壮、瑶族中春节卜鼓祈年时，卜鼓地点常选择近邻村舍而又未耕垦之山坡地带

（图 10-13），已垦地或远离村舍之高山大岭多不选用，因为卜鼓者对所葬下的铜鼓，要不时地暗中观察葬地，一经发现有何"不良"现象，要选时择地将铜鼓迁葬，不这样铜鼓卜会失灵，而且铜鼓会飞走。此外，镇妖鼓与祈年鼓除了瘗埋的地点不同之外，沉瘗的时间也不相同。属于祈年鼓的，卜鼓多于新春佳节进行，其所卜葬之铜鼓，除那些因故被遗忘于地下者外，其余的铜鼓均于次年春节卜鼓祈年时进行发掘以验吉凶。镇妖鼓则不然，铜鼓沉瘗的时间不一定是在春节，其他时间也可以进行，而且铜鼓一经沉瘗，则不复发掘，任其长期沉瘗于水土之中，犹如中原地区在一些自然灾害频发的地方常设置各种镇妖物以镇之一样，如驰名中外的四川乐山大佛、山西永济桥边的铁牛、广东广州之南海神庙和越秀山上的镇海楼（又名五层楼）、河北沧州的镇海铁狮、浙江钱塘江口北岸之镇海塔和镇海铁牛、湖北荆州河堤上之镇水铁牛、北京昆明湖畔之鎏金铜牛和广西崇左左江中之歪塔（图 10-14）等就是。

总之，古代的布越人和受越风影响的其他一些民族，由于迷信铜鼓，迷信铜鼓卜，铸造了很多铜鼓，并使之大量入水入土（卜葬）。又由于某种意外，入土（卜葬）之铜鼓间有被"遗忘"于地下者——笔者以为这才是古代铜鼓入土的主要原因和真正原因。因为对于一个农业的社会或民族来说，"卜鼓祈年求丰收"乃是一件大事，它关系着千家万户的生产

图 10-13　广西西林铜棺、铜鼓葬地址

图 10-14　广西崇左左江中之歪塔

和生活，容易赢得群众之心，取得群众的支持，对于封建统治阶级而言，因为这没触及他们的利益，故他们不会横加干预，这就为这项活动的展开排除了障碍，使活动得以顺利而持续地开展，以致到今天，两千多年了，有些地方的人还在举行这项活动。若真如所谓"战争入土说"，试想社会上哪有这么多而普遍的战争使得因战争而入土的铜鼓达到"耕者屡得之"的地步呢？对所谓"酋位继承"诸问题，无数的历史、考古和民族学资料已否定了它，虽然它是言之成理的。这一点，前面已经提过，这里恕不重复了。

第十一章　关于铜鼓的铸造地点和族属问题

铜鼓是国际性文物，中国、越南、老挝、缅甸、泰国、马来西亚、印度尼西亚等国都有铜鼓出土。目前，世界上已发现和出土铜鼓 2000 多面。中国是发现铜鼓最多的国家，已达 1360 多面，主要分布于西南各省（自治区、直辖市），其中广西为最密集的地区，有 500 多面。岭南地区在历史上铸造和使用铜鼓是很多的，是古代铜鼓铸造的中心地区之一。然而，遍布古岭南地区的铜鼓，起源地和铸造地点在哪里？从历史文献来看，古人也认为铜鼓"实蛮之自铸也"[①]。有关广西铜鼓的铸造地点和族属问题，至今研究者都还没有专门论及，也没有找到确凿的考古材料说明问题，有些人在谈到这个问题时都是从逻辑上推论的，所以尚难以令人置信。为什么至今没有找到铜鼓铸模遗迹？多数人以为只与考古专家有关。就是说，考古工作未做好，所以未发现问题。笔者以为这只是问题的一方面，更重要的是古人对于技术的保守，人为地毁模，同时与铸模的自然毁坏有关，这是自然现象。对这个问题笔者一直注意了十多年，对广西古冶炼遗址也做了多次调查和发掘（图 11-1、图 11-2），发掘面积达 200 多平方米，虽也还未找到铸模，但已找到一些铸片和冶炼工具。结合史料及铜鼓的分布情况看，笔者提出一些个人看法，以供参考。

第一节　铜鼓的铸造地点和族属问题

一、铜鼓的铸造地点

关于铜鼓的铸造地，我国西南三省、桂西及东南亚鼓与黑格尔的Ⅰ、

---

① （清）檀萃：《滇海虞衡志》卷五《志器》，商务印书馆，1936 年，第 34 页。

图 11-1　笔者（左）在铜石岭调查访问铜鼓挖取情形

图 11-2　发掘铜石岭遗址（蹲者为笔者）

Ⅳ式鼓为一个系统,而广西东部、东南部,广东西部、西南部,海南是另一个系统。铜鼓的铸造地点在两广交界处之北流、岑溪一带,但目前缺乏原始鼓为证。这两个系统的铜鼓有明显的区别,且看不出两者之间有因袭变异关系。

多数人认为铜鼓发祥地在云南中部偏西之楚雄、祥云、弥渡、昌宁一带。广西电视一台1994年2月27日晚《中国历史文化名城51昆明》播出了古代氐羌人南下至昆明地区,创造了光辉灿烂的昆明地区的青铜文化,如祥云铜鼓、万家坝铜鼓及昌宁鼓形器等。这四件铜鼓应是目前铜鼓中最早者,如万家坝M23鼓为公元前690年±80年,应是该铜鼓年代的下限,其出现时间应早于公元前7世纪;万家坝M1鼓为公元前400年±85年,该墓出土之鼓应早于公元前4世纪。而楚雄大海波出土之鼓比万家坝型鼓更原始,因此,最原始的鼓还应早于公元前7世纪。

(1)云南铜鼓铸地。云南为南方铜鼓发祥地,较早期的铜鼓目前首推云南。云南之东川及个旧地区资源丰富。云南作为南方铜鼓发祥地的资源条件丰富,是铜、锡、铅等矿藏的主要产地之一。大多数万家坝型铜鼓是在云南中部偏西地区——楚雄、祥云、弥渡等地出土的。既然这里是万家坝型铜鼓出土最集中的地方,而且从铅同位素比值结果综合分析看,这些早期铜鼓的矿料绝大多数来源于这里,即滇西至滇中的滇池一带,因此,这里应是万家坝型铜鼓的铸造中心。从冶铜地址及考古资料上看,笔者以为云南东部及桂西德保一带为骆越铜鼓铸地。骆越铜鼓为骆越民族所铸造和使用,其铸造地点可能在滇东或桂西南。

(2)广东铜鼓铸地。自古至今,壮族大量使用铜鼓,不但《晋书》《广东新语》等历史文献上有记载,铜鼓铭文上也有反映。例如,广东省博物馆藏120号铜鼓在鼓面内壁铸有"古僮百姓,归服罗定"等铭文,就是壮族先民铸造和使用铜鼓的明证。广东省博物馆藏120号铜鼓,高20厘米,鼓面中心太阳纹十二芒,主要花纹有乳钉纹、如意云纹、雷纹、勾连雷纹、连续斜线角形纹,鼓身饰云纹和回形纹,鼓足饰三角纹。鼓面内壁铸有4条阳文,即"古僮百姓归""服罗定国""家清吉""丁卯年造"。"古僮"当是今之壮族先民。"罗定"可能是地名,即今之罗定,位于广东西部云开大山东北侧。从历史情况来看,明代浔江两岸瑶壮起义不断,铸鼓于这种战乱年代也是有可能的,它应是壮族先民铸造的铜鼓。

关于广东省阳春市古铜矿资料，中央电视台中文国际频道2005年7月13日、7月14日播出的"走遍中国·奇石美玉系列·深藏湖底的宝石"报道，在阳春市有古矿坑口形成的大湖，水色湛蓝，深达48～64米。人们从矿区及湖边湖底等地挖出大小不等的孔雀石等铜矿石块。在该市内有1979年出土的5面云雷纹大铜鼓（小蛙饰），并且市中心广场中心点放置了一大块铜矿石，重达9吨。矿石之外是一方框，方框之外有四道出角线，线外是一圆圈，整个图是汉武帝时发行的四出五铢钱纹样。上述实物、史料资料表明，该地应是云雷纹及四出五铢钱纹铜鼓的铸造地。

雷纹铜鼓的铸造有两种可能：一为中原来之上层人物命令骆越工匠根据其主意为之加工为马饰鼓，二为中原来之汉族工匠在骆越人制鼓的技术基础上自行制造，故这类铜鼓可称为"汉铜鼓"，但由于此类鼓素以雷纹为主要特征，且主要用于制雷祈雨，故以称"雷纹铜鼓"为宜，而雷纹也是中原汉族的纹饰之一。雷纹铜鼓的制造地点可能在北流民安镇之铜石岭。虽然至今尚无铸模可证，但该铸铜冶炼遗址的地面遗物似为铸造之地，非铸钱之地。这点估计，有待今后考古学上的证实。另一个可能在广东之佛山，此据明清史所载关于粤滇间铜盐交换情况说明，《滇海虞衡志》也是证明[1]。

（3）广西铜鼓铸地。清光绪《北流县志·山川六》云："铜石山县东二十里，层峦耸翠，石皆紫色，大小二山，远望如一，大者高数百丈，山顶宽平，上有灵池。唐初建铜州，是以此山名之，洵县城下流之砥柱也……"在广东阳春市的西北部是广西的北流铜石岭。1966年在广西北流县（今北流市，后同）铜石岭发现汉至两晋的冶铜遗址，1985~1987年对北流、容县等铸铜遗址进行实地考察和综合研究，确认北流县铜石岭古铜鼓铸造遗址，不仅是采矿冶铜遗址，而且是铸造北流型铜鼓的遗址[2]。关于北流型铜鼓的铸造年代和地点，初步考据证实，北流铜石岭一带为西汉至唐代铸造铜鼓的遗址之一，是目前我国首次发现的古铜鼓铸造遗址（图11-3）。

---

[1] （清）檀萃：《滇海虞衡志》卷二《志金石》，商务印书馆，1936年。
[2] 朱明：《我国首次发现北流铜石岭古铜鼓铸造遗址》，《广西日报》1987年12月2日。

图11-3 广西北流铜石岭遗址外观（左）与笔者在铜石岭做田野考察情形（右）

广西北流铜石岭、容县西山冶铜遗址位于北流江河畔的山坡山顶，相距约10千米，是岭南地区迄今发现最早、规模最大的冶铜遗迹。民国二十四年纂修的《北流县志》第一编《地理及方位·五·山》称："铜石山，县东二十里，层峦耸秀，石皆紫色，南面整齐无边，亭亭如伞，又名朗伞石。大小二山，远望如一大者，高数百丈。山顶宽平，上有灵池，四季不涸，有稻田十余亩，别饶风景。唐初建铜州，是以此山名之，洵县城下游之砥柱也。"现北流市东北13千米的铜石岭，就是县志上的铜石山。唐代初年因铜石岭曾经盛产铜矿，在这一带设置了铜州。据考证，铜石岭遗址分布在大铜石岭、小铜石岭和会岭台山周边约3平方千米的范围内，是一个规模很大的古代采矿、炼铜遗址。在铜石岭山麓下的大小山坡上，到处散布着炉渣，还有不少残炉壁和残断的鼓风管。根据20世纪60年代广西第六地质队对铜石岭进行地质普查的资料，1966年文物普查时，在铜石岭发现了古代冶铜遗址（图11-4），方圆约3平方千米。1966年1月笔者参加铜石岭遗址发掘工作，见到一路上残留许多古代炼铜的炉渣。在铜石岭遗址的炼炉群上笔者还发现了一块铜鼓碎片（01#），这块铜片长6.25、宽3.6、厚0.4～0.5厘米，沿长的方向呈均匀的圆弧形，横面弧度深0.05～0.07厘米（图11-5）。1968年8月对铜石岭出土的01#铜鼓片进行测量，据其弧度计算出该铜片所属的铜鼓面径：如弧度深取中间值0.006，$S=160.23$厘米；如取0.007，$S=137.35$厘米。经测量推算出原器直径为137.35厘米，正好与北流型铜鼓较大的铜鼓面径相当，所以这块铜片应是一面较大的北流型铜鼓的碎片，原物堪称一面大铜鼓。当时就发现了7个采铜古矿井，矿井深达20多米，有许多木质支架。1977年冬和1978年春，笔者参加了铜石岭遗址发掘工作的实地考察，对铜石岭冶炼遗址做了两次试掘（图11-6、图11-7），试掘揭露的面积只250平方米，就发现炼炉14座，各种不同形状的灰坑9个，鼓风管20多节，铜矿石若干，排水沟2条（图11-8）。在铜石岭遗址还挖出了大量铜锭（图11-9），并于2006年11月在北流铜石岭、容县西山遗址的考察中发现了杯纹岩刻、炼铜炉址以及大量散落炉渣、鼓风管残片、陶片等遗存[①]。此外，在铜石岭遗址还发现了残留的木炭，经中国社会科学院考古研究所 ^{14}C 实验室测定，其树轮校正年代为距今1910年±90年，年代约为西汉末年至东汉初年，灰坑中出土了水波纹与弦纹陶器、双耳白陶罐、青瓷器，其中遗址上大量方格纹和水波纹陶片是断代的又一佐证，说明铜石岭冶铜遗址的年代是西汉至唐代。综上可断，北流铜石岭在西汉已开始采掘冶炼铜矿，大约东汉、南朝时期处于鼎盛。北流铜矿冶炼的时代正好是北流型铜鼓大量铸造、流行的时代，它的繁荣兴盛应与俚人铸造北流型铜鼓直接相关。笔者认为北流铜石岭乃中期俚僚铜鼓的铸地。

图 11-4　深入铜石岭

（1966年1月9日，作者深入大铜石岭西坡铜矿区矿井观看矿层情况，该矿井是在旧矿井的基础上打的。旧矿井可能是东汉至六朝时物，可见这是个古冶炼区）

---

① 广西壮族自治区文物工作队：《广西北流铜石岭汉代冶铜遗址的试掘》，《考古》1985年第5期。

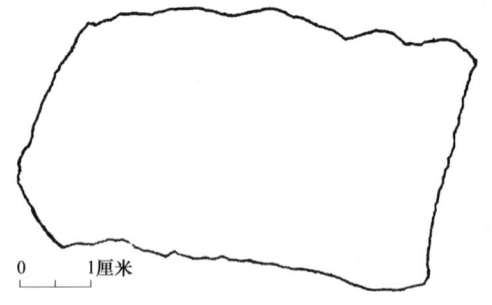

图 11-5　铜石岭冶铜遗址出土的 01# 铜鼓碎片实物大小

图 11-6　北流铜石岭全景（由北向南）（左）和铜石岭遗址发掘点（由东向西）（右）

图 11-7　1978 年 4 月 10 日铜石岭发掘中（右三为笔者）

图 11-8　铜石岭麻疯山探沟（T2，沟）　　图 11-9　铜石岭遗址出土的古铜锭
　　　　　（由南至北）

当年在试掘铜石岭遗址时，在麻疯寮下方，笔者曾发现炼炉群，在面积 10 多平方米的阶地上出土了 8 个炉子（图 11-10）。有的炉子之间的间隔仅有 10 厘米左右，分布密度很大。炼炉全貌虽已经破坏，但炼炉底部尚存，炉基部为圆环形，外径为 40~50、内径为 36~43、残高为 15~25 厘米。炼炉呈竖形，是一种结构简单的原始炉型（图 11-11）。炼

图 11-10　炼炉群局部

炉底部向山下的一方有流口，呈圆弧形，宽 10~15 厘米（图 11-12）。如果炼炉群同时熔炼铜液，从鼓范的浇铸口连续浇铸，完全可以铸造出体型硕大的北流型铜鼓。笔者曾把一件残破的炼炉挖掘并修复出来，这件炼炉后来成为广西壮族自治区博物馆文物展览的珍贵展品，为广西古代冶炼方式及其设备的研究提供了珍贵的实物资料。这充分证明北流铜石岭一带不仅是古代冶铜遗址，而且可初步认定其是古代铸造北流型铜鼓的遗址，这个遗址是国内铸造铜鼓遗址的首次发现。

图 11-11　炼炉在大坑之上方
（此炉县文化馆已提取）

图 11-12　杉木山上大探沟
（下端有水坑是大坑，大坑上方白点处是炼炉，
第一个已取给县文化馆）

从铜石岭遗址宏大的规模来看，它可以提供足够的铜料铸造大量的铜鼓。铜石岭近旁的上良村农民卢振东在铜石岭遗址（麻疯寮西侧的山坡上）一次就挖掘出铜锭约 35 千克，可见铜石岭铜料蕴藏丰富。同时，汉代的北流俚人铸铜鼓技术高超，已能很好地掌握冶炼技术。广西冶金研究所对北流铜石岭出土的铜锭和炉渣进行化验发现，炉渣含铜量很低，仅为 0.65%，而铜锭的含铜量高达 96.94%。

从地理位置上看，铜石岭遗址濒临圭江，离江岸最近处 30 多米，运输条件极为便利，便于铸造好的大铜鼓和熔炼出的铜锭运往外地，铸造各种青铜器，或者铸造铜鼓需要的铅、锡等原料从外地运来，为铸造铜鼓提供了便利的运输条件。

此外，与铜石岭遗址隔圭江相望的容县西山也有汉晋冶铜遗址，绵延 10 多个山岭都有铜渣堆积。这一遗址与铜石岭几乎连成一片。两处遗址出土的多为汉代常见的方格纹和水波纹陶器。从大范围来看，西山遗址与铜石岭遗址山岭相连，实为同一铸铜遗址。

在西山西北面的容县石头乡（今石头镇），于1975年出土饼状铅锭3块，重约8千克；铜锭20多块，大大小小共约15千克（图11-13）。从石头乡再往西北几千米的桂平县罗秀乡（今罗秀镇）也出土了2块铜锭，而且还发现了古代冶铜的矿渣。此外，在桂平县麻洞出土铜锭4块，合11千克。铅是北流型铜鼓的重要合金成分，铅锭和铜锭在石头镇同时出土，证明这个地方曾经铸造过铜鼓。

图11-13　广西容县石头乡出土的古铜锭（左）、古铅锭（右）

上述情况表明，铜石岭及其附近有很多铜鼓铸造点，均位于大容山区，这一带均是出土北流型铜鼓较多的地方。铜石岭、西山、石头镇、罗秀镇等铸造铜鼓遗址连成一片，在这一带铸造出硕大而众多的北流型铜鼓，表明北流铜石岭及其周围一带都是汉代铸造铜鼓的地点。

北流铜石岭、容县西山冶铜遗址主要分布在北流江流域圭江段的丘陵地带。从上述记载看，北流、容县一带从秦汉至隋唐都是岭南与中原交往的战略要地，具有重要的政治经济地位。北流、容县今属广西玉林市管辖，位于广西东南部。秦汉及先秦时期为西瓯、骆越民族聚集地[①]。北流市境内曾出土有明确文献记载的共47面北流型铜鼓，其中在六靖镇水埇（冲）庵出土的最大铜鼓面径达165厘米，残重299千克，是迄今

---

① 黄现璠、黄增庆、张一民：《壮族通史》，广西民族出版社，1988年，第3～8页。

图 11-14 北流型铜鼓
（广西壮族自治区博物馆藏 101 号铜鼓——北流水埇庵大铜鼓，被誉为"铜鼓之王"）

为止世界上发现的鼓面直径最大的铜鼓，被称为"铜鼓之王"（图 11-14）。正如《后汉书》引《广州记》所述："狸獠铸铜为鼓，鼓唯高大为贵，面阔丈余。"《太平寰宇记》卷一百五十八《岭南道二》"土产"条记载："铜陵县……本汉允吾县地，（汉）属合浦郡，宋立龙潭县，隋改为铜陵县。以界内有铜山。铜山，昔越王赵佗于此山铸铜。"西汉初年的南越王赵佗曾"于铜山铸铜"。现今广西北流市的铜石岭就属于铜山范围。因此，北流、容县一直是历史学和考古学关注的重点地区。在考古学上能以一个地名作为文物的冠名，就必定有其重要的意义。从实物、史料及考古资料上看，笔者以为北流型铜鼓乃中期俚僚铜鼓，北流铜石岭不仅是冶铜遗址，而且应是广西铜鼓铸地。

此外，广西被誉为"有色金属之乡"，其中锡的储量居全国首位，产量为全国第二[①]。据县志记载，广西富州、贺州、钟山一带，明代民间已淘洗锡砂，南丹一带开采锡矿至少已有 700 年历史。我国的冶炼出现较早，商铜器盛行，已有冶炼青铜的工业。而锡富有延展性，在空气中不易起变化，是焊接金属、制造合金的好材料。

（4）贵州铜鼓铸地。《旧唐书·地理志》卷四十一云："铜陵汉允吾县地，属合浦郡。宋立泷潭县。隋改为铜陵，以界内有铜山也。"同书又云："桂州下都督府……南昆为柳州，铜州为容州。"同书又云："容州下都督府，隋合浦郡之北流县。武德四年（621 年）平萧铣，置铜州（今北流市北流镇东印塘村古城屯尚存其遗址），领北流、豪石、宕昌、渭龙、南流、陵城、普宁、新安八县。贞观元年，改为容州，以容山为名。……北流，州所治。"[②] 同治十二年，《梧州府志》卷三《物产》载："铜，苍梧东安乡金鸡山现今开采，以供鼓铸之用（按：宋时已有

---

① 凌火金：《金牌闪闪话桂锡》，《广西日报》1986 年 8 月 21 日第 2 版。
② （后晋）刘昫：《旧唐书》（五），中华书局，1975 年，第 1725、1743 页。

铸钱了）。"1989年在贵州普安铜鼓山和赫章柳家沟两遗址中发掘出土了40余件铸造铜器的内模、外范、浇口、泥心、熔铜坩埚等工具和铜渣，在发掘面积不足2000平方米的遗址中，竟然发现如此多的模、范，这在国内考古中也是不多见的，足以说明夜郎已经拥有青铜冶炼技术[①]。此外，在广西东兰县长乐镇长乐村高新屯，壮族村民韦仕宏藏有一面铜鼓，铸有年款铭文"道光七年建立"，特别引人注意的是，在鼓面底壁有一圆形印记，圆

图11-15 广西东兰县长乐镇长乐村高新屯韦仕宏所藏的铜鼓
（鼓底壁有一圆形印记为"独山双和号"字样）

框内有一方长条印，印文为"独山双和号"（图11-15），表明晚期铜鼓铸地有独山一份。类似的铜鼓还有东兰县长江乡（今长江镇）兰阳村旧洲3号鼓，鼓面底壁也有一个类似的圆形印记，但圆框内的字迹已磨损，仅存"双""号"二字可辨，推知也应是"独山双和号"。独山今属贵州省，是黔桂边境的一个小县城，据考证，"独山双和号"应是铸造铜鼓的作坊名称。可以说，在清代中期，黔桂边境已有专门铸造铜鼓的作坊。上述史料及考古资料说明独山为贵州铜鼓铸地。

（5）掸傣类铜鼓铸地。掸傣类铜鼓铸自缅甸，1918年法国学者巴门特（H. Parmentier）在其《法国远东博古学院集刊》发表的《古代青铜鼓》一文中收入滇西之蛙鼓2件，它们发现于缅甸的克伦地区，"是缅甸掸族所铸造的"。据《缅甸百科全书》载，缅甸的铜鼓铸造技术却是500年前从中国广西壮族中传去的。

二、铜鼓的族属问题

铜鼓的起源地在云南中部偏西的洱海-礼社江流域。岭南地区迄今发现的最早的铜鼓是万家坝型。万家坝型铜鼓分布于滇中地区，当地居

[①] 宋世坤：《独具特色的夜郎青铜文化》，《贵州画报》1989年第2期。

民是濮的一部分，他们应是早期铜鼓的铸造者。另外，广西田东县春秋晚期战国早期墓中也出土过3面万家坝型铜鼓。

石寨山型铜鼓分布于川南、桂西、滇池地区滇黔交界及越南北部，当时此一带的居民有滇和与滇"同姓相扶"的"靡莫"之属的邛都、句町、漏卧、夜郎和百越中的骆越等，他们是此型铜鼓的铸造者和使用者。战国时期就已经能铸造技术成熟的石寨山型铜鼓，这样的铜鼓在岭南地区已发现了10多面，如在广西田东县祥周乡（今祥周镇）甘莲村江峒屯锅盖岭以及联福村陀塑屯北土岭的战国墓中分别出土了1面石寨山型铜鼓，贺州市沙田乡（今沙田镇）龙中村也发现了1面石寨山型铜鼓，等等。

冷水冲型铜鼓分布于滇、桂西、川、黔地区，当时此地居民被统称为僚和蛮，他们是此鼓的铸造和使用者。

遵义型和麻江型铜鼓分布于桂西、滇、黔、湘等地，当时此地居民被总称为蛮僚，稍后出现壮、苗、瑶、彝、侗、土家族等，他们使用了这类铜鼓。

北流型与灵山型铜鼓分布于粤西南及桂东南，当时的居民是百越中之西瓯及其后裔乌浒和俚僚，他们是此鼓的铸造和使用者。北流型铜鼓的分布集中在广西东南部，以玉林地区为中心，另有部分是广东西南部及海南岛。广西北流和广东信宜等几个县市为北流型铜鼓大本营。北流型铜鼓是借用了从云南石寨山型铜鼓（滇式铜鼓）传过来的发达的铸造工艺，并吸收了先进的汉文化，从而在更高层次上进行了创新和发展而铸造的。

关于北流型铜鼓的族属，《隋书·地理志下》（卷三十一）第二十六"象浦·金山·交江·南极"条说："自岭已南……其俚人则质直尚信，诸蛮则勇敢自立，皆重贿轻死，唯富为雄……诸獠皆然，并铸铜为大鼓。""欲相攻，则鸣此鼓，到者如云，有鼓者号为'都老'，群情推服。"又《后汉书·马援列传》唐章怀太子注引晋裴渊《广州记》云："狸獠铸铜为鼓，鼓唯高大为贵，面阔丈余。"《明史·刘显传》说："得鼓二三，便可僭号称王。"这些史书记载的就是以鼓为强、以大为雄的社会习俗，而北流就是世界"铜鼓之王"的出土之地。大约正当汉至晋、南朝到隋这一历史时期，生活在这一带的岭南乌浒人及其后裔俚人竞相铸造和使用铜鼓，后来随着封建王朝统治的加强，汉民族的大量迁入，俚人与汉族进一步融合，汉文化越来越占了统治地位，才逐渐使铜鼓失去了原有的地位，走向衰落。

西盟型铜鼓分布于我国云南西盟地区及缅甸东北部、泰国、老挝等地，我国岭南地区的西部也有不少发现，它的铸造地和使用者应是骠国居民和后来的佤族、掸族和傣族。历史上骠国（220~832年）是伊洛瓦底江流域佛教古国，都城为卑谬，有18个属国。中国史籍曾分志其史略。骠乃藏缅系中的一支，今不复存，或即缅人的前身。缅甸铜鼓历史悠久，唐刘恂《岭表录异》卷上"铜鼓"条中记载："贞元中，骠国进乐，有玉螺铜鼓。"唐贞元十七年（802年），骠国（今属缅甸）国王雍羌派遣王子舒难陀率领使团到长安，用铜鼓献乐。著名诗人白居易为此专门写了一首《骠国乐》，把当时的铜鼓舞生动而形象地记录下来：

　　玉螺一吹椎髻耸，铜鼓千击文身踊。
　　珠缨炫转星宿摇，花鬘斗薮龙蛇动。

"玉螺一吹椎髻耸，铜鼓千击文身踊"即击铜鼓，吹玉螺，舞者文身椎髻，耸肩扭腰。这首诗声情并茂地描绘了当时的场景[①]。

从历史文献来看，缅甸掸族、老挝老龙族同属壮侗语族，与壮族历史文化联系密切，表明壮族与东南亚同源民族的文化关系紧密。壮族文化与他们的文化有诸多相似之处，确实是同源关系。中国与东南亚古文化有着共同载体。

从西南及岭南地名分布情况看，古代的西南云南、四川、贵州及岭南之两广地区（还有东南沿海地区）为越族分布区，但其中心地在秦之桂林、汉之郁林郡。关于铜鼓为蛮族所制，民国二十五年《融县志·古迹》"金石"条载："铜鼓……似原为蛮方所制，后乃续仿而制之欤。"民国六年《永福县志·前事》"杂记"条："铜鼓……鼓具二音，其形古拙，铜色黯黑，盖猺獞所作，非伏波制也……"[②]

关于铜鼓的族属问题，目前铜鼓学界意见分歧较大。主要有两说：一是濮人说，二是越人说。其实，这两种意见都不错。有问题的是人们将濮人与越人截然分开，并视为两个不同源的部落。应该说，濮就是越，越就是濮，濮与越，一也，是布越（即濮越——下同）人（古称百越）

---

① 《全唐诗》七函一册。
② 柯杨：《中国风俗故事集》（下册），甘肃人民出版社，1985年，第281~283页。

在不同的历史时期的不同族称,犹如布越人在秦汉之间多称越,以后则称为乌浒与俚僚一样。这也说明,我国南方铜鼓为古代的布越人所创制,是布越人地区的社会文化遗物。

第二节 关于百濮与百越关系的讨论:濮为越说——兼论濮、越人的地理分布

从有关历史资料看,早在商周时代,中原地区和江汉地区就已有濮人在活动,春秋以来,那里的濮人少见了,而越人则于长江流域和江南各地出现。历史表明,古代的濮人和越人是一支比较大的族群,分布的地区很广,支系也多,所以历史上常称"百濮""百越"。

古代的濮人和越人是属同一族系还是异源别系呢?对这个问题,民族史学界意见很不一致。多数同志认为濮人和越人是异源别系的。《云南各族古代史略》一书就持这种观点,它说,云南古代的民族"可分为羌、濮、越三个大族群,羌是从云南西部迁来的,濮是从云南北部迁来的,越是从云南东边来的"。《中国西南的古代民族》将西南地区的原始民族分为氐羌系统、百越系统、"苗民"和"盘瓠"、百濮系统四大类,表明百濮与百越是异源别系的。广西的同志也有持异源别系之说的。在壮族源流问题上,《壮族简史》中只提骆越、西瓯,不提百濮。当然,也有持同一族系之说的。罗香林先生在《中夏系统中之百越》中就说,"越与濮原为一族,而可混称","濮为越之别称","越族又混称为濮,故凡古籍所载濮族特性,亦与越族特性相同。盖濮与越皆夏民族遗裔所演称,故同属一族,一方可称为濮,一方又可称为越"[①]。江应樑教授从历史的角度论证"古代的百濮,既不是南亚语系的民族,也不是羌氐系的僰人,而是和古代的'百越'有密切的族属关系,甚至可以说,在一定时期内的一些地带,文献上记载的'濮'和'越',基本上就是同一个族的不同称谓"[②]。梁钊韬教授在论证古濮人与莱人的关系时也说:"濮就是莱人……

---

① 罗香林:《中夏系统中之百越》,独立出版社,民国三十二年,第 52、53、212 页。
② 江应樑:《说"濮"》,《思想战线》1980 年第 1 期。

濮与莱是越族的原始自称。"①表明古代山东地区有濮人,而濮人也就是越。

笔者以为罗、江、梁三位先生的论证是对的。古代的濮人和越人是一支比较大的族群,他们是同属于一个族系的,濮就是越,越就是濮,濮与越一也,二者是濮、越人在不同的历史时期出现的不同族称。能说明这个问题的资料很多,今举例说明于下。

一、语言学资料

要了解濮、越人的族属问题,应先弄清濮、越语中关于"濮""越"之称的来源和含义。

先说"濮"字。以前,曾有人认为"濮"字本作"僕",甲骨文写作𦥑,是奴隶之义②,此字的甲骨文体和汉义应是这样。但这是汉语译音,是音而不是义,其原义应从濮语中去寻找,用汉义去解释它是不妥的。从广西壮语方面看,古百濮之"濮"字,应系壮语中的"布"音的古译,是"人"的意思,如说一个人为"布云",客人为"布客",老年人为"布老",农村人为"布板(一作曼)",壮族人自称为"布壮",侗族人自称为"布鉴(一作金)",布依族人自称为"布依(读 yei 音)",傣族人自称为"布傣",傣语呼男青年为"卜(布)冒"、女青年为"卜(布)少"等是。值得注意的是,壮族人中之侬人,志书上除记作"布侬"外,也有记作"濮侬"③的,表明濮即布也。征之历史,《滇系·百濮考》说:"僰语呼其人为濮。"《华阳国志·巴郡》将巴境之賨人、賨民称为"濮賨",同书《蜀志》将蜀境之賨人、僮人称为"賨僰""僮僕"(濮、僕、僰古代音义相同),可以为证。

至于"越"字,有几种说法,罗香林先生认为:"越族之越,甲骨文作戉,字形作𢆉,盖象斧戉之形。其后以文字之辗转假借,原义寝昧,乃加走旁为度越之越,并为越族之越。"④也有人认为古越族之"越"字

---

① 梁钊韬:《百越对缔造中华民族的贡献——濮、莱的关系及其流传》,《中山大学学报(哲学社会科学版)》1981年第2期。
② 云南省博物馆《云南文物》编辑组:《关于铜鼓起源的若干问题》,《云南文物》(古代铜鼓研究专集)1980年总第9期。
③ 见云南省历史研究所《研究集刊》1978年第3期(内部刊物)。
④ 罗香林:《中夏系统中之百越》,独立出版社,1943年,第57页。

"含有'超越'、'逾越'的意思"①。然而徐松石先生在《泰族僮族粤族考》中则说，粤越二字的部族意义，"必须求之于古代江南土著呼'人'的语音"②。笔者以为前两种说法属望文生义之谈，徐先生的考证是对的。僮语呼人为"浦或普或夫或扶"③，也有呼作"宛、尹、郁、君、浑和瞒"音者④。这些语音，除君（gon）、浑（hun）音外，其余各音均发 won、wun 或 wut 音，与徐先生的读音相同，越南京语"越"字读如 viet，与上述读音也基本相同。说明古百越之越字，应发 w 音，此乃古越语呼"人"的语音。

这么说来，"濮""越"二字，含义基本相同，濮与越可合译作"布越"，可作"人"或"越人"解。由于濮、越二字的来源含义基本相同，所以历史上对布越（即濮越——下同）人时而称为濮，时而称为越。历史告诉我们，对于汉族人士而言，古越语是比较难懂的，所以历史上每有"重译（或'重九译'）乃通"之说，就连身居江汉地区与越人为邻的楚人也不懂当地的《越人歌》，直到唐代，在柳州任刺史的柳宗元也不懂当地的越语，工作中每有"异服殊音不可亲"⑤之叹。以往的研究者，由于不懂越语，无法弄清濮、越之称的来源和含义，从而无法弄清其关系，于是人为地把他们分隔开来，并视为两个不同族系的族群，实误。史学界曾有所谓"濮越同源"之说。过去笔者亦曾附和此说。现在看来，此说法欠妥，这等于承认古代的濮、越人是两个并存的不同支系的部落，只是在族源上相同而已。然而如前所说，古代的濮、越人不仅是族源相同，而且濮就是越，越就是濮。因其如此，所以在商周时代，布越人被称为濮；春秋以来，濮称少见了，代之以越；汉魏以来，濮、越

---

① 史继忠、翁家烈：《试论夜郎的族属关系》，《夜郎考》（讨论文集之一），贵州人民出版社，1979年，第227页。
② 徐松石：《泰族僮族粤族考》，《徐松石民族学研究著作五种（上）》，广东人民出版社，1993年。
③ 徐松石：《泰族僮族粤族考》，中华书局，1946年，第145页。
④ 调查材料，"瞒"字普通话读作迈（mai），广西防城本地话读作云（won），系古越语呼"人"的译音。
⑤ （唐）柳宗元：《柳州峒氓》，《柳河东集》卷四十二，上海古籍出版社，1993年，第395页。

之称又少见了，代之以僚。试想，如果不是同一族系，商周时期的越人叫什么？难道他们当时还不存在或者虽存在但与世隔绝吗？同样，春秋以来，濮人又叫什么？难道他们当时也已经不存在或者虽还存在但与世隔绝吗？汉魏以来，他们又怎能不约而同地被统称为僚呢？这难道是偶然的？再者，如果说濮、越人是不同族系的，那么，南方的越人后来发展为壮侗语族各民族了，濮人的后裔是什么？提到濮人与别的民族相融合问题，这是事实，但这不独濮人为然，越人也是，越人没有完全被融合，何况濮人呢？这些问题，在讨论濮人、越人的相互关系和族属问题时，都应加以考虑，找出它的来龙去脉，不这样，就难以自圆其说。

二、历史学材料

史籍对于濮、越人的活动情况虽有所记录，但对他们的相互关系和族属问题却很少提及，我们今天在讨论这个问题时，只能从一些迹象中窥见其关系。

在东南地区，《春秋左传·昭公元年》"三月"条说："吴、濮有衅，楚之执事岂其顾盟？"按，昭公元年为周景王四年（前541年），其时吴国已强大，常蚕食邻邦，首当其冲的是越国，吴国与越国已结下不解之仇；其次是楚国，吴楚战争时有发生[①]。除越国外，楚国境内不仅有濮人，越人也很多，有夔越、扬越和夷越（详见下文）。对此，《左传》不言吴越，而直言吴濮，此濮即越也明矣。

在江汉地区，《春秋左传·文公十一年》说："楚子伐麇，成大心败麇师于防渚。"同书《文公十六年》又说："楚大饥……庸人帅群蛮以叛楚，麇人率百濮聚于选，将伐楚。"杜预注："庸亦百濮夷。"孔颖达正义："武王伐纣，有庸濮从之。孔安国云：'庸濮在江汉之南'。"可知庸亦是江汉濮之一。至于麇，《中国古今地名大辞典》"麇"条说："麇，周国名……春秋时灭于楚，今湖北郧县治即其国。"[②] 同书"防渚"条云：防渚是"春秋麇国地，今湖北房县"。可知自郧县至房县一带，皆为麇人之区，与庸濮在一起，庸是濮，麇也应是濮，不然，他就不能"率百濮聚

---

① 《史记·楚世家》。
② 臧励龢等：《中国古今地名大辞典》，商务印书馆，1930年。

于选，将伐楚"。另外，《中国古今地名大辞典》"濮"条说："濮，周国名，在今湖北石首县南，其国无君长，各以邑落自聚，故亦名百濮。"这就说明，在商周时代，自鄂西北郧县至江汉以南一带，皆为濮人之区。然而《史记索隐·赵世家》引《世本》则说："越，芈姓也，与楚同祖。"因其如此，所以楚境内越人甚多，楚庄王就能"左抱郑姬，右抱越女"，楚昭王也能以越女为妾，所生子章能继位为楚惠王①。在这里，持异源别系论的同志认为，此越女不是越人之女，而是美女②。笔者以为这说法值得商榷。如果是这样，则郑姬是什么姬？很难设想，郑姬是郑国之姬，而越女则不是越人之女。又《国语·郑语》说：楚"芈姓夔越，不足命也"。《中国古今地名大辞典》"夔"条说："夔，周国名，芈姓，灭于楚，《春秋·僖公二十六年》：'楚人灭夔，以夔子归。'今湖北秭归县东，有夔子城，地名夔沱，古夔国也。"《史记·楚世家》也说："当周夷王之时，王室微，诸侯或不朝，相伐。熊渠甚得江汉间民和，乃兴兵伐庸、杨粤，至于鄂。熊渠曰：'我蛮夷也，不与中国之号谥。'乃立其长子康为句亶王，中子红为鄂王，少子执疵为越章王，皆在江上楚蛮之地。"不久，熊赀被立为楚文王，将楚都从丹阳（枝江县）迁至郢（江陵）。及熊恽为楚成王时，"布德施惠，结旧好于诸侯。使人献天子，天子赐胙，曰：'镇尔南方夷越之乱，无侵中国。'于是楚地千里"③。《史记索隐》说，杨粤即杨越。而句亶王之"句"字与越章王之"越"字，在南方的越人名或越语地名中都很多，如东越之越沤、于越、闽越及句吴、句践、句卑、句容、句章、句无、句余，西越之越裳、越巂、骆越、滇越及句町、句漏、居翁、居牢等是。湖北之夜泊（一作婆）山，不是别的，就是古越语"越布"的谐音，含有"越人"之义，是因越人的居住而得名的。由此可见，江汉地区之濮人，历史上又常称为越，有夔越、杨越、夷越诸支。《国语·郑语》说："楚子……夫荆子熊严生子四人……叔熊逃难于濮而蛮。"表明濮与蛮有关。而《史记索隐·吴太伯系家第一》在解释

---

① 《史记》卷四十《楚世家》。
② 百越民族史研究会：《"百濮"不是"百越"》，百越民族史研究会第三届年会论文（油印本），1982年。
③ 《史记》卷四十《楚世家》。

"荆蛮"一词时说："荆者……蛮者，闽也，南夷之名，蛮亦称越。"说明越也与蛮有关，是濮即越也明矣。

在西南地区，《逸周书·王会解第五十九》说："卜人以丹沙。"孔晁注："卜人，西南之蛮，丹沙所出。"又说："卜即濮也。"左思《三都赋·蜀都赋》说：四川"左绵巴中，百濮所充"。《华阳国志·蜀志》说："会无县（今四川会理县）……渡泸得住狼县（今云南巧家会泽一带），故濮人邑也，今有濮人冢。"《滇系·属夷系·百濮考》说：滇西永昌濮人"有尾濮、木棉濮、文面濮、折腰濮、赤口濮、黑僰濮。"《华阳国志·南中志》说：云南汉句町国"其置自濮"，又说：古夜郎"后夷濮阻城，咸怨诉竹王非血气所生……"说明西南地区就是濮人之地。然而《华阳国志·南中志》又说："南中，在昔盖夷越之地。"《史记·大宛列传》也说："昆明之属无君长……然闻其西可千余里有乘象国，名曰滇越。"《汉书·张骞李广利传》也有相同的记载。滇越在哪里？从地理上看，昆明"其西可千余里"之地，应为滇西保山一带，永昌郡应在其中。说明滇西之濮即滇越。至于滇东之句町国，为濮人所建，而国以句音为名，此乃越式人名或地名之典型，表明句町濮也是越①。征之历史，《异物志》在记录夜郎的山川景物时有"越王牂牁"句，明李攀龙《送刘员外使黔中》也有"牂牁万里越王台"句，说明夜郎濮也就是越。可见号称"故濮人邑"的西南地区也是越人之地，那里的濮人时而称濮，时而称越。

在岭南地区，《逸周书·王会解第五十九》说："正南：瓯邓、桂国、损子、产里、濮、九菌。"孔晁注："六者，南蛮之别名。"关于南蛮，《史记索隐·吴太伯系家第一》说："……蛮者，闽也，南夷之名；蛮亦称越。"可知历史上的南蛮亦指越人。《逸周书》所提正南方之"六者"，都是越人，百濮是其中的一支。

以上历史表明，古代的濮人和越人，在历史上出现的时间虽有先有后，但其地理分布是一致的，很多地方往往既是濮地，又是越地，住在那里的人民时而称濮，时而称越，诚如罗香林先生所言："越与濮原为一

---

① 潘世雄：《夜郎族属进一言》，《中央民族学院学报（哲学社会科学版）》1988年第5期。

族而可混称。"又如梁钊韬先生所言:"濮与莱是古老的原始越族的自称族名。"

三、地名学资料

地名是人们给地方所命之名,在一定程度上反映了人们的语言和风俗。不同的地区,不同的民族,有不同的语言和风俗,也有各自不同的地名,因此地名具有鲜明的地方特色和民族特点,并有很大的稳定性。通过对有关地名的研究,也有助于我们对地方民族史的了解。联系布越人的历史,下列历史地名[①]是值得注意的。

(1) 以于、余(宜、义)、句(居、纪)、诸、姑(孤、古)、无(乌、武、五) 音为冠的地名,研究者辄以为是古越语地名,是因越人的居住而得名的(因人名地)[②]。而这些地名,不只出现于素称百越之地的东南沿海和岭南地区,也见于江汉流域和西南濮人区,如湖北之于菟村、宜都县(三国置)、义宁郡(南齐置)、句亶、向噬、纪南、古塘海、乌林、武昌山,湖南之余溪(一名清江水)、宜章县(隋置)、渚溪口市、古丈县、无阳县、武陵郡(均汉置)、乌宿市,四川之宜宾县(汉置)、义存县(南朝宋置)、居牢州、纪州、孤云县(均唐置)、乌龙山、武担山,云南之宜良县(元置)、义成县(南朝宋置)、句(一作勾)町县(汉置)、诸仙背、姑复县(汉置)、古里夏、无量山、乌蒙山、五(一作乌)通山,贵州之于襄所、余庆县(明置),宜娘山、义阳山、姑开、古坭县(元置),乌罗长官司(元置)、武陵山等是。

上述之濮人区,更有以越(粤、夜)[③]音为地名者,如湖北之夜泊山(一作婆),四川之越巂郡(汉置)、越宾县(唐置)、越西县,云南之越州、越甸县(均元置),贵州之夜郎县(汉置)等是。湖北之夜泊、贵州之夜郎,不是别的,而是古越语"越布""越骆"的同音异译,含有"越

---

① 本节所引地名,凡属有建置年代的历史地名,均引自臧励龢《中国古今地名大辞典》(商务印书馆香港分馆,1982年),其余地名引自《中国地图册》有关省(自治区、直辖市)篇。

② 徐松石:《泰族僮族粤族考》第二十章"东方地名",中华书局,1946年;史为乐:《谈地名学与历史研究》,《历史研究》1982年第1期。

③ 粤与越通。至于夜郎之"夜"字应系越(粤)音的异译。

人""骆越"之义①。

（2）具有濮语特征以濮、僕、布、博音为冠的地名，不只在江汉和西南濮人区有，在东南沿海和岭南越人区也存在，如江苏之濮阳县（后魏置）、僕射山，浙江之濮院镇、浦江县（吴越置），福建之浦南汛、博平岭，江西之布水、博阳山，广东之布吉村、博罗县（汉置），广西之布山县（汉置）、蒲庙等是。江苏之濮阳县、浙江之濮院镇、江西之博阳，皆系"濮人"之义②，是因濮人的居住而得名的。

这就说明，在越人区里有濮人，在濮人区里也有越人，这不是混居，而是濮即越也，他们时而称为濮，时而称为越。古代的濮人区和越人区有着同一的地名，反映他们之间有共同的地域、共同的语言、共同的生活习俗。

上述之濮、越语地名，还见于黄河中下游的商人故土——山东、河南、河北、安徽等地区，如山东之于余丘（周国名）、宜成县（汉置）、句阳县（汉置）、句绎、纪山、诸县（汉置）、诸冯、姑蔑（春秋置）、姑幕县（汉置）、古邵镇、无棣县（春秋置）、无盐县（汉置）、乌河、武水、濮阳郡（后魏置）、濮水、蒲姑、不夜县（汉置），河南之宜阳县（汉置）、宜春县（汉置）、义阳山、诸市店、古漳河、无鼻（一作辟）城、乌巢泽、武津县（南朝宋置）、濮阳、不羹（战国置）、亳殷、宛濮③，河北之宜安县（唐置）、句骊河、居庸县（汉置）、古冶镇、无终、无极山、武邑县（汉置）、濮阳县（汉置），安徽之宜城、义成县（汉置）、句溪、居巢山、诸阳县（唐置）、姑孰（一作姑熟）城、无为县（隋置）、乌溪镇、武林山、濮阳县（后魏置）、亳州等是。河南之宛濮，河北、河南、山东、安徽之濮阳，皆含有"濮人"之义，是因濮人的居住而得名的。而山东之"不夜"④，则系越语"布越"的谐音，含有"越人"之义，

---

① 潘世雄：《夜郎族属进一言》，百越民族史研究会第三届年会论文（油印本），1982年。
② 从壮语方面看，阳（央）本指丈夫，这里泛指男性，属男性人称语词。院、宛、与云、温音近，属"人"称语词。
③ 今河南安阳市西北小屯村。《尚书·盘庚》："盘庚五迁，将治亳殷。"郑玄注云："治于亳之殷地。商家自徙此。而改号曰殷。"
④ 不夜县，汉置，故城在山东文登县（今威海市文登区）东北八十五里。

是因越人的居住而得名的。以濮、越人或濮、越语为地名，表明黄河中下游地区古代曾是布越人的分布区之一。可见古代的布越人是一支很大的族群，分布于黄河中下游及黄河以南广大地区。黄河上游为周人区，所以那里虽也还有些越语地名，但为数较少。

四、民族学资料

古代的濮、越人有着许多共同的生活习俗。

（1）凿齿。凿齿与染、饰齿属同一风俗，研究者多以为这是越人的遗风[①]。但《博物志》卷二说："荆州极西南界至蜀，诸民曰獠子……既长，皆拔去上齿牙各一，以为身饰。"《新唐书·南蛮》说："三濮者，在云南徼外千五百里，有文面濮、俗镂面……赤口濮，裸身而折齿。"另据考古报道，在山东的王因、西夏侯、三里河新石器时代遗址出土的男女头骨都有拔牙现象[②]。泰安的大汶口遗址出土的头骨男子的64%、女子的30%有凿齿现象[③]。湖北之房县七里河遗址出土的人头骨也有拔牙现象[④]。四川珙县僰人悬棺葬死者凿齿率高达70%[⑤]，表明在中原、江汉和西南地区的百濮人中也保有凿齿之风。

（2）断发与文身。断发与文身一般也以为是越人独有。而《滇系·属夷系·百濮考》则说，滇西"有尾濮、木棉濮、文面濮……濮人之俗，用麂尾末椎其髻，且好以漆饰面"。同书《蒲人》篇又说："濮人又名蒲蛮，其色黑，折腰文身，是其饰也。"说明古濮人和越人一样有文身之俗。

（3）婚俗。《滇系·属夷系·蒲人》说，蒲人即古称百濮，婚令女择

---

① 莫俊卿：《古代越人的拔牙习俗》，《百越民族史论集》，中国社会科学出版社，1982年，第306～323页。
② 韩康信、潘其风：《大墩子和王因新石器时代人类颅骨的异常变形》，《考古》1980年第2期；昌潍地区艺术馆、考古研究所山东队：《山东胶县三里河遗址发掘简报》，《考古》1977年第4期。
③ 颜訚：《大汶口新石器时代人骨的研究报告》，《考古学报》1972年第1期。
④ 湖北省博物馆：《湖北省文物考古工作新收获》，《文物考古工作三十年·湖北篇》（1949—1979），文物出版社，1979年，第295～309页。
⑤ 四川省博物馆、珙县文化馆：《四川珙县洛表公社十具"僰人"悬棺清理简报》，《文物》1980年第6期。

配。《史记·秦始皇本纪》说："有子而嫁，倍死不贞。防隔内外，禁止淫泆，男女洁诚，夫为寄豭，杀之无罪。"《后汉书·东夷传》亦说，东夷"其婚姻皆就妇家，生子长大，然后将还"①。说明古代的濮、越人在婚姻上都保有原始母系婚俗的遗风。

（4）崇拜蛇。由于历史上记有"东越蛇种""欧（瓯）人蝉蛇"②，一般人遂以为崇蛇之风为越人所独有。然而在百濮人中也有此风俗，如云南石寨山古墓葬出土的青铜器，以蛇为饰的现象很多，在"百濮所充"的四川地区，也有关于"老姥与小蛇"③之说，这都是社会生活的反映。

（5）水居水人。我们说古布越人为水居水人，是以如下资料为依据的。

其一，关于布越人的人种来源问题。《后汉书·南蛮西南夷传》云："夜郎者，初有女子浣于遯水，有三节大竹流入足间，闻其中有号声，剖竹视之，得一男儿……"同书"哀牢夷"条④以及《博物志》《峒溪纤志》诸书也有类似的记载。类似的故事传说在广西壮族地区也有，像《伏羲兄妹的传说》《盘古》《雷公的故事》《洪水淹天的故事》《雷公的传说》等，都提到在大水灾之后，世间无人，只有兄妹俩因乘葫芦得以生存，后自相婚配，繁衍后代⑤。云南和广东也有类似传说⑥。故事传说并不等于历史，但这是社会生活的一部分，是历史的先声，透过这些故事传说，似可看到古代的布越人在其尚处于原始社会时期曾行族内婚制，社会经济以渔业为主，进入阶级社会以后，渔业经济仍是生活的重要方面。由于布越地处黄河中下游和南方地区，历史上经常闹水灾，人们在生产生活中常和水灾做斗争，因而产生很多有关人与水斗的故事，连人也说是水生的。《说文解字》说，"濮"字从水从人。这虽属汉译，但也道出了

---

① 古东夷人应属越人范畴。
② 《说文解字》第十三上"闽"条；《逸周书》卷七《王会解第五十九》。
③ 《后汉书》卷一百一十六《南蛮西南夷列传》"邛都"条。
④ 对哀牢夷的族属问题，研究者意见不一，有认为是濮的，也有认为是氐羌的（见《思想战线》1978年第1期）。笔者从历史、语言、民族、考古、地名诸方面资料看，认为前一种意见是对的，哀牢人是布越人的一支。
⑤ 广西僮族自治区科学工作委员会、僮族文学史编辑室：《僮族民间故事资料》（第一、二集），内部资料，1959年。
⑥ 《傣族来源的传说》，《民族文化》1980年第7期。

古濮人也是滨水而居的水上人家。

其二，关于越、濮人的水居问题。《春秋左传·昭公十九年》说："楚子为舟师以伐濮。"《滇系·属夷全·蒲人》说："蒲人即古称百濮……以竹篓负背上。或傍水居，不畏深渊，能浮以渡。"《淮南子·主术训》说："汤、武，圣主也，而不能与越人乘干舟而浮于江湖。"《汉书·严助传》说："臣闻越……处溪谷之间，篁竹之中，习于水斗，便于用舟，地深昧而多水险。"类似的记载，在《太平御览》《岭外代答》诸书中也有。说明古代的濮、越人同是"或傍水居，不畏深渊"的水上人家。

其三，关于布越人的水人水居问题。此问题地名学资料也有反映，如广西之桂林、郁林、阿林、南尹、南涌、多林，广东之郁南、临允、南巴、云林、南涌，云南之博南、南温、南宛，四川之南涌、临居，湖北之南纪、云林、南浦、乌林，江西之云林、南浦，台湾之云林、南投、员林，河北之杜林，河南之南都，安徽之武林，山东之南旺、临濮等地名，皆含有"水人"之义，是因布越人的水居而得名的。

（6）岩居岩人。有关布越人的岩居问题，笔者在《对岩葬几个问题的探讨》①中曾做过讨论，这里从略。要说的是，古代寄岩而居的情况，不独山区有，平原地区也有②。因岩居而被称为岩人者，不独濮人是，越人也是，古濮、越人的生活居址相同。

上述水人和岩人，是否有族属上的不同？笔者看没有，都是布越人。即生活在水乡，水上水下作业多，故被称为水人；而生活在山区，常以岩为家，就自称或被称为岩人。例如，云南"边疆傣族"，由于有滨水而居与陆居之分，所以傣族人历史上曾被称为水摆夷和旱摆夷。

五、考古学资料

考古学资料证明，古濮、越人的社会文化③有许多雷同之处。

---

① 收入中国民族学研究会：《民族学研究》（第四辑），民族出版社，1982年。
② 北京大学历史系考古教研室商周组：《商周考古》，文物出版社，1979年，第一、二章。
③ 本节所引资料，除注明出处者外，其余均引自《文物考古工作三十年》有关省（自治区、直辖市）篇。

（1）生活特点。据报道，在东南沿海和岭南越人区的新石器时代贝丘型的遗址较多，出土蚌刀、有肩蚌器、穿孔蚌器、骨鱼钩、骨鱼镖等物。像这样的古文化遗址，在中原、江汉、西南濮人区也有，如云南滇池地区的遗址曾有螺蛳蚌壳堆积，元谋大墩子遗址和宾川白羊村遗址常有穿孔蚌器出土。四川巫山大溪遗址有蚌镰、蚌环珠和海螺出土，山东大汶口中期遗址与龙山文化遗址有蚌器和骨鱼镖出土，湖北屈家岭文化中期遗址有骨鱼镖出土，说明濮人区的文化遗址与越人区的文化遗址属同一类型。这些地区，史前时期渔业生活居相当重要地位，人们常以螺蚌肉为食，并以蚌壳作为生产和生活用具。

图 11-16　双肩石斧
（广西横县西津出土，属新石器时代）

（2）生产工具形制与陶器纹饰特点。东南沿海和岭南越人区的古文化遗址以出土有肩石斧、有段石锛、穿孔石器、穿孔蚌器和几何印纹陶片为主要特征（图 11-16～图 11-18）。这些富有越人文化特征的遗物，在西南、江汉、中原濮人区也有，如云南滇池、西双版纳、云县、文山等地遗址中都有有肩石斧、有段石锛和穿孔蚌器出土。贵州威宁、赫章、清镇、平坝、盘州等地出土的有肩有段斧锛占一定比例，穿孔石器也有发现。威宁、水城两县遗址出土的38件石锛中，有段石锛占11件。平坝飞虎山遗址

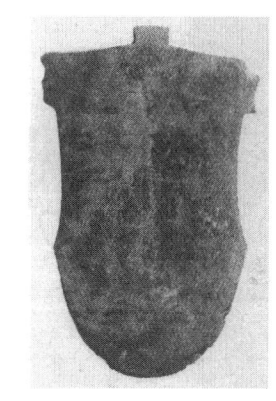

图 11-17　双肩大石铲
（广西扶绥县江西村采集，属新石器时代晚期）

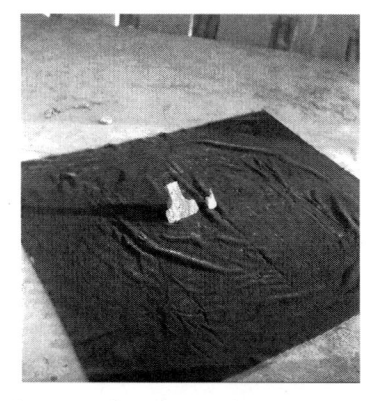

图 11-18　广西容县石头乡出土的铜斧

出土的夹砂灰陶片有弦纹、水波、方格、菱形、圆圈、云雷等纹饰①。湖北屈家岭文化中期遗址也有有肩石锄、有段石锛、有孔石铲出土。河南裴李岗遗址有带肩石铲出土。山东龙山文化遗址除出土一般石器外，还有长方形、半月形的双孔刀出土。说明西南、江汉、中原濮人区与东南沿海、岭南越人区史前文化有其内在的联系。

（3）青铜器特征。《越绝书》说，东越人善铸青铜器。西越人的青铜冶铸技术也是很高的，南方古代铜鼓的大量发现可以为证。考古资料表明，西南濮人区出土的青铜器在造型和纹饰上与东越式青铜器极其相似。例如，云南晋宁、江川、楚雄等地出土的靴形铜钺，在广东清化，广西恭城和浙江鄞州等地也有出土；云贵铜鼓的船纹和羽人纹与鄞州靴形铜钺上的船纹和羽人纹，风格完全一致。源出于云南的南方古代铜鼓，在岭南越人区出土尤多。

（4）干栏式房屋与干栏式陶屋的分布情形。干栏系指南方那种上人下畜的民族古建筑，又叫作麻栏、高栏、葛栏、阁栏，皆系古越语"kunlan"一词的同音异译，表明干栏建筑系越人的传统建筑。这类建筑和遗物在濮人区也有，如四川成都天回山崖葬、新津堡子山崖墓，重庆相国寺东汉墓，以及贵州清镇东汉墓中都出土有干栏式陶屋②，风格与岭南越式陶屋无异。

（5）岩葬的分布。有关岩葬的历史，在《临海风土记》《朝野佥载》《珙县志》《巴东县志》诸书中都有所记录。笔者在《对岩葬几个问题的探讨》③中亦做过讨论。这里不再重复，要说的是，我国的岩葬不只在东南沿海和岭南越人区有，在西南和江汉濮人区也有，说明古濮、越人有着同样的葬俗。

上列之语言学、历史学、地名学、民族学、考古学资料表明，古代

---

① 李衍垣：《夜郎故地上的探索》，贵州人民出版社，1980年；李衍垣：《贵州的新石器与飞虎山洞穴遗址》，《贵州社会科学》1982年第4期。

② 安志敏：《"干兰"式建筑的考古研究》，《考古学报》1963年第2期；潘世雄：《干栏考》，《百越史研究》，贵州人民出版社，1987年，第325～333页；《干栏考》，《广西民族历史与文化研究》（第三辑），广西人民出版社，1989年，第87～94页。

③ 收入中国民族学研究会：《民族学研究》（第四辑），民族出版社，1982年。

的濮人和越人有着共同的地域、共同的语言、共同的经济和文化生活。笔者以为古代的濮人和越人是有渊源关系的,他们是同属于一个族系的,濮也就是越,濮与越一也,是布越人在不同的历史时期一度出现的不同族称。同时,古代的布越人是一支很大的族群,他们聚居或与其他民族杂居于黄河中下游和黄河以南广大地区,和各族人民生活在一起,共同缔造了祖国的历史。

第三节 关于南蛮与百越关系的讨论：蛮为越说

从历史上说,"蛮"字原是对我国东、西、北三方古代民族的泛称,后来又泛指南方的少数民族。由于"蛮"字从虫,在汉语中常被当作"野蛮""蛮横"解,因而历史上有些人就认为南方的少数民族是一群未开化的、落后的、不堪造就的民族,所以对其族称常附加上"犭"旁,对南方少数民族和南方地区产生恐惧感,有些北方人竟因此怕到南方工作和生活。不言而喻,历史上的这些提法和看法都是错误的,它伤害了南方少数民族的感情,对民族团结是极为不利的。到底"蛮"字是如何产生的,其真正的含义和族属是什么呢？这是大家所要关注的问题,也是本节所要讨论问题的中心。

一、"蛮"字的由来

查中文之"蛮"字,甲骨文未见著录[①],而在周秦时期的金文中出现较多,如《虢季子白盘铭》云："博伐厰狁,于洛之阳……赐用戉,用政䜌方。"《梁伯戈铭》云："抑鬼方䜌。"《晋邦蠢铭》云："我皇祖趞（唐）公□受大命……□□百䜌,广嗣四方。"《秦公钟》《秦公簋铭》并云："保业氒秦,虩使䜌夏。"[②]其他如周之颂鼎、宋公䜌戈、兮甲盘、左军戈

---

① 高明：《古文字类编》（第一编),中华书局,1980年。
② 童书业：《夷蛮戎狄与东南西北》,《中国古代地理考证论文集》,中华书局,1962年,第44页。

等青铜器上均铸刻有"䜌"字。参考容庚编纂的《金文编》第十三[①]，在周秦时代，"蛮"原写作"䜌"，是对我国东方、西方和北方古代民族的泛称。

有问题的是，古"䜌"字被从虫写作"蠻（蛮）"字始于何时呢？这一点史籍上无明文说明。然通观历史，似有迹象表明，"䜌"字被从虫写作"蛮"始于西周晚期。《毛诗·小雅·采芑》云："蠢尔蛮荆，大邦为仇……征伐玁狁，蛮荆来威。"《辞海》"荆蛮"条云："荆蛮即楚。周人敌视楚国的称呼。"《诗经·小雅·采芑》郑玄笺中提到"宣王"。表明在西周晚期宣王时，楚人曾无视周国的存在，敢与周人相抗衡。当周人兴兵北伐玁狁时，楚人竟敢从南方"来威"于周，于是引起周人对楚人的不满。于此，私以为在此以前，楚"蛮荆"中之"蛮"字一如当时的习惯写如"䜌"。其后，由于楚人"来威"于周，激起周人的不满，在无可奈何的情况下，遂将楚的族称"䜌荆"中之"䜌"字从虫写作"蛮"，以表示其对楚人的不满和仇视。"蛮"字从虫，且具贬义，似始于此。

在论证"蛮"字的来源时，必然涉及"南蛮"一词。到底"南蛮"作为族称始现于何时，其所指是什么民族呢？考虑到在《孟子》之前，无论是史籍还是金文，均未见有"南蛮"一词之迹，而《孟子》卷五云："今也南蛮鴃舌之人。"东汉赵岐注云："今此许行，乃南楚蛮夷，其舌之恶，如鴃鸟耳。鴃，博劳鸟也。"可见"南蛮"一词，始见于《孟子》，其所指是楚人，即蛮荆（越语译音，汉称荆蛮），其后才泛指南方少数民族[②]。历史上楚人因四处扩张，为周边民族所愤恨，所以书文中流露了对楚人的不满之情。

二、"蛮"字的含义

由于"蛮"字古代曾是我国四夷的泛称，民族关系比较复杂，所以

---

① 容庚：《金文编》四，第十三，商务印书馆，1939年。

② 另注一：主要是南方的越人。据《史记·南越列传》载，西汉初，原秦将赵佗于番禺（今广州）自立"南越国"，自尊为"南越武帝"，自号为"蛮夷大长"。此后，汉《礼记·明堂位》云，南方铜鼓的"任，南蛮之乐也"。由于有汉之《史记》《礼记》的话为先，此后各朝代所编之国史和各地方志书对"南蛮"一词悉照抄不误，遂致"南蛮"一词满天飞，贻害匪浅。

对"蛮"字的含义，历代学者多有探究。主要的论点如下。汉许慎《说文解字》云："䜌，乱也。一曰：治也。一曰：不绝也。从言、丝。吕员切。"《康熙字典》与《辞海》对此的解释与《说文解字》的解释基本相同。《中华大字典》[①]云："䜌，间员切，音挛，先韵，卢丸切，音鸾，寒韵，乱也，系也，理也。"又云："䜌，龙眷切，音恋，霰韵，言不绝也。"徐松石在其《粤江流域人民史》中亦云："䜌，乃蛮的古字，本来不是从虫的。古时南方只有语音而无文字，䜌字也不过是中原的人，把这些南方部落的语言译音而已。从言，表示南人都有言语。从系，表示南方发明蚕织之术。然而因为是译音，所以有䜌泯蒙闽苗麻曼慢蔓满芇瞒孟猛毛等种种的互译。"对从虫之"蛮"字，宋范成大在《桂海虞衡志·志蛮》"蛮"条中云："南方曰蛮。今郡县之外，羁縻州洞，虽故皆蛮，地犹近省，民供税役，故不以蛮命之；过羁縻，则谓之化外真蛮矣。"屈大均《广东新语·地语》"越"条引《风俗通》云："蛮，慢也，其人性慢，故又曰蛮越也。"

以上意见，笔者以为都是欠妥的。以范成大的"蛮说"而论，其说是以是否为封建统治阶级提供赋役为标准的，为封建统治阶级提供赋役的就不是蛮，否则就是"真蛮矣"。这完全是站在封建统治阶级立场上说话的，其谬论性不言自明。《广东新语》的"慢也"说，是从字音和人的性格上入手的，其说之非可想而知。对徐松石的论述，笔者看是正误参半。详言之，彼谓"䜌，乃蛮的古字……是南方部落的语言译音"，笔者认为这是对的，尽管他没有阐明是什么部落的语言。但其"蚕织"之说，笔者认为是错的，因为南方的土著、南方少数民族中人口最多的壮族其语言（不论是南部方言还是北部方言）对蚕桑、蚕树、蚕虫、蚕丝、蚕茧等名词均无本民族语词，现有的完全是搬用汉语的。所以，裴渊《广州记》云："（南方）蛮夷不蚕，采木棉为絮。"宋《太平寰宇记·岭南道》"土产"条云："（岭南地区）不宜蚕桑，惟绩葛种纻为衣。"明万历广西《宾州志·山川志》"上林县"条云："（广西地区）树不植桑，地不种麦。"清广西《百色厅志·舆地·风俗》云："（桂西）妇女以纺织为事，地无桑柘，独树棉麻。"《辞海》"蚕桑局"条云："光绪初先在河南设蚕桑总局，后湖

---

① 《中华大字典》（下册），中华书局，1978年，第2365页。

北、广西、江西等省相继设立,推广栽桑、养蚕、缫丝和织造等事业。"表明广西壮族及其先民——南越人历史上是不事蚕业的,远在"蠻"字出现的周秦时代的南方越人是否就有"蚕织"业了呢,这还是个问题。提到《说文解字》的解说,彼谓"蠻"字读吕员切音,笔者认为是对的。但其"乱也""治也""不绝也"之说,笔者认为是不对的。

那么,"蛮"字的真正含义是什么呢?从古音韵学上说,古"蠻"字应读 lun 音,月韵,与"越"字的古音(wat、wut、wet)相近,义与"越"同。而"越"字,据徐松石《泰族僮族粤族考》的考证乃"人"字之义。看来,《泰族僮族粤族考》的考证是对的。可资证明的是,广西壮族呼人也叫作 wun^2,也有叫 hun^2 或 kun^2 音者。此外,贵州布依语叫作 hun^2,海南临高语也叫作 hun^2,云南西双版纳傣语叫作 kun^2,云南德宏傣语叫作 kon^2,泰国泰语也叫作 kun^2。这些读音与上述"越"字的古音相近,含义也相同。这是就"越"字方面说的。从"蛮"字方面看,如《史记索隐·吴太伯系家第一》所言:"蛮者闽也,南夷之名,蛮亦称越。"是则古南蛮之"蛮"字亦应是"人"字之义。征之历史,如上引《毛诗·小雅·采芑》中之"蛮荆来威",文中"蛮荆",直译为"人荆",应意译为"荆人"或"楚人"。"蛮荆来威",可译为"荆人来威"。又如《后汉书·南蛮西南夷列传》中之"吴起相悼王,南并蛮越,遂有洞庭苍梧"。文中之"蛮越",意即"越人"。所以《史记·吴起列传》云:"南平百越。"再如《后汉书·南蛮西南夷列传》中之"九真徼外蛮里张游,率种人慕化内属"。对文中之"蛮里",唐人李贤注云:"里,蛮之别号,今呼为俚人。"可知"蛮里"即"俚人";蛮,人也。这都证明,上述蛮为"人"义之说是对的。此外,在我国的汉文中,以"蠻"字为首的字很多,如恋、栾、脔、銮、挛、鸾等。这些字的含义虽各不相同,但均发 lian 或 luan 音,且多属名词,无贬义。而"蛮"字,原写作"蠻",读 lun 音。历史上之所以一反常态将"蠻"字从虫写作"蠻(蛮)",不读 lun 音,而读 man 音,且有贬义,个中原因如前所说,乃周人对楚人的敌视导致的结果。后人移花接木,以周人对楚人的咒语"蛮"字来称呼我国南方的少数民族,使南方少数民族平白无故地被骂了 2000 多年,脸上被抹黑了 2000 多年,实在冤枉至极。在改革开放的今天,为了民族团结,该是翻这个历史旧案的时候了。对历史正本清源,还原历史的真面目，是民族、历史、考古研究者的天职！

三、蛮人的族属问题

上节曾经说过，"蛮"为古越语"人"称的汉译，为一越义汉音之词。那么，南方蛮人的族属是否与南方的越人有关呢？历史的回答是肯定的。

《逸周书》卷七《王会解第五十九》云："伊尹受命，于是为四方令曰：臣请……正南：瓯邓、桂国、损子、产里、百濮、九菌，请令以珠玑……为献。"晋人孔晁注云：上述之"六者，南蛮之别名"。可见历史上所称之"南蛮"，指的是我国正南方之六支越人：瓯邓（岭南两广地区之西瓯，亦称骆越）、桂国（贵州之鬼国）、损子（云南滇西一带之掸子）、产里（云南西双版纳之车里）、濮（湖北石首市南之濮国、"故濮人邑"之川南滇东地区及"百濮所充"之川南左绵巴中地区）、九菌（越南古九真郡之骆越，亦称瓯骆）[1]。

《史记·吴太伯世家》云："（吴）太伯之奔荆蛮，自号勾吴。荆蛮义之，从而归之千余家，立为吴太伯。"《史记索隐》卷十"蛮号句吴"条云："荆者，楚之旧号，以州而言之曰荆。蛮者闽也，南夷之名，蛮亦称越。"可见南夷中之"蛮人"也就是越。

《史记·孙子·吴起列传》云："南平百越。"而《后汉书·南蛮传》则云："吴起相悼王，南并蛮越。"则"蛮越"即百越。

《汉书·西南夷两粤朝鲜传》云："蛮夷中西有西瓯，其众半羸，南面称王；东有闽粤，其众数千人，亦称王。"蛮夷中有西瓯与闽粤（越），则蛮与越一也。

《国语·郑语》云："夫荆子熊严，生子四人……叔熊逃难于濮而蛮。"因为濮就是越[2]，所以楚子叔熊在逃到濮地之后就成了蛮人，可见历史上越也称蛮。

《后汉书·马援列传》云："援好骑，善别名马。于交阯得骆越铜鼓，

---

[1] 关于这六个名词的详细解释，可参阅《壮族百科辞典》编纂委员会：《壮族百科辞典》，广西人民出版社，1993年，第32、33页。

[2] 潘世雄：《濮为越说——兼论濮、越人的地理分布》，《中南民族学院学报》1986年增刊号（《百越源流研究专刊》）。

乃铸为马式，还，上之。"可知汉交趾郡为古骆越地之一。而《礼记·王制第五》云："南方曰蛮，雕题交趾，有不火食者矣。"同是汉交趾郡，既是南蛮之地，又是骆越人之区，信知蛮就是骆越。

《隋书·南蛮传》云："南蛮杂类，与华人错居，曰蜒、曰獽、曰俚、曰獠、曰㐌，俱无君长。随山洞而居，古先所谓百越是也。"可见"南蛮"人中之蜒人、獽人、俚人、獠人和㐌人就是百越。

《辞海》"文身"条引《左传》云："断发文身，古南蛮之俗如此。"大家知道，断发文身乃越人之风俗习惯，南蛮人也有这种风俗习惯，表明蛮人与越人不仅同源共流，且有着共同的风俗。

上述历史表明，古代南方之"蛮人"和"越人"是合二而一的，他们在历史上出现的时间虽有先有后，但民族地理分布和族称、人称则是统一的，很多地方往往既是"蛮人"之地，又是越人之区，住在那里的人民，时而被称为蛮，时而被称为越。所以，王鸣盛《十七史商榷》云："周秦以来，南蛮总称百越。"

综上以观，可知"蛮"字原写作"䜌"，读 lun 音，这是古越语"人"称的汉译，为一越文汉音之词，不从虫，也无贬义。后来的"䜌"字之所以被从虫写作"蠻（蛮）"，读 man 音，且有贬义，乃周人对楚人的敌视导致的结果①。"蛮"字既是古越语"人"称的汉译，则蛮的族系自当与越有关，史称"蛮亦称越"是也，是我国南方壮侗语族诸民族的先民。

第四节　关于西瓯与骆越关系的讨论：西瓯即骆越也

一、夜郎族属进一言——兼论骆越及其人的分布问题

《史记·西南夷列传》说："西南夷君长以什数，夜郎最大。"《汉

---

① 这里要说的是，经查明，正是由于周人对楚人的敌视，周人辱骂楚人为"蛮"（蛮荆），大大地伤害了楚人的感情，以致此事至今虽已近三千年了，但对生活于湖北武汉市的人（古楚人的后代）来讲，还是记忆犹新的，因而人们在日常生活的对话中"不服周"一语仍时有所闻，表明对于周人对楚人的辱骂，楚人思想上的不满之情是至为深远的。

书·西南夷两粤朝鲜传》也有相同的记载。可知夜郎为战国至西汉时期西南地区最大的地方侯国，其历史在西南地区的民族史中有一定的影响。

有关夜郎的族属问题，有的同志做了很多调查研究工作，提出了不少意见。他们认为夜郎国的主体民族和缔造者是濮族人、越族人[1]，也有认为是苗族人和彝族人的[2]。

后两种意见，笔者以为可能性甚小，原因是彝族是源于西北而后南下之氐羌人，非夜郎土著。至于苗族，史学家已指出，其与商周时期之髳人以及以后的古三苗有关，亦非夜郎土著。而夜郎国应系夜郎土著建立的，因而夜郎国的缔造者应在夜郎的土著民族中去寻找。至于前两种意见，那是在同志们视濮人与越人为不同源的情况下提出的，这样的看法，笔者以为值得商榷。如前文所述，古代的濮人和越人不是异源，而是同一族系。考虑到夜郎人在语言、族称、历史和地域上与岭南之骆越人的关系较密切，笔者认为古夜郎国的主体民族应系骆越人，古夜郎国应是骆越人缔造的。笔者这样说，是以如下资料为基础的。

（一）语言学资料

从语音特点上看，"夜郎"一词应系古越语"越骆"一词的译音，而"越骆"就是骆越的别称。《水经注》"温水"条说："骆越近刻讹作越骆。"其实这并非讹刻，而是骆越的倒译，是骆越的别称，是骆越语对其人的自称语词（按"骆越"一词应系被称，即汉称）。关于"骆越"一词的含义及其分布问题，笔者在拙作《对广西壮族源流问题的探讨》[3]一文中曾做如下探索：骆越中之"骆"字，又写作"雒"，古越语读如 lok，是"山麓"之义，骆越中之"越"字，是"人"的意思，合起来"骆越"一词与《交州外域记》所提之"雒（骆）田""雒（骆）民"，可联合解释为"垦食山麓里的田的人"。《水经注》引《交州外域记》说："交趾，昔未有郡县之时，土地有雒田，其田从潮水上下，民垦食其田，因名为

---

[1] 贵州省哲学社会科学研究所：《夜郎考》（讨论文集一），贵州人民出版社，1979年。
[2] 贵州省哲学社会科学研究所：《夜郎考》（讨论文集一），贵州人民出版社，1979年。
[3] 收入中央民族学院研究部论文集编辑组：《百越史研究论文集》（第一辑），1980年；又见于中国民族学研究会：《民族学研究》（第四辑），民族出版社，1982年。

雒民。"《资治通鉴·汉纪五·太宗孝文皇帝》引《广州记》也说:"交趾有骆田,仰潮水上下,人食其田,名为骆侯。"雒(骆)田即麓(lok)田,壮语叫作麓那(lok na),是"山麓里的田"之义;雒(骆)越即雒(骆)民,指的是"垦食山麓里的田的人"。既然如此,则骆越人分布的地区,不只限于交趾郡一地,整个岭南地区都是,因为岭南地区多属丘陵地带,山麓(山谷)较多,平原较少,农田多于山麓(山谷)间开辟而成,所以岭南地区多骆(麓)田,以骆(麓,lok)音为名的地名也很多,如广西邕宁之麓阳、麓况、麓觅、麓务、麓力、麓招、六强、陆平、乐勇,鹿寨之雒容、洛清、洛埠、鹿寨、六合、六座、六脉、六章、六往,百色之六马、六合、六居、六羊、六卜、龙川、龙细、罗甫、罗索,河池之六甲、六万、六角、龙怀、龙马、洛水,桂平之洛莲、六那、六肥、六厚、六怀、六南、六湾、六凤、罗播、罗秀、罗红、罗蛟、罗宜、罗容、罗兰,灵山之六额、六加、六华、六局、六安、六颜、龙渊、龙垌,苍梧之六妙、六堡、六埔、龙华、龙新、罗垌,全州之六合、六字、洛口、乐南;广东台山之六合、禄马,封州之六田,阳江之六羊,茂名之六双、渌汛,信宜之六岸、六亮,花州之六磊,南海之六境,高要之禄塘、禄步,四会之禄村,德庆之禄滚,云浮之禄源,海南岛之洛南、乐东、龙滚等。

上述意见,现在看来,还是对的。这里要补充的是,既然骆越是以"垦食山麓里的田的人"为名的,而骆(麓,lok)田又不只是在岭南地区有,岭南偏北的贵州夜郎地区也有,而且也很多,因为夜郎地属云贵高原地带,平原少而山地多,山谷也多,素有"地无三里平"之称,所以夜郎地也多骆(麓,lok)田。以"骆"(lok)音为名的地名也很多,如六枝、乐治、乐旺、乐园、乐里、罗甸、龙里、龙岗、龙场、陆坪等,且与岭南骆越地连成一片。据此,笔者以为贵州古夜郎地应属骆越地的一部分,夜郎人就是骆越人。

这一点,还可以从夜郎侯的名字得到证明。《史记·西南夷列传》说:"上许之。乃拜蒙为郎中将,将千人,食重万余人,从巴蜀笮关入,遂见夜郎侯多同。"从语音特点看,夜郎侯"多同"这个名字属越式人名。"多"与"都"音义相同,应发 tu 音,为古越语人称、人名或动物称冠词,前者如称老年人为都老,青年人为都南,媳妇为都僚,痴人为都昂,盲人为都仿等。征之历史,《史记·东越列传》说:"东越将多军,汉兵至，弃其军降，封为无锡侯。"《汉书·西南夷两粤朝鲜传》也说："吕嘉、建德以夜与其属数百人亡入海。伏波又问降者，知嘉所之，遣人追。故其校司马苏弘得建德，为海常侯；粤郎都稽得嘉，为临蔡侯。"《后汉书·南蛮西南夷列传》也说："明年夏四月，援破交阯，斩征侧、征贰等，余皆降散。进击九真贼都阳等，破降之。"同书《马援列传》也有相同的记载，所异者是，文中将"都阳"写成"都羊"。可见夜郎侯"多同"这个名字与多军、都稽、都阳（羊）一样都是越式的人名。

（二）历史学资料

《史记·南越列传》说："（赵）佗因此以兵威边，财物赂遗闽越、西瓯、骆，役属焉。"《史记索隐·南越列传》引《广州记》云："交阯有骆田，仰潮水上下，人食其田，名为'骆人'。有骆王、骆侯……后蜀王子将兵讨骆侯，自称为安阳王，治封溪县。后南越王尉佗攻破安阳王，令二使典主交阯、九真二郡。人寻此骆即瓯骆也。"《汉书·西南夷两粤朝鲜传》也有相同的记载，颜师古曰："西瓯即骆越也，言西者，以别东瓯也。"可见岭南西部之交阯、九真二郡古为骆越地之一。然而《后汉书·安帝纪》则说：永初元年（107年），"九真徼外夜郎蛮夷，举土内属"。同书《南蛮西南夷列传》"南蛮"条也说："安帝永初元年，九真徼外夜郎蛮夷，举土内属。"同书《循吏传》"任延"条又说：九真"徼外蛮夷夜郎等慕义保塞，延遂止罢侦候戍卒"。这说明岭南西部之交阯、九真二郡的骆越人也有自称为夜郎的。《夜郎考》说，岭南西部九真之夜郎人是贵州夜郎国人因战争等原因被迫南下至九真的结果。笔者不排除夜郎、九真间的骆越人因某种原因而互有往来的可能性，但为数不会很多，不会因此而将九真郡之骆越人改称为夜郎人。之所以这样，乃因"夜郎"为"越骆"的谐音，是骆越的别称之故。另外，《异物志》在记录夜郎境内的山川景物时，说夜郎："其山，在海中，小而高，似系船筏也，俗人谓之越王牂舸……"明李攀龙《送刘员外使黔中》诗也说："牂舸万里越王台，北眺中原秋色来。江嶂忽分三楚断，海天不尽百蛮开。"历史表明，古夜郎地为越人之地。

（三）地名学资料

地名是人们给地方安上的名字。不同的地区，不同的民族，有不同的语言和风俗，也有各自不同的地名，因此，地名是具有鲜明的地方特点和民族特色的。通过对有关地名的研究，不仅有助于我们对地方情况的了解，也有助于我们对地方民族历史的了解。打开《中国古今地名大辞典》和《中国地图册》就会发现，以越、粤、夜、云、允、温、宛、广、光、恭、且、者、秭、紫、古、姑、孤、九、久、高、翁、雍、瓮、乌、武、无、都、多、杜、雒、洛和南等字音为名的历史地名，不只在素被称为百越地的东南沿海地区和岭南地区有，在岭南偏北的贵州夜郎地区也有，如夜郎国、夜郎县（汉置）、云阳坪、云都、云务、允州（宋置）、宛温县（汉置）、广顺县（元置）、恭溪长官司（元置）、且兰县（汉置）、者和塘、者述镇、者香塘、者贡汛、者密、者玉、者相、紫云县、古福河、古顿、姑开、九杵山、九仟、九潮、高州（宋置）、高坎塘、高酿场、高青、翁昂、翁招、翁奇、瓮安县（明置）、瓮洞场、瓮蓬洞、瓮城关、乌江、乌罗长官司（元置）、乌壆司、武陵山、都上县（隋置）、都匀府（"匀"一作云，元置）、都素司（元置）、都乐县（唐置）、都濡县（唐置）、多田县（唐置）、洛泽河、洛央镇、南尹州（唐置）、南明河、南嘉堡、南笼县等是。以上有关地名的来源和含义，因篇幅关系，不拟在此详谈。这里要说的是，这些地名从语音特点上看，似不是汉语地名，而应是古越语的，如洛泽河之"洛泽"、洛央镇之"洛央"，与广西地区常有之麓阳、麓况、麓力、雒容、洛清、洛都县（唐置）、洛曹县（唐置）、洛富县（唐置）等地名一样都是由骆（雒）越语中之"骆"（雒）音派译出来的，是名副其实的骆越语地名，是因骆越人的居住而得名的（因人名地）。考虑到骆（雒）越为百越中的一支，所以上述地名以简称越语地名为宜。

（四）考古学资料

马克思在阐明考古学资料在历史学中的作用时说："研究古动物身体组织，必须研究遗骨的构造；同样，研究古社会经济组织，也不能不研究劳动手段的遗物。"[①] 打开考古学资料，就会发现古夜郎地和百越地的古代文化有许多雷同之处。

---

① 田磊：《〈资本论〉（第一卷）郭大力、王亚南译本考》，辽宁人民出版社，2021年，第129页。

（1）原始生产工具形制与陶器纹饰特点。考古资料表明，东南沿海和岭南越人区的古文化遗址出土的器物以有肩、有段、有孔石器和几何印纹陶器为特征，而这些遗物，在贵州夜郎故土中也有发现，而且为数不少，如威宁、水城两地的古文化遗址出土的38件石锛中，有段石锛达11件；平坝飞虎山遗址出土的夹砂陶片也有以弦纹和波浪纹为饰者①。

（2）青铜器特征。《越绝书》说，东越人善铸青铜器。西越人的青铜冶炼技术也是很高的，西越地区出土很多具有浓厚地方特点的南方古铜鼓和青铜短剑、青铜錞于、胄、钺等就是证明（图11-19～图11-21）。值得注意的是，这些富有越族文化特征的遗物，在贵州夜郎故土中也有发现②。更可贵的是还发现了较多的早期铜鼓③。

图11-19　兽面纹青铜胄（战国）
（江西省博物馆藏）

图11-20　蛙纹铜钺

图11-21　酗亚铜钺

---

① 李衍垣：《夜郎故地上的探索》，贵州人民出版社，1980年。
② 李衍垣：《夜郎故地上的探索》，贵州人民出版社，1980年。
③ 宋世坤：《贵州赫章可乐"西南夷"墓族属试探》，《贵州民族研究》1979年第1期。

（3）干栏式陶屋[①]。"干栏"又叫作"麻栏""高栏""葛栏""阁栏"等，均系越语干栏（读 konlan 音）一词的译音，译成汉语是"在屋上面"的意思。为什么这样叫呢？大家知道，现代的房屋是在地面上建造的，室内地面与室外地面在同一水平线上，所以生活中每有"在屋里面"之说。古代的南越人，由于地理环境关系，房屋常高筑于地面之上，室内地面均高于室外地面，这样，生活中就不宜用"在屋里面"之说，应说"在屋上面"，而这个词，古越语就叫作"干栏"（读 konlan 音）。考古资料告诉我们，干栏式陶屋是一种明器，在贵州清镇汉墓中也有出土[②]，其形式与岭南各地汉墓出土的相同。

（4）岩葬。古岩葬又叫岩墓、崖洞葬、悬棺葬、船棺葬。从葬式特点上说，此类墓葬应叫岩葬为宜。我国岩葬的族属问题，意见尚有分歧。笔者以为这是古布越人的葬俗遗迹[③]。而这些遗迹，在贵州夜郎地区也有发现，而且为数不少[④]。

上列之语言学、历史学、地名学、考古学资料表明，古夜郎人与百越人中之骆越人有着同一的语言、地域、历史和风俗。笔者以为古夜郎人与骆越人是有渊源关系的。实际上，夜郎就是"越骆"的谐音，是骆越的倒译，是骆越的别称，是骆越语对其人的自称语词（骆越是汉称）。所以骆越人乃系古夜郎国的土著，是古夜郎国的主体民族，是古夜郎国的缔造者。

二、壮族源流问题浅识

有关广西壮族源流问题，民族史学界迄今未取得一致意见，大体说来

---

① 潘世雄：《干栏考》，《百越史研究》，贵州人民出版社，1987年，第325~333页；《干栏考》，《广西民族历史与文化研究》（第三辑），广西人民出版社，1989年，第87~94页。

② 李衍垣：《夜郎故地上的探索》，贵州人民出版社，1980年。

③ 潘世雄：《对岩葬几个问题的探讨》，《民族学研究》（第四辑），民族出版社，1982年，第186~191页。

④ 康健文：《贵州悬棺葬族属渊源初探》，《贵州社会科学》1981年第3期。

有三种看法：第一种认为是土著[①]；第二种认为是外来的[②]；第三种看法介于前两者之间，认为壮族是土著的民族，但又有外来民族的成分[③]。现在看来，第一种看法似占多数，但里面又有分歧，较多的人认为古代岭南西部地区有骆越与西瓯两个同时并存而又不同支系的越人，壮族是由这两支越人发展而成的[④]。另有一些人认为壮族渊源于骆越，与西瓯人无关[⑤]；相反，又有一些人认为壮族只来源于西瓯，与骆越人无关[⑥]；还有一些人认为"壮族是古代百越各支系，经长期的历史发展逐渐形成的"[⑦]。

上述各种看法，笔者认为都是值得商榷的。在笔者看来，"骆越论"是可以考虑的，但因该论点没有解决在岭南地区曾一度出现的西瓯人的去向问题，不能不令人产生这样的疑问：骆越人是壮族的先民了，西瓯人怎么样，它是哪个民族的先民呢？这个问题的存在，不能不使人对此论点产生某种怀疑。反过来，"西瓯论"也是这样。至于"骆越西瓯论"，由来已久，有相当的影响，好多人都接受这一观点。说实在的，过去笔者也曾接受过这一观点，并进一步认为秦平南越后所设立的象郡为骆越人的分布地区，桂林郡为西瓯人的分布地区；后来，象郡的骆越人发展成为操南壮方言的壮族和与南壮方言比较接近的壮傣语支各民族——傣族、布依族，桂林郡的西瓯人发展成为操北壮方言的壮族和与北壮方言比较接近的侗水语支各民族——侗族、水族、仫佬族、毛南族。随后经深入思考，觉得这论点有问题，于是笔者不仅摒弃了他人的意见，也否

[①] 徐松石：《粤江流域人民史》，中华书局，1939年；黄现璠：《广西僮族简史》，广西人民出版社，1957年；黄臧苏：《广西僮族历史和现状》，民族出版社，1958年。
[②] 白耀天：《僮族源流试探》，《史学月刊》1959年第6期；梁钊韬：《西瓯族源初探》，《学术研究》1978年第1期。
[③] 翟念劬：《从广西历史看成立广西僮族自治区》，《广西日报》1957年1月22日第3页。
[④] （宋）周去非：《岭外代答》。
[⑤] 黄臧苏：《广西僮族历史和现状》，民族出版社，1958年。
[⑥] 广西少数民族社会历史调查组：《关于僮族历史若干问题的讨论》，内部资料，1962年。
[⑦] 中央民族学院研究室：《中国少数民族简况·壮族》，民族出版社，1974年，第1页。

定了自己先前的看法。如今，笔者认为古岭南地区根本没有骆越与西瓯两个同时并存而又不同支系的越人，只有一支越人，那就是骆越人，"西瓯"是骆越人的别称，是骆越人在不同历史时期一度出现的不同族称；广西壮族是广西的土著民族，来源于骆越人（当然是西瓯人——下同），是骆越人的后裔之一。笔者这样说，并不排除在广西壮族源流中有外来民族成分的可能性，因为正如列宁所说的"只要各个民族住在一个国家里，他们在经济法律上和生活习惯上便有千丝万缕的联系"。我国是个多民族的统一国家，岭南是多民族的地区，各民族之间产生某种融合现象是很自然的，但这不是源流的主流，源流的主流应是骆越人。现在我们要探讨的是主流方面。今从考古、语言、历史三方面来探讨这个问题。

（一）考古方面

在广西，已发现的旧石器时代古人类有"柳江人"和"麒麟山人"，此外在柳州市郊的白莲洞，柳江区的陈家岩、思多洞，崇左市的矮洞，百色市的上宋村，桂林市的东岩洞，荔浦县的水岩东洞，都安瑶族自治县的干淹岩等地，也发现了旧石器时代的文化遗存。新石器时代文化遗址分布很广，遍及全区各县市，有些县市达五六十处，说明在距今50000～6000年前的旧石器、新石器时代广西各地已有人类活动。而与此同时，从未发现有任何迹象说明这些古人已经外迁或灭绝了，证明这些古人自古以来都劳动生息在广西。据研究，"柳江人"是形成中的蒙古人种，身材相当矮小，"眉嵴相当粗壮，额部稍向后倾斜。面部短而宽，眼眶也相应地矮而宽……颧骨较大而前突。鼻骨低而宽,鼻梁稍凹"[①]。新石器时代的桂林"甑皮岩人"的体质与"柳江人"非常接近[②]。广西壮人也属蒙古人种，身材不甚高大，面部颧骨较高，深目，鼻梁较低，唇稍厚，与"柳江人"颇相类似，表明壮人与"柳江人"和"甑皮岩人"有一定的继承关系。

这一点，下列的考古学和民族学资料可以佐证。

---

① 吴汝康：《广西柳江发现的人类化石》，《古脊椎动物与古人类》1959年第1卷第3期。

② 张银运、王令红、董兴仁：《广西桂林甑皮岩新石器时代遗址的人类头骨》，《古脊椎动物与古人类》1977年第15卷第1期。

（1）石锹[①]与铁锹。在广西南部、西南部的壮族地区或壮汉杂居区中，曾发现很多双肩石斧和双肩石锹，并发现了石锹的制作场地。值得注意的是，此地民间至今仍大量地保存并使用一种叫铁锹的生产工具。它由锹柄、锹盘、锹口三部分组成，前两者是木质，相连在一块，是原有的，后者是铁质，显然是后来在进入铁器时代以后附加上去的。除掉锹口，余下的锹盘和锹柄与出土之石锹完全一致，证明现代铁锹是由古时的石锹演变过来的，说明壮人与新石器时代的石锹的制作人不无关系。

（2）干栏式建筑。据考古报道，在南方的新石器时代遗址中，常发现干栏式的房屋遗址[②]。广西汉魏时期的墓葬中干栏式陶屋出土很多。另外我们看到，壮族地区老人去世，次年给死者"烧衣"（壮话叫"窒衣"，窒读 jad 音），其中必有一座用纸扎成的干栏式房屋模型。壮族地区的干栏式建筑比较普遍，不仅山区有，平原地区也还有，是为适应江南自然地理环境而产生的民居建筑（图 11-22）。所以，《博物志》云："南越巢居。"《岭外代答·风土门》"巢居"条云："深广之民，结栅以居，上设茅屋，下豢牛豕……无乃上古巢居之意欤？"《泰族僮族粤族考》第七章引《通志》云："獠者，盖南蛮之别种……依树积木，以居其上，名曰干兰。"历史学家已经指出，干栏式建筑是由古巢居发展而来的。安志敏同

图 11-22　广西东兰壮族的第二代干栏式建筑
（第一代干栏式建筑在都安石山地区还有，它是茅盖、泥草糊墙，楼梯是用藤条捆扎成的木条，房下矮脚，用木条围养牛羊猪等）

---

① 石锹壮语叫"苏吞"，苏指锹，吞指石，苏吞即"石锹"，也就是所谓石铲。
② 安志敏：《"干兰"式建筑的考古研究》，《考古学报》1963 年第 2 期。

志认为,"干兰"式建筑是"长江流域及其以南地区的土著建筑形式"①。笔者认为干栏式建筑起源于"九疑之南"的温水流域。"干栏"一词译自南方的越语,今广西壮语还保有此语词("干栏"是"屋上面"的意思),就是一个证明。

(3)二次葬。二次葬又叫拾骨葬、捡骨葬。考古发掘证明,新石器时代的"甑皮岩人"在葬式上多行屈肢蹲葬,也有行二次葬的②。广西汉墓也有行二次葬的③。从有关考古学、民族学资料和历史记载来看,古代南方的越人也行二次葬。至今,广西壮族地区二次葬之风仍很盛行,壮族的这种葬俗与上述古人的葬式,不能说是没有关系的。

(4)桂无马。在广西,古生物化石种类繁多,从巨猿大象到犀牛野牛,从虎豹野猪到巨貘熊猫,无一不有,但马类很少,在古文化遗址中,各种动物遗骨都有,就是没有马类。古墓葬的遗物很多,有铜器、铁器、金器、陶器。陶器中有屋、仓、井、牛、羊、猪、狗、鸡、鸭,还有鸡笼、牛车等,唯独没有马(图11-23)。这些考古材料证明先秦广西无马。广西的马是后来从中原地区和西南部地区输入的,直到宋代(甚至明代)还是这样④。所以有俗语说:"黔无驴,桂无马。"因其如此,所以壮语中"马"一词是借汉语的现成词,无本民族语词。广西壮语的这方面情况与广西历史相一致。

(5)其他生活习俗。根据历史的记载,古代南方越人有断发文身、不火食、食蝉蛇之风,又有善卜、尚巫、好歌、喜浴、善铸青铜器和好用铜器之俗。而这些,在广西壮人中都有所体现,如以文身为美,爱食鱼生肉生、鱼鲊肉鲊,善食蛇肉,崇尚多神,喜唱山歌等。以上种种,表明壮族为广西的土著民族,他们自古以来都劳动生息在广西。

在解决了"土著"的问题以后,我们应进而讨论骆越人与西瓯人的关系问题。这问题可以从语言和历史两方面去认识。

---

① 安志敏:《"干兰"式建筑的考古研究》,《考古学报》1963年第2期。
② 广西壮族自治区文物工作队、桂林市革命委员会文物管理委员会:《广西桂林甑皮岩洞穴遗址的试掘》,《考古》1976年第3期。
③ 广西壮族自治区文物工作队:《广西西林县普驮铜鼓墓葬》,《文物》1978年第9期。
④ 《汉书》卷九十五《西南夷两粤朝鲜传》《岭外代答》《桂海虞衡志》等。

图 11-23　东汉时期的陶模型明器
1. 干栏式陶仓（东汉晚期）　2. 陶屋（东汉）　3. 方口陶井（汉）
（2017 年 10 月 23 日，摄于广西合浦汉代文化博物馆）

（二）语言方面

从语言方面看，前面已经提到，壮族来源于骆越，是骆越人的后裔之一。语言是一种特殊的社会现象，有很大的稳定性。因此，壮语也必与古骆越语有关，并应保有古骆越语的基本特征。通过对壮语有关问题的了解，我们可以看到古骆越语中的一些情况，这是研究南方越史不可缺少的一环。看来，"骆越"与"西瓯"两语词，乃系古越语的译音，其来源和关系如下。

1. 骆越

有关骆越人的历史，史籍上屡有记载。《逸周书·王会篇第五十九》

说："路人大竹。"又云："南人至，众皆北向"。该书的注释即说："路，音骆，即骆越。"①《越绝书·越绝外传本事第一》云："越者，国之氏也。"《水经注》引《交州外域记》说："交趾，昔未有郡县之时，土地有雒田，其田从潮水上下，民垦食其田，因名为雒民。"《史记索隐·南越列传》引《广州记》说："交趾有骆田，仰潮水上下，人食其田，名为'骆人'。"徐松石在《泰族僮族粤族考》中指出，越与粤，古音读如wut、wat、wet，"是古代江南土著呼'人'的语音"，广西壮语谓人为云，也有译作温、稳、允、尹或郁音者。这些字音，壮话与粤方言的读音基本相同，与徐松石所说的wut、wat、wet音基本相同，可知骆越即"骆人"之义，与《交州外域记》所载的"骆民"同义。骆越与"骆田"有关，而骆田又与"骆"有关。如果弄清骆字的来源和意义，骆田和骆越也就随之清楚了。

从壮语方面说，骆字有两解。

骆田，以《广州记》和《交州外域记》论，好像交趾近海处能仰潮水上下以耕种的地方才有。实际并非如此。《旧唐书·地理志》引《南越志》载平道县也有骆田。平道县在今越南永福省福安东南，其地距海几百里，说明骆田不是因为仰潮水上下而名。今老挝的佬族称为"laolum"，意即住在谷地的老挝人。谷地老挝人属泰佬族系，与壮族操同一语支的语言，"lum"近"骆"音，骆即"谷地"的意思。唐刘恂《岭表录异》卷上说："新（广东新兴县）、泷（广东罗定市）州山田，拣荒平处，钮为町畦。伺春雨丘中聚水，即先买鲩鱼子散于田内。一二年后，鱼儿长大，食草根并尽。既为熟田，又收鱼利。及种稻，且无稗草。"这种山田，可说是岭南典型的"山田"，随处有之。"骆田"或正是此种"山田"的越语音谓。在今壮语中，对山冲、山沟地带，统称为"六"（读 lok 音），骆音近六。岭南地区多为丘陵地带，山沟、山冲较多，农田多于山麓间辟成，故岭南越地多骆地②、骆田。是骆即六，是"山麓"的意思，骆田即六田，是"山麓间的田"的意思，骆越的骆人是

---

① 莫杰：《古代的南宁》，《学术论坛》1978 年第 1 期。
② 见广西壮族自治区测绘局：《广西地图册》有关的材料，成都地图出版社，1998 年。

"耕种骆田的人"的意思，是因地名人的。故今桂北、桂南地区的壮人常被称（或自称）为"布峎"（峎人）。

这么说来，"骆越"一词即是"骆人"（即耕种骆田的人）的意思。"骆越"一词，从词句的结构上看，似应系被称（即汉称）语词，其自称应为"越骆"，直译即为"人骆"（人垦食骆田的），因为和汉语相比较，壮语的语词上下语音常是倒置的，壮语是这样，古越语也不会例外。《水经注》"温水"条说："骆越近刻讹作越骆。"笔者认为这并非讹刻，而是骆越语对其人的自称语词。

岭南，骆越一名消失以后，东汉魏晋以降，俚僚一名相继出现。提到俚僚，史籍常将它看作南方两个同时并存而又不同族属的民族[1]，笔者认为僚与骆音比较接近，僚应是骆的转音，也是"山麓"的意思。对于"俚"，曾有人认为："'俚'当时是聊、赖、粗、俗之意。"[2] 现在看来，这意见虽言之有据，但那个"据"是望文生义的，不足以信。此外还有人认为："雷俚与黎，远古殆同音也……俚与黎音读，原出于雷。"而"黎"，《宋会要辑稿16·蕃夷五·黎峒》云："俗呼山岭为'黎'，居其间者号曰黎人。"《太平寰宇记·儋州》"风俗"条亦云："俗呼山岭为黎，人居其间，号曰生黎。"于是俚遂被认为与"山岭"有关，其人称（俚人）是因"山岭"而得名的[3]。笔者以为这个意见也是不对的，从广西壮语方面看，所有的土山泥岭统称为"堆"，石山称为"岜"，对土岭石山，从不叫"俚"音。在广西壮语中"俚"音是有的，其所指有二：一是指山沟，凡两山岐之间因流水冲刷而形成的深沟，均谓"俚"（应写作浬）。这些山沟，有大有小，长短不一，有些山沟常年有涓涓流水，而多数是雨时有水晴时干涸，如广西兴安县北百里村之"百里"和田林县城乐里镇之"乐里"就是。从地名特点上看，这两个地名应为古越语地名，百是"口"，里是"山沟"，百里即"山沟口"之义；乐即"麓"（山麓）之谐音，乐里即"有山沟的山麓"之义。现在我们看到的百里村就在兴安县北越城岭东坡山脚一山沟口外，乐里镇前临小河，后枕大山，在两

---

[1] 《隋书》卷八十二《南蛮传》。
[2] 张雄：《六朝以来岭南"俚"人的若干问题》，《广西民族研究》1985年第1期。
[3] 罗香林：《海南岛黎人源出越族考》，《青年中国季刊》（创刊号）1939年第1期。

山之间正有一条较深的山沟流向乐里镇。二是指圃地（包括旱地畲地在内），如广西荔浦县之"荔浦"和贵州荔波县之"荔波"就是。从地名特点上看，这两个地名也属古越语地名，荔为俚之谐音，指的是圃地，浦、波二字与广西土俗字的"沛"字音义相同，指的是水井。可资证明的是，据贵州《荔波县志》载，荔波县城旧有书院一间，但该书院不以"荔波"为名，而以"荔泉"名之，叫作"荔泉书院"，说明荔波的"波"字，指的是水井。这两个地名直译是"圃井"，应译作"近水井的圃地"，是因井名地的地名。如果这分析不误，则古俚人被称为"俚"，并非出自"俗呼山岭为黎"问题，而是从古俚人的居住地和垦耕地的特点出发的，因为岭南地区多为丘陵地带，平原少而山地多，世居岭南的古俚人"多居山陆"，人们常依山傍水结寨而居，生产中虽也垦耕麓（骆）田，但垦植旱地作物尤多，这是南方山地民族的生产特点。这也说明，古俚僚人在居住地和生产上有其共同性，所以俚与僚在历史上常是被混称的，并且常是同时出现的[①]，至明清时代，随着僚融合于"狼"，俚也随之而消失。

"狼"的名称来源：历史上有所谓"饕餮血食，腥秽狼藉，因以狼名"[②]和"猎山而食，卧惟藉草，狼藉居室中，是名狼也"[③]之说，这都是侮辱之词，当然是错误的。有人引《炎徼纪闻》说，"狼"与僚人的头人"郎火"有关，和僚有密切的关系。说"狼"和僚有密切的关系是对的，"狼"与"僚骆"音就很近，"狼"应是"僚骆"的转音，也是"山麓"的意思。从壮语方面看，"郎火"不是对头人的称呼词，《炎徼纪闻》所提的"郎火"，恐不是指头人，而是骆僚之称的音变，也是"山麓"的意思。《粤西丛载》卷二十六说，广西"一省，狼人居其半，其三猺人，其二居民"。《粤西偶记》更说："狼人者……粤西诸郡，处处有之。"[④] 据史载，骆越人除了少部分受马援所迫迁湖南外，未见有北徙的，历来居地比较稳定。一地之居民在不同的历史时期出现不同的称谓，而其成分未见有什么变动，后称必是沿前称而来，所以我们说"狼"即骆越俚僚的后称。

---

① 《南史》之《兰钦传》《欧阳頠传》。
② 《浔州府志·狼人》。
③ 《兴业县志·风俗篇》。
④ （清）陆祚蕃著：《粤西偶记》，叶 13B 面，叶 14A 面，影印本。

通过上面的讨论，我们看到俚僚和"狼"乃是骆越人在东汉以后的不同历史时期出现的不同族称，它们之间有密切的继承关系。"狼"以后就是壮，《皇清职贡图》卷四"灵山县獞人"条说："灵山县獞人本广西狼兵。"[1]表明壮族与骆越俚僚和"狼"有密切的渊源关系。

2. 西瓯

"西瓯"是什么意思？古考证家颜师古说："西瓯即骆越也，言西者以别东瓯也。"[2]笔者认为颜师古的考证是对的。但为什么叫"瓯"，"瓯"字是什么意思？这点颜氏没有说明。刘师培在《古代南方建国考》[3]中说："瓯以区声，区，为崎岖藏匿之所。从区之字，均有曲义，故凡山林险阻之地，均谓之瓯，南方多林木，故古人均谓之瓯，因名其人为瓯人。"[4]刘氏此说的依据是什么，未得而知。我们知道，广西壮语对"崎岖藏匿""山林险阻"和"多林木"等语词，均无"瓯"音。但在壮语中"瓯"音是有的，而且用得很普遍，其所指有二：一是名词，对较小的饭碗均谓之"瓯"，火烟也叫"瓯"。而值得注意的是，中文之"瓯"字读 ou 音。此音除瓯字外还有"欧""殴""沤""呕"等字。中国人有以欧为姓者。但古西瓯之 ou 音，自古及今从不用"欧"字，也不用"殴""沤""呕"字，而是用"瓯"字。而"瓯"字，《辞海》"瓯"条云：对"盆盂一类的瓦器"均谓之瓯。说明西瓯之"瓯"字，指的是陶瓷器。所以古越国的故土浙江温州地区的越语对"碗、盆、罐等陶瓷器皿"也叫作"瓯"。由于温州江两岸有许多烧制"瓯"器的古窑址，所以温州江也被称为"瓯江"。在温州地区，"不仅江水和'瓯'字连在一起，大海也和'瓯'字结了不解之缘"，甚至连温州地区所出的土特产也均冠以"瓯"字称之，如"瓯窑""瓯剧""瓯柑""瓯绣""瓯塑"……总之，"许多美好的事物都和'瓯'字连在一起……温州和'瓯'真是血肉相连啊！"[5]二是动词，其

---

[1] （清）傅恒等：《皇清职贡图》，辽沈书社，1991年，第362页。
[2] 《汉书》卷九十五《西南夷两粤朝鲜传》。
[3] 刘师培：《古代南方建国考》，《国粹学报》1907年第30期。
[4] 黄现璠：《广西僮族简史》，广西人民出版社，1957年，第4页。
[5] 林承兴、尹均骅、宁茂华：《东瓯缥瓷绽新花》，《浙江名产趣谈》，中国旅游出版社，1983年，第80页。

意义一如汉语中的要与不要的"要"字,如说"要什么东西"为"瓯僧","要某种东西"为"瓯烘","不要"为"咪瓯"。此外吃饭说"添饭"叫"瓯苟"(收割稻子也叫瓯苟),"要菜"叫"瓯北","采摘果子"叫"瓯麦","娶媳妇"叫"瓯僚","娶妻"叫"瓯雅",中华人民共和国成立前说"买田买地"叫"瓯那""瓯荔"。总之,壮语中的"瓯"音很多,遍及生产生活各方面。壮语是这样,古越语也不会例外。

何以古越语中的地名和动词被用作民族的称谓?这大概是因为古代南越人的社会经济文化比较落后(对中原地区而言),只有民族的语言而无民族的文字,对汉语言文字又不甚精通(汉族人士对南方越语更是不懂,所以历史上曾有"重译乃通"和"异服殊音不可亲"的记载),不能用汉语言文字来表达自己的意思和民族称谓,在此情况下,其他民族(主要是汉族)对越人的称呼只好以其语言中的某个语音或语词为代表。由于骆、瓯等语音在南越人的日常生产生活中用得较多而且普遍,时间长了,这些语音遂先为其他民族所熟悉,从而成为其他民族对南越人称呼的代词。据《逸周书》的记载,周秦时代,人们常称东南沿海的越人为瓯人、且瓯、沤深、越沤,称岭南的越人为路人、瓯邓和骆越①。大概是因为这样的称呼过于繁杂不清吧,后来人们才将原来的人称与越人所在的地理位置结合起来称呼,将分布于东南沿海的越人称为"东越"和"东瓯"②,将分布于岭南的越人称为"西越"③和"西瓯"④。顺便说一句,古南海郡的南越人并非有别于骆越,是南方越人的另一支,而是南方(岭南)越人的简称,有如"南蛮"是对古代南方少数民族部落群体的简称一样。古南海郡的南越人应属于西瓯(西越),与骆越人有密切的关系,因为在南方的百越人中间以"瓯"音为名的只有东瓯和西瓯,东瓯指东越,素不包括南越,所以南越应属于西瓯(西越)。这些族群称谓本为被称,但时间长了,连越人自己也跟着叫起来了,被称变成了通称。

这种以民族语言中的某个语音或语词作为民族称谓的情况,不独古

---

① (南朝)顾野王:《舆地志》。
② 《史记·东越列传》。
③ 《百越先贤志》《粤西丛载》《武鸣县志》。
④ 郭璞注《山海经》《舆地志》。

代的越人为然,近古以来在南方的汉民族中也还有。例如,散居江南各地的客家人是从中原地区南迁的汉人,其之所以被称为挨人、麻该人,还有挨话、麻该话,挨地、麻该地,皆是在客家人的语言中"挨"和"麻该"("我"和"什么"的意思)两语词在日常的生产生活中用得较多而普遍导致的结果。按,又如桂北柳城县一带操土拐话方言的土拐人(志书上均记作"土拐",今从之),其之所以被称为土拐人,有土拐话、土拐地,就是土拐话中有"独格"("游荡"的意思)一语导致的结果。独格与土拐音极相近,土拐应是独格的转音,也是"游荡"的意思。再如钦州市平吉、清塘一带的旱涝人也是。现在的旱涝人均自认为汉族,但人们常不以汉人称之,而称之为旱涝人,有旱涝话、旱涝地。为什么这样称?原来这些旱涝人操的是壮语,属南壮方言,如说吃饭为"君苟",晚饭为"君今",水为"谂",手为"梅",头为"柳",眼为"他",田为"那",犁田为"提那",我为"姑",我们为"流",我们的为"红流"或"翁流"。不难看出,"旱涝"与"红流"或"翁流"读音是较为相近的,"旱涝"似是由"红流"或"翁流"衍化而来的,其音与乌浒一音甚为相类。壮族历史上曾有人称为"乌浒",或就是由此转化而来的。近古的汉族尚有这样的情况,至于较汉族为落后、只有民族语言而无民族文字对汉语言文字又不大通晓的古代越人,情况更是这样了。

(三)历史方面

我国历史关于所谓西瓯和骆越的记载不少,《史记·赵世家》记赵武灵王的话有:"夫剪发文身,错臂左衽,瓯越之民也。"《汉书·南粤王传》在提到南方的越人时说:"蛮夷中西有西瓯,其众半赢,南面称王。"然而,同为一事,《史记·南越列传》却说:"其西,瓯骆裸国亦称王。"可见《汉书》的西瓯,即《史记》的"瓯骆裸国"。另外,顾野王在《舆地志》中说:"交阯,周时为骆越,秦时曰西瓯。"《史记索隐·南越列传》指出:"交趾九真二郡,人寻此骆,即瓯骆也。"这些都道出了汉时人甚至降及隋唐之际的人都是将"瓯骆"合为一体,瓯骆是一族之称。可是,自唐李吉甫《元和郡县图志·贵州下》点明"本西瓯骆越之地"后,后晋刘昫撰写的《旧唐书·地理志》进一步推波助澜,于"党州下"条指出"古西瓯所居",于"宣化"条说明是"古骆越地也"。这将唐以前所称的"瓯骆"强拆为二，不知其以何为据，反正将"瓯骆"拆而为二者从五代人始。如果说唐李吉甫的"西瓯骆越"给人以可"一"也可"二"的模糊认识，那么《旧唐书》则成了将"瓯骆"一分为二的"始作俑者"。可见骆越与西瓯在民族实体方面是名异而实同的。因其如此，所以古考证家颜师古就说："西瓯即骆越也，言西者以别东瓯也。"① 今人林惠祥在《中国民族史》中也指出，岭南之"骆、越亦称瓯越或西瓯"②。对颜林二氏的考证，虽然有人持怀疑或否定的态度，但笔者认为这是对的，这也是笔者的结论。正因为是这样，故秦平南越，史籍上只提西瓯，没有提到骆越③，这并非由于秦军未进入骆越地，而是因为"西瓯即骆越也"。有些同志由于忽略了骆越与西瓯两族群称谓的由来及发展情况，无法理解它们之间的关系，对上述史料感到迷惑不解，于是将历史上曾一度出现的不同族称（骆越、西瓯）视为两个不同的族群，认为岭南地区为西瓯人所居，至邕宁区以南才是骆越地④，或者认为在柳江以东、衡阳以南为西瓯地，柳江以西、南宁以南为骆越区⑤。对这些意见，笔者有所疑问。

（1）既然南宁以南为骆越地，何以《史记索隐·赵世家》《汉书·贾捐之传》等书又称古交趾、九真、珠崖、儋耳诸郡是西瓯、瓯骆、瓯人、瓯越之区呢？同时在鹿寨、金秀、柳江、柳城、平乐等地以及广东地区以雒、洛、禄、陆、六、罗、龙字为冠的地名又很多呢？

（2）如前所说，骆越、俚僚和"狼"，音义基本相同，都与岭南的骆地、骆田有关，俚僚和"狼"是骆越人在东汉以来相继出现的不同族称。如果西瓯人果真有别于骆越人，是南越人的另一支，那东汉以来，它的后继族称是什么？如果俚僚和"狼"也是西瓯人的后继族称，则其音义为何不同？笔者以为正因为"西瓯即骆越也"，故至东汉时期，人们以骆

---

① 《汉书》卷九十五《西南夷两粤朝鲜传》。
② 林惠祥：《中国民族史》（上编），第六章第四节"南越骆越杨越"，上海书店出版社，2015年，第82页。
③ （汉）刘安：《淮南子·人间训》。
④ （宋）周去非：《岭外代答》；黄臧苏：《广西僮族历史和现状》，民族出版社，1958年；广西少数民族社会历史调查组：《关于僮族历史若干问题的讨论》，1962年。
⑤ 见广西壮族自治区博物馆的"广西古代铜鼓展览"。

越统称"瓯骆",东汉以后,骆由于音变和记音的汉族文人不明其衍变之迹,听音名人,出现了俚僚、"狼"等名称。

(3)照那样的说法(骆越西瓯论),在壮族源流问题上,究竟以谁为主?能否说是对分,或者四六分,三七开呢?这实在是不好说的。这个问题的存在,似表明所谓"骆越西瓯论"之说是不科学的,经不起历史的推敲。

在这里又有必要指出的是,越南人对我国古考证家顾野王和颜师古关于"西瓯即骆越也"的论证是持否定态度的,而对于骆越西瓯分支之说,则非常赞同。他们始则认为骆越人的根据地在越北的红河流域,西瓯人在我国的西江流域[①];继而认为骆越人和瓯越人大部分都在越南,只有一部分在我国两广地区[②]。笔者认为越南人的这些意见也是错误的,前面对有关骆越、西瓯的由来及其相互关系的讨论已说明了这一点。这里要重复的是,"西瓯即骆越也",它的文化发祥地在"九疑之南"的古温水流域,所有温水、南交、南尹、南纪、南越、桂林、郁林、郁南诸历史地名的来历和有关岭南的史料都说明了这一点。至于越南,那是骆越人的分布区之一,但不是中心区,更不是根据地。

综上观之,笔者以为顾野王和颜师古对西瓯的论证是对的,西瓯是与东瓯对应出现的,指的是西越,理所当然地包括了骆越和南越,"西瓯"是骆越人的别称。西瓯人被称为"骆越",与岭南越地多骆(六—麓)地、骆(六—麓)田有关,是因地名人的。它分布于整个岭南地区,其中心区不在越南;其往后的发展,是俚僚→"狼"→壮。

三、说"壮"

壮族是我国少数民族中人口最多的一个民族。2010年全国人口总人数约为13亿3972万人,其中全国55个少数民族中人口最多的壮族,人

---

① (越南)陶维英著,刘统文、子钺译:《越南古代史》第二篇第五章,科学出版社,1959年。

② 越南社会科学委员会编著,北京大学东语系越南语教研室译:《越南历史》,北京人民出版社,1977年,第一部分第一、二章。

口超过1600万人[1]。偌大的一个民族,其族称"壮"字是怎么得来的,含义如何呢?这是大家所关心的问题,也是本节讨论的中心。

对于壮族的上述问题,以前曾有人探讨过,其主要意见有,由于壮族之"壮"字原写作"獞",于是清人谢启昆在《广西通志·诸蛮一》中云:"獞者撞也,粤之顽民,性喜攻击撞突,故曰獞。"在谢启昆看来,因为壮族人"性喜攻击撞突",所以他认为"獞人难治"。民国三十七年《贵州通志·土民志九》云:"獞者,性愚昧无知,若童蒙然。"此外,现代学者有谓壮族之"壮"字原写作撞,它"是来自壮人的自称",其后"改写为'壮'……这'壮'字具有'强壮''健壮'的含义"[2]。或谓壮族之壮字是由汉语中的"峒""洞"字衍化出来的,其中,峒字是"指四山环绕的一块谷地",洞字是"指两广地区山岭围绕的狭谷平地",两字均不含"洞穴"之义[3]。

上述意见,笔者以为都是值得商榷的。对《广西通志》的"獞"即"攻击撞突"说,只要翻开广西壮族历史就会发现,战国至秦汉时期,岭南地区的壮族先民被称为陆梁、扬越、蛮夷、西瓯、骆越或瓯骆[4];东汉以迄隋代,壮族先民或被称为蛮里、乌浒[5],或被称为俚僚[6];唐至北宋时期,仍被称为蛮,有西原蛮、黄洞蛮、广源州蛮、侬洞蛮诸称[7]。可见在北宋以前,史书上对壮族先民从未有以壮或近似壮音见称的。而到了南宋,《宋史纪事本末》在提到宋高宗绍兴二年(1132年)岳飞率官兵到贺州(今广西贺州市地区)镇压反宋的杨再兴部队时云:"(岳)飞怒,尽诛亲随兵,责其副将王某擒再兴以赎罪。会张宪与撞军统制王经皆至,再兴屡战,又杀飞之弟翻。"[8]此后,南宋淳熙年间,广南西路经

---

[1] 国家统计局2010年11月《第六次全国人口普查主要数据发布》,2011年4月中华人民共和国国家统计局局长马建堂提供。
[2] 范宏贵、唐兆民:《壮族族称的缘起和演变》,《民族研究》1980年第5期。
[3] 白耀天:《"壮"考》,《广西民族研究》1989年第2期。
[4] 《史记·南越尉佗传》。
[5] 《后汉书·南蛮传》。
[6] (晋)裴渊:《广州记》。
[7] 《新唐书》"西原蛮"条,《宋史》"广源州"条。
[8] 《续资治通鉴》卷一百一十。

略安抚使李曾伯在上宋理宗的《帅广条陈五事奏》中又有谓广西之"宜州（今宜山地区）则有土丁、民丁、保丁、义丁、义效、撞丁共九千余人"[1]等语。这些"撞军"和"撞丁"，显然是指宋代壮族地区的壮族子弟兵。由此可知，《宋史》中之"撞"字即系壮族"壮"字的前称，始见于南宋，《宋史》原写作"撞"。元因之[2]。《宋史》始以"撞"为族称，明清以来称为"僮"。这里顺便要说的是，作为人称或族称，壮族史中之"撞"字应写为"僮"。但明清时代至民国初年，统治阶级出于对少数民族的歧视，对部分民族族称旁加"犭"笔，壮族的"僮"字也被写成"獞"[3]。20世纪30年代时，一些文人学士从其仅有的民主思想出发，在其著作中曾将"獞"字改写成"偅或僮"[4]。1949年以后，从党的民族平等和民族团结政策出发，改"獞、偅"为"僮"。1965年10月12日根据周恩来总理的建议，改"僮"为"壮"，其族正式命名为壮[5]。壮族之"壮"字衍变的过程即如此。壮族之"壮"字，前后虽五易其字，但万变不离其宗，其读音仍操原"撞"（zhuang）音。不难理解，《宋史纪事本末》中之"撞"字以及由"撞"字衍变而出的"僮""偅""壮"字，均为壮语关于人称语词的译音，是音而非义，对壮族人民不具侮辱性质。不幸的是，《广西通志》由于不明《宋史》中之"撞"字乃系壮语的译音，又不知壮语中之"撞"音为何意，于是对《宋史》中之"撞"字做了如上的望文生义之谈。从历史和民族的观点说，《广西通志》的上述之言，当然是谬误的。更有甚者，《广西通志》的上述谬说既出，下面各地方志书即转相抄袭，遂致谬语流传，千古为误。时至今日，已经是21世纪了，社会主义的民族平等和民族团结政策已贯彻了几十年，但对《广西通志》的上述谬说仍有人奉为香花："我比较同意《广西通志》的解释：'壮者撞也，粤之顽民，性喜攻击撞突，故曰撞。'我认为这才是（壮族）他称的

---

[1] （宋）李曾伯：《可斋杂稿》卷十七《帅广条陈五事奏》。
[2] 《元史》卷五十一《五行志二》。
[3] 《明史》卷三百一十七。
[4] 马君武：《安南纪游》，《逸史》1939年第5期；徐松石：《粤江流域人民史》，中华书局，1939年；徐松石：《泰族僮族粤族考》，中华书局，1946年。
[5] 杜宰经：《为什么将"僮族"改为"壮族"》，《广西日报》1988年10月10日第3版。

本意，因为壮族人的性格以强悍著称，遇不平事，即奋起反击……"[1] 更有一些人在接触广西出土的铜马、马饰铜鼓和所谓"蛇斗青蛙"纹铜尊等文物时，动辄就认为这是壮族先民"崇武好斗"或"崇尚勇武精神"之所遗[2]。俗语说，不平则鸣。不管任何人或民族，遇到来自他方不应有的侵暴欺凌时，报以一定程度的反抗斗争，这是很自然的。壮族人也是这样。远的不说，近代以来，从太平天国运动到中法战争，从辛亥革命到中国共产党领导下的新民主主义革命，壮族先民都勇于参与，在斗争中英勇善战，顽强拼搏，屡建奇功，涌现出不少英雄人物，但不应因此就说壮族人的个性就是崇武好斗，犹如我们中国人都有反抗外来侵略的优秀传统，但却不能因此就说我们中国人就是崇武好斗一样。上述之青铜器，前二者（铜马与马饰铜鼓）马的形象同龙一样素为民间的镇妖避邪物。至于后者——蛇斗青蛙纹铜尊，是就1971年广西恭城县加会出土的一号铜尊而言的，该铜尊高16、口径16.8厘米，腹部外凸有半立体状的所谓蛇斗青蛙纹（图11-24）。该"蛇"短身短尾，身有四足。大家知道，蛇是无足的，不能画蛇添足。可见铜尊上那四足物实不是蛇，而是蜥蜴（又叫蝾螈）。要说它是蛇的话，那就是四脚蛇，蜥蜴也有被称为四脚蛇的。该铜尊之所以以蜥蜴和青蛙的形象为饰，意在求雨祈年。这一点，西汉学者董仲舒在其《春秋繁露》之《求雨》《止雨》篇[3]中已有较详细的说明，这里恕不重复了。因此，这些青铜器，本为古人用以镇妖压邪和求雨祈年的吉祥物，却被一些人看作壮族先民崇武好斗的物证，实误。

图 11-24 蛇蛙纹铜尊
（中国国家博物馆藏）

对《贵州通志》的"若童蒙然"之说，很明显，它是从"獞"字的

---

[1] 蓝鸿恩：《开拓民族历史研究的新领域》，《三月三》1984年第2期。
[2] 洪声：《广西古代铜鼓研究》，《考古学报》1974年第1期；广西壮族自治区博物馆"历史陈列"（专题展览）。
[3] （汉）董仲舒：《春秋繁露》卷十六；（清）李调元：《罗江县志》卷二。

右边"童"字的读音得出的。

至谓壮族的"壮"字是"来自壮人的自称"和壮即"强壮""健壮"说，笔者认为前一说是对的，后两词则有重蹈《广西通志》的望文生义之嫌。不错，对壮族之"壮"字，如仅简单地望文生义，谁都会知道它是含有"强壮""健壮"之义的。当年，如《宋史纪事本末》对广西壮族人不称作"獞"而改称今之"壮"字，笔者想《广西通志》定会说，壮者强壮也，其人身体强壮，故曰壮。在这里，正如持"强壮""健壮"说的学者所言，壮族之"壮"字原写作"獞"，是"来自壮人的自称"。则今壮族之"壮"字也应是"来自壮人的自称"，这是壮语的译音，是音而非义。往昔，《广西通志》对"獞"字所做的望文生义之谈，连持"强壮""健壮"说的学者也认为"这是对壮族称谓的极大歪曲和对壮族人的侮辱"，故其说已为众人所摈弃。既然壮族之"壮"字原写作"獞"，是"来自壮人的自称"，是壮语的译音，是音而非义，则今壮族之"壮"字的真义应从壮语的"壮"音中去寻觅，不应对它做任何望文生义之谈。至于壮语中的"壮"音为何意，后面还要提到，这里暂略。

对谓壮族之"壮"字是由汉文的"峒""洞"字衍化说，现看来，此一说法历史的证据还欠充分，同时还没有取得令人信服的考古学资料和被誉为社会活化石的民族学资料的支持，故其所得结论令人难以置信。查"峒""洞"字，《康熙字典》[①]云："峒，又《广韵》《集韵》《韵会》《正韵》：徒弄切，音洞，山一穴也；又《五音集韵》：在孔切，音董，山穴。通作洞。"《辞海》[②]云："峒，通洞，山穴也。"《辞海》[③]云："峒（dòng），通洞，山洞。"同书又云："洞（dòng），洞穴，如山洞、防空洞。"由此可知，汉语文中之"峒""洞"字，并非"指四山环绕的一块谷地"或"指两广地区山岭围绕的狭谷平地"；汉语文中的"峒"字与"洞"字通，指的是"山穴""山洞"。我国北方陕西延安等地的民房多凿山为之，这种房子不叫地屋，也不叫窑屋，而叫作窑洞，就是证明。对"衍化说"所提的上述地势，壮语（不论是南部方言还是北部方言）

---

① 《康熙字典》，中华书局，1958年。
② 舒新城、沈颐、徐元诰等主编：《辞海》合订本全一册，中华书局，1947年初版，1948年再版。
③ 《辞海》（缩印本），上海辞书出版社，1979年。

均不持峒、洞音，也不叫壮（zhuang）音。当中，桂中红水河流域各县的壮语北部方言叫作"弄"（lung）或"弄场"，也有叫作"龙"（long）音的。受壮语影响，当地汉语也叫作弄或弄场，如都安瑶族自治县的七百弄、弄呈、弄腾，东兰县的弄目、弄彦，巴马县的弄漠、龙洪，忻城县的弄兰、弄林，来宾市的弄表、龙灵，马山县的弄盆、龙昌等。桂南地区的壮语南部方言和北部方言也叫作"弄"（读近路翁切音），但不以"弄"音为首，而以"弄"音为尾，这当是受汉语影响所致。桂南地区的汉语叫作"洞"，但不发 dong 音，而发 tong 音，这当是受桂南壮语"弄"音影响的结果，因为桂南的邕宁、钦州、灵山地区就是壮汉族杂居区，壮汉族人民在日常生产生活中交往频繁，语言风俗多相互影响。又因为桂南壮语的"弄"音不便拼译，只好以较易于书写的"洞"字代之，如邕宁区的百济洞、那楼洞、新江洞，钦州市的小董洞、板城洞、长滩洞、新棠洞、那香洞，灵山县的太平洞、旧州洞、陆屋洞等皆是。再者，桂南壮语和汉语所持的"弄（洞）"音的地域范围并不局限于只指"四山环绕的一块谷地"或"山岭围绕的峡谷平地"。狭义的"弄（洞）"的范围，有指山间田洞的，也有指以某一地点（通常是圩镇）为中心的一些地方（近郊）。广义的"弄（洞）"，其所包括的地方更大，如桂南邕宁、钦州、灵山地区壮汉族人常提到的百济弄（洞）、小董弄（洞）和太平弄（洞），其范围则包括百济、小董、太平三个乡镇的整个行政辖区。有些弄（洞）的范围甚至大于它的行政辖区。此种情况，不仅见于桂南地区，桂西和桂西南地区也有，如唐之黄洞、黄橙洞，则包括桂西南左江地区，宋之侬洞，也包括右江以西的广源州地区。所以《桂海虞衡志·志蛮》云：唐宋时期之羁縻州峒，"大者为州，小者为县，又小者为洞"。可见广义的"峒""洞"，其范围有小于县而大于乡镇者，非只"指四山环绕的一块谷地"或"山岭围绕的峡谷平地"也。从语音学上说，汉语中的"峒、洞"字发 d 音，"壮"字发 zh 音，壮语中的"弄、龙"字发 l 音，壮汉语对上述各字的发音不同，含义也不一样，"峒"与"洞"字如何衍变出"壮"字来呢？

上述诸说既然都不能成立，那么，壮族之"壮"字究竟从何而来，含义何在？在论及问题的实质之前，我们应该回顾如下有关资料。

（1）原始人的穴居：历史和考古资料表明，在原始社会时期，由于社会生产力的低下，人们常是寄岩而居的，所以《易经·系辞下》篇云："上古穴居而野处。"[①]就岭南地区而言，属于旧石器时代中期的马坝人就发现于广东韶关的狮子岩里，此地古为南越地的北境，为壮族先民分布地区之一。属于旧石器时代晚期的柳江人、麒麟山人和西畴人，其发现地点都在今壮族聚居地区，他们都是在山洞中发现的。其中，柳江人出土于广西柳江县（今柳州市柳江区）的通天岩，麒麟山人出土于来宾县（今广西来宾市）的盖头洞，西畴人出土在云南西畴县的仙人洞。另于广西柳江县（今柳州市柳江区）的陈家岩、思多洞，柳州市郊的白莲洞，崇左县（今崇左市）的矮洞、都安瑶族自治县的干淹岩，桂林市郊的东岩洞，今桂林市荔浦市的水岩东洞和云南马关县的龙口洞，罗平县的羊洞等，都发现有旧石器时代的文化遗存[②]。新石器时代以降，以岩穴为居址的现象仍然很多，如桂林市郊经考古调查发现的新石器时代洞穴文化遗址达60多处。其他如龙州县的八角岩、棉江岩，大新县的歌寿岩，那坡县的感驮岩，贵港市石龙乡的华山洞，樟木乡的中山洞、老虎岩、苏洞，资源县的背地山岩、龙山大岩，阳朔县的叫化岩等，也都发现有新石器时代文化遗存[③]。无数的考古资料表明，原始时期的人岩居穴处之风很盛。

（2）壮族先民的岩居风俗：南方原始人的岩居穴处风俗，对古代南方人的居址有无影响？《北史·蛮獠传》云：南方"诸獠亦望风从附，然其种滋蔓，保据岩壑，依山走险，若履平地，虽屡加兵，弗可穷讨"。《周书·獠人》亦有相同的记载。《隋书·南蛮传》云："南蛮杂类，与华人错居，曰蜒、曰獽、曰俚、曰獠、曰㐌，俱无君长，随山洞而居，古先所谓百越是也。其俗断发文身。"同书《地理志下》云："自岭已南二十余郡……俚人……巢居崖处，尽力农事。"历史表明，原始人的穴居风俗对南方的蜒人、獽人、俚人、獠人和㐌人的居址都有所影响，他们在生活中常"随山洞而居"。而据研究，南方五民中之俚人和獠人乃是壮族的先民。所以宋《太平寰宇记·柳州·宜州·风俗》云：广西宜

---

① 梁国典：《易经》系辞下，山东教育出版社，2008年，第91页。
② 广西壮族自治区博物馆：《历史陈列》；汪宁生：《旧石器时代的云南》，《民族文化》1981年第1期。
③ 广西壮族自治区博物馆：《文物普查参考资料》（油印本），1963年。

州壮人"以岩穴为居止"。清道光《天河县志·舆地·风俗》云：县中壮人"倚岩穴为居止"。清同治四年谢启昆《广西通志·舆地志五》云："东兰、南丹、那地，俱蛮溪獠峒，深菁密布，草木蓊翳，岩依穴处。"同书"泗城府"条云："泗城府地生烟瘴……民居架木为巢，或结茨山顶，依傍岩穴，地鲜平畴，土人皆凿山以耕。"同书"太平府志"条引宋林弼《龙州诗》云："趁墟野妇沽甜酒，候客溪童进辣茶。""架岩凿壁作巢居，隐约松云碧树疏。"说明由于自然和经济生活上的原因，广西壮族先民历史上曾"以岩穴为居止"。随着时代的前进，社会的进步，生产的发展，人民生活的提高，今天，壮族人以岩穴为居址的现象是没有了，但其残迹尚存，如在桂中桂北石山地区，一些靠近岩洞的民房，间或有贴岩为屋的情况，就是一间房子半建在岩洞内，半露在洞外。更多的是以天然岩洞作储藏室，存放农具、肥料、柴草等物，也有用作牛栏猪圈的。在桂南土山地区，半地穴式的民房很多，即一间或一栋房子，房基的前面部分常深挖两三米，做成一个或几个半地穴式的小屋（俗称地楼），充作牛栏猪圈之用，其上敷设木板以住人。这是壮族干栏式建筑的又一种形式（图11-25）。

图11-25 壮族干栏式建筑形式之一（第三代干栏）

（3）壮族先民的岩葬风俗：上述南方五民"随山洞而居"的风俗，在丧葬习俗上也有所反映。1981年3月，笔者有机会参与在四川珙县召开的全国首届悬棺葬学术讨论会。会间从与会学者所提供的有关资料得知，在今福建、浙江、江西、湖南、湖北、四川、贵州、广西、云南等省（自治区、直辖市）的一些岩洞里曾发现了很多古代岩洞葬（包括岩墓、岩洞葬、悬棺葬、船棺葬）。对这些岩洞葬，与会的专家学者多认为这是古代行岩穴处的上述南方五民的葬俗遗迹[①]。南方之五民生时既"随山洞而居"，死后当以岩为葬，俗语所谓"树高千丈，叶落归根"是也。地处岭南的广西壮族地区，古为百越人中之骆越人（亦称西瓯人）及其后裔俚僚人的聚居区之一，其人都是壮族的先民[②]，所以广西壮族地区发现的古代岩洞葬很多，岩洞葬分布面积之大，棺具之多，可以说是全国之冠。据初步调查，在今平果、田东、隆安、大新、天等、崇左、龙州、靖西、东兰、巴马、宜州、都安、武鸣、柳江等地的石山岩洞中都发现有古代的岩洞葬。今天，壮族人行岩洞葬的现象是没有了，但其残迹尚存，如在桂中桂北石山地区，一些靠近村舍的岩洞，入葬或临时寄葬的金重[③]少则几个，多者盈百，密密麻麻。在桂南土山地区，民间的寄土、寄葬之风相当普遍，即在行二次葬或因故迁葬时，在未找到良辰吉日和所谓牛眠吉地之前，人们常将金重暂时寄放在野外的天然洞穴之中，"全不施蔽盖"；如当地无天然洞穴，则于较偏僻的阶梯地中人工凿穴再将金重放置其中。此种葬法俗称寄土、寄葬。虽说是暂时寄葬，也有暂时成久远的。壮族地区的这种葬俗应属岩洞葬之一种，是古代岩洞葬的遗风。所异者是，古代的岩洞葬葬具皆为半开圆筒木棺，近现代则用陶质金重。

（4）壮语对"壮"字的读音：对于壮族的"壮"字，现代汉语读zhuang音，而在壮语中读音有所不同。以桂南的壮语南部方言和北部方言而言，今广西南宁市邕宁区的百济、那楼、新江、刘圩、那连、良庆、蒲庙和灵山县的太平等乡所操的壮语南部方言（俗称三乡话）以及邕宁区的雅王、南晓、那马、长塘和钦州市的南忠、长滩、新棠等乡所

---

① 潘世雄：《对岩葬几个问题的探讨》，《民族学研究》（第四辑），民族出版社，1982年。
② 潘世雄：《壮族源流问题浅识》，《广西民族研究》1989年第3期。
③ 广西壮族地区民间盛行二次葬，葬时将骨骸捡置于特制的陶坛内，该陶坛俗称金重，又叫金乘、金瓮。

操的壮语北部方言对壮族的"壮"字均不叫壮（zhuang）音，而叫作颂（sung）音，对壮族、壮人两词叫作布颂，也有叫作颂云（wun）的。桂中桂北操壮语北部方言对上述名词的读音与桂南壮语南部方言和北部方言的读音稍有所异，如对壮族的"壮"字，有叫壮（zhuang）音的，这当是受汉语影响所致，也有叫仲（jung）音的，对壮族、壮人两词有叫布壮的，也有叫布仲的。

（5）壮语对自然界中的洞穴的读音：壮语对汉语文中的洞穴等名词，读音和汉语的读音基本相同，朗读起来，汉族人士可以听懂。但对自然界中的洞穴则有自己民族语的读音，未经翻译，汉族人士是听不懂的，如对在日常生产生活中常接触到的土洞、石洞、风洞、水洞、树洞、狗洞、鱼洞、田鸡洞和老鼠洞等物，桂南壮语南部方言分别叫作颂奔（ban）、颂天（tin）、颂林（rom）、颂湳（nam）、颂美（mei）、颂骂（ma）、颂巴（ba）、颂蛤（gop）和颂怒（nu）。桂南壮语北部方言对上述物称的读音与南部方言的读音有相同的，也有不同的。不同的是：土洞叫颂点（dom）、石洞叫颂伦（lon）、水洞叫颂凛（ram）、树洞叫颂非（fei）。桂中桂北壮语北部方言对上述物称的读音与桂南壮语南部方言的读音稍有所异，如对自然界中的洞穴，有叫作颂音的，也有叫仲音的，对风洞、水洞、鱼洞、狗洞和老鼠洞分别叫作颂（仲）林、颂（仲）凛、颂（仲）巴、颂（仲）骂和颂（仲）怒。对石山岩洞则叫作厰（gam）。经实地调查，贵州布依语对上述物称的叫音和广西壮语北部方言的叫音基本相同，如对一般的洞穴都叫作"颂"，对"水洞""鱼洞""狗洞""老鼠洞"叫作"颂凛""颂巴""颂骂""颂怒"，石山岩洞叫作"厰"。经查对，广西三江和黔东南侗语对一般的洞穴也叫作颂，如对"老鼠洞"叫"颂怒"就是，而对石山岩洞则叫作"厰"（后讹而为金或针）。

通观上述资料，可知壮语南部方言和北部方言对壮族的"壮"字和自然界中的洞穴的读音基本相同。这种一致性，是偶然的巧合还是必然的吻合呢？面对此种情况，再联系到前面所提有关壮族先民的岩居穴处和岩洞葬诸资料，笔者以为这种一致性的出现并非偶然，而是必然的吻合。也就是说，壮族之称为"壮"是因壮族先民历史上曾"随山洞而居""以岩穴为居止"而得名的，是因住地名人的，壮，"洞穴"也。因是之故，所以对在一定程度上反映南方民族史、在南方民族史中常有出现的"峒、洞"字辞书上总以为与"山穴""山洞"的问题有关。因此，壮族之"壮"字与汉语文之"峒、洞"字乃壮音而汉义也。写到这里，不禁令笔者想起太平天国史书《太平天国》在提到太平天国北王韦昌辉的民族成分时所做的介绍："韦昌辉，贵（桂）平金田窀人"①。文中之窀字较偏，《辞海》②和《辞源》③均阙如。《康熙字典》④云："窀，《集韵》：吐孔切，音桶。窀，宠闇也。"同书"宠"字条云："宠，《广韵》：力董切；《集韵》《韵会》：鲁孔切，音笼，孔宠，穴也。"同书"闇"字条云："闇，正韵：胡绀切，音暗，昏闇也。"可见《太平天国》这"窀"字指的是洞穴。该"窀"字之所以以童字为下笔，诚如《康熙字典》"童"字条所言："童，《韵会补》：童，奴也，幼也，今文僮，幼字作童，童、仆字作僮，相承失也。"可知窀字之下笔童字，乃为壮族旧称僮字的异体字，童人即僮人。"窀"字之所以以穴字为上笔，表明此童（僮）人的先民曾是"以岩穴为居止"的人。有关太平天国的记载表明，太平天国北王韦昌辉为广西桂平县金田村人，壮族。今太平天国史书《太平天国》这样说了，说明《太平天国》关于韦昌辉的介绍是对的。这也说明，壮族之"壮"字，历史上又写作"窀"。之所以这样写，如前所说乃因壮族先民曾"以岩穴为居止"，所以该"窀"字遂以穴字为上笔，以童字为下笔。《太平天国》关于韦昌辉的介绍，不仅说明韦昌辉是壮族人，而且表明壮族先民历史上曾"穴居岩处"过。笔者的"壮"为"洞穴"说，于此又多了一条证据。

总而言之，壮族之称为"壮"与壮族先民的"穴居"问题有关，"壮"，"洞穴"也，非《广西通志》的"攻击撞突"说也，非《贵州通志》的"童蒙"说也，也非现代学者的"强壮""健壮"说和由汉语文"峒""洞"字的演化说也。

（《说"壮"》原载《壮学论集》，广西民族出版社，1995年）

---

① 李汝昭：《镜山野史》，《太平天国》（第三册），神州国光社，1952年，第4页。
② 《辞海》（缩印本），上海辞书出版社，1979年；《辞海》合订本全一册，中华书局，1947年初版，1948年再版。
③ 《辞源》（子、午集），商务印书馆，1933年；《辞源》（1~4册）（修订本），商务印书馆，1986年。
④ 《康熙字典》，中华书局，1958年。

第十二章 杂　　论

第一节　"取钗击鼓"探原

晋裴渊《广州记》云："狸獠铸铜为鼓……初成，悬于庭……豪富子女，以金银为大钗，执以叩鼓，叩竟留遗主人也。"[①]《隋书》《宋史》《太平御览》《南海百咏》《涌幢小品》《异林》《天下郡国利病书》《清朝通典》《曝书亭集》《渊鉴类函》《滇绎》《广东新语》《越南辑略》《铜鼓考略》诸书，也有类似的记载，说明古代南方的俚獠族人民经常铸造铜鼓，并常以金银钗叩击铜鼓，作为开鼓仪式。而宋代方信孺《南海百咏·铜鼓》则说，南方的俚獠人"夷人酋长，好铸铜鼓。有事击鼓，夷人尽集。女子首饰，尽戴银钗，取钗击鼓"[②]（图12-1）。《桂海虞衡志·志蛮》也说：南方的南蛮人"皆椎髻跣足，插银铜锡钗，妇人加铜环，耳坠垂肩……"这里说的是银铜锡钗，没有提到金钗。今南方少数民族妇女所佩戴的首饰，以银质为主，挽髻的头钗亦多为银质，所以俗称"银簪"。前引文献所谓以金银钗叩击铜鼓，应以银钗为主，所说的金钗可能是指铜钗，而且是少数的。当然，一些豪富的子女，为显示其富有多财，以金质头钗叩击铜鼓也是有的，但不会很多。可见在铜鼓初铸成的时候，以银钗叩击铜鼓并将它

图12-1　西林奔马纹铜鼓
（蒋廷瑜摄）

---

① 郑师许：《铜鼓考略》，中华书局，1937年。
② （宋）方信孺、（明）张诩、（清）樊封著，刘瑞点校《南海百咏　南海杂咏　南海百咏续编》，广东人民出版社，2010年，第36页。

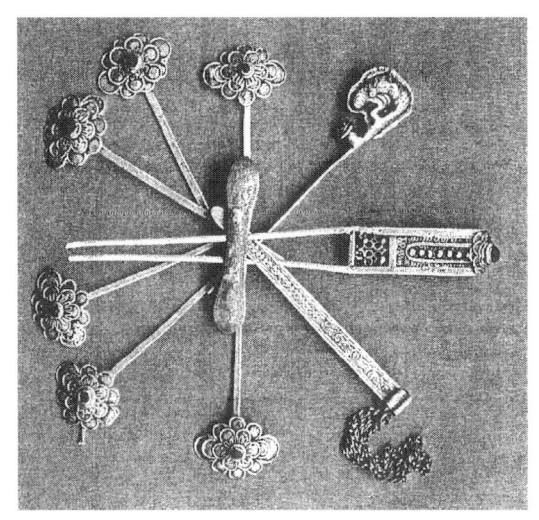

图 12-2　银钗

赠送他人，乃是古代南方俚僚族人民的一种风俗（图 12-2）。

古代的俚僚族人民何以以银为钗，又何以以之叩击铜鼓呢?《太平御览》卷八百一十三"铜"条说："下以桂薪烧之。铜成，以铜炭冶之。取牡铜以为雄剑，取牝铜为雌剑。带之以入河，则蛟龙、巨鱼、水神不敢进也。"同书"铁"条又说："康绚筑浮山堰，将合，淮水漂没复决溃，众患之。或谓：'江淮多蛟，能乘风雨决坏岸，其性恶铁。'因是引东西二冶铁器，大则釜鬵，小则镬锄，数千万斤，沉于堰所。"说明古代的人曾以铜铁之物镇压蛟龙。铜铁之物何以能镇压蛟龙呢？这个问题，《广东新语》卷十六《器语》"钟"条有所说明。它说，广东"五仙观有大禁钟，洪武初，永嘉侯朱亮祖所铸，然不敢击。岁乙酉，有司命击之，城中婴儿女死者千余，于是婴儿女皆著绛衣，系小银钟以厌之……钟，金也；龙，木也。金木相斗，其必有不得其平者欤"。同书"铁鼓"条又说，广东"韶州忠惠公祠，有铁鼓，一面微损，击之有声。先时江中有一蛟，舟行者多为所害。公以铁为鼓及船……盖以铁物治蛟，乃金克木之道。龙性畏铁，蛟亦然，是皆属木，故以金制之。伏波铸铁船（按：《廉州府志》及《合浦县志》皆记作'铜船'——引者注）沉于合浦，其亦以镇压毒龙而已"。由于古人常以为铜铁之物可以镇压蛟龙、水神之类，所以船上的人家尤其喜用铜器，除在神台之上放置铜香炉外，广东的船多置有铜观音小像数尊，广西的船中神台上除挂红布以施吉以外，并于红布两端压钉上数枚（取双数）铜钱以压邪。就连一张渔网，在锡网坠之间必夹置数枚"网胆钱"以压邪，但又不宜多夹。同时，网坠也不宜以铜质为之，否则会捕捞无收，因为水中的鱼与龙是互为变化的，龙畏铜，鱼亦如此。此外，在旧社会，人们的裤带头常套以银元或铜仙、铜钱，其意在镇邪驱鬼。一些体弱多病的孩子，脚颈上也戴以银环或铜、铁环，脖子上并佩以银链或铜、铁环，表明前人曾以为银质之物如同铜铁器一样可以镇邪驱鬼，消灾排难。据调查，在广西的左、右江和红水河流域的壮族和瑶族中流传着关于图额（壮语译音，读 $tu^2 \text{ }\eta\text{ɯ}^4$ 音）的传说。图额是指水神、水鬼、水龙王之类的妖怪，它常兴风作浪，制造水旱奇灾。图额虽然很凶恶，但却很胆小，它害怕铜，害怕铜鼓（壮语叫作"图额捞郎""图额捞言"。"捞"读 lao 音，怕也；"郎"读 luang 音，指的是铜；"言"读 iJen 音，指的是铜鼓）。铜鼓既以铜为之，又是神灵之物，能镇压图额，银钗一经击鼓，即着附有铜鼓之神气，以钗挽髻，可冀获得铜鼓神灵之佐，消灾排难，佑己长春。所以广西西林、东兰、都安等地的壮族和瑶族群众，特别是青年男女，自古以来，都兴"取钗击鼓"之风。

西林县的那劳、那兵等地的壮族妇女，在新春佳节人们打击铜鼓以祈年的时候，常拔下发髻上的银簪叩击铜鼓（图 12-3），以为这样可使自己的头发永不变白，使自己永远年轻漂亮[①]。东兰县长江地区未出嫁的壮

图 12-3 壮族舞蹈《银钗祝愿》
（引自《右江日报》1984 年 10 月 9 日第 2 版）

[①] 丛叶：《铜鼓的响声》，《广西少数民族民俗调查》（第二集），1982 年，第 145 页。

族姑娘,在春节人们击铜鼓以祈年的时候,不只是一般地"取钗击鼓",而是将银簪连同自己的发辫[①]一块打到铜鼓上,然后将银簪惠送在场的男朋友(意中人)。男女双方都认为这是最隆重的礼物。他日成婚之后,丈夫即将此银簪奉还给妻子,认为日后可获得美满幸福的生活,夫妻百年偕老,鬓发无衰。都安瑶族自治县保安地区的瑶族和壮族青年男女,在新春击铜鼓祈年的时候,也常以银簪叩击铜鼓。他们以鼓声传情,以鼓调达意,一俟物色了对象,即将银簪惠赠在场的意中人,以定鸳鸯之盟。与保安为邻的七百弄地区的瑶族妇女,在春节和达努节[②]击铜鼓为乐的时候,也有拔簪击鼓之俗。其原意在于通过"取钗击鼓"获得铜鼓神灵之佑,使自己的头发永远乌黑不白,永葆青春的美丽。据报道,云南傣族妇女常将洗糯米的泔水积存起来,待泔水稍发酸味后洗发。她们认为,经常以发酸的糯米泔水洗发可使头发乌黑油亮,就像是上过发油一样[③]。广西三江侗族自治县的侗族妇女和融水苗族自治县的苗族妇女,也有以发酸的糯米泔水洗发的习俗,其目的也是保护美丽的黑发。壮族和瑶族妇女不兴以发酸的糯米泔水洗发,但壮族和瑶族地区铜鼓很多,人们非常珍视铜鼓,视其为神灵之物,可以对付"图额",镇压"图额",又可以佑己长春,所以人们习惯于"取钗击鼓"了(图12-4)。

图12-4 壮族舞蹈《银钗祝愿》表演现场

① 广西壮族女子,未嫁者蓄发结长辫垂于背后,已嫁者将长辫盘髻于脑后。
② 瑶族的达努节在农历五月二十九日,这一天是瑶族老祖娘密洛陀的生日,瑶族群众常举行纪念活动。
③ 李茂勋:《傣族妇女保养头发的诀窍》,《南宁晚报》1983年4月7日第2版。

如前文所述，广西的壮族来源于骆越，是俚僚人的后裔[①]。那么，广西壮族人尚存的"取钗击鼓"之俗，当系古俚僚人"取钗击鼓"风俗的延续。瑶族的源流虽与俚僚人无涉，但瑶壮杂居，瑶人在壮人的长期影响下，也染有"取钗击鼓"之风了。广西壮、瑶族的这种风俗，似为我们理解《广州记》关于俚僚人"取钗击鼓"的记载提供了重要线索。

值得指出的是，《康熙字典》[②]"笄"条引《仪礼疏》说，笄即簪，"有二种，一是安发之笄，男子妇人俱有。一是为冠笄，皮弁爵弁笄，惟男子有而妇人无也"，说明古代的人男女都有用簪之俗。所以，男女都可以簪击鼓。击鼓的钗，不只是女子送给男子，也有男子送给女子的。广西的壮族和瑶族是这样，古俚僚人也应是如此，所以《广州记》说："狸獠铸铜为鼓……豪富子女，以金银为大钗，执以叩鼓，叩竟，留遗主人也。""取钗击鼓"的仪式，不限于在铜鼓初成的时候举行，早已铸成的铜鼓也可以打；同时，亦不限于"豪富子女"才能打，普通人家的子女也可以打。上述的壮族、瑶族男女青年"取钗击鼓"的情况，证明了这一点。裴渊由于不了解少数民族之风情，故将俚僚人男女青年在恋爱中以击鼓之钗相惠送以定情看作是"豪富子女"和"留遗"，将在场的意中人看作是铜鼓的"主人"，那是个误会。

第二节 "马式"铜鼓考

铜鼓资料中的"马式"一词，始见于南朝范晔撰的《后汉书》。该书《马援列传》云："交阯女子征侧及女弟征贰反……于是玺书拜援伏波将军，以扶乐侯刘隆为副，督楼船将军段志等南击交阯……援好骑，善别名马。于交阯得骆越铜鼓，乃铸为马式，还，上之。"不难看出，《后汉书·马援列传》关于铜鼓的记述是不甚清楚明了的。故对文中的"马式"一词，古今学者颇多揣测，由于《后汉书·马援列传》文中的"好骑"和"名马"两词在先，故对其后出之"马式"一词，有些人就以为是指

[①] 潘世雄：《对于广西壮族源流问题的探讨》，《百越史研究论文集》（第一辑），1980年，铅印稿。

[②] 《康熙字典》，中华书局，1958年。

铜马（图12-5）。最先提出这意见的是北魏地理学家郦道元，他在《水经注》"温水"条引《林邑记》云："浦通铜鼓，外越安定、黄冈、心口。盖藉度铜鼓，即骆越也。有铜鼓因得其名。马援取其鼓以铸铜马。"此后，清《粤西诸蛮胜迹》载欧阳辂《铜鼓歌》云："当年骆越上马式，未闻作鼓铭勤施。"郑师许在《铜鼓考略》中亦云："《后汉书·马援列传》云：'援好骑，善别名马。

图12-5 鼓面有骑马塑像的铜鼓
（桂平鸡公山鼓，广西桂平市博物馆藏；
蒋廷瑜摄）

于交阯得骆越铜鼓，乃铸为马式，还，上之……'依文义解之，马援于交阯得骆越铜鼓，乃铸为马式，谓得见以铜铸鼓之法，乃仿为铸铜马者也。"但是，多数学者认为文中的"马式"所指不是铜马，而是铜鼓，即谓当年马援南击交趾时在得骆越铜鼓后，曾令骆越人的铸鼓工匠铸出鼓面上有立马装饰的铜鼓。最先提出这意见的是元代史学家马端临，他在《文献通考》"大铜鼓"条中云："铜鼓，铸铜为之，作异兽以为饰……昔马援南征交趾，得骆越铜鼓，铸为马式，此其迹也。"其后，清道光广东《香山县志·金石第八·汉骆越铜鼓》云："考《后汉书·马援列传》称：'援于交阯时得骆越铜鼓，乃铸为马式，还，上之'，云云。今寻其文义，不云'以铸为马式'，而云'乃铸'，是因得铜鼓而铸为马式之词，非以铜鼓铸马可知也。"① 又云："伏波善别名马，盖所得铜鼓有铸马者，鞯中口齿唇鬐，身中数式皆备，故效而铸。谢氏《广西（通）志》乃谓伏波以铜鼓铸马式，盖未见铜鼓有铸马者，故误读传文耳，得此可以正之。"民国广西《邕宁县志·古迹》"铜鼓"条亦云，邕宁"县西一鼓，乾隆间出……有蛙属四，作欲跳状，上坐立马将军，盔甲戈戟皆具，与县东之鼓异，此所谓铸为马式者也"。

在笔者看来，前一种意见（铜马说）是值得商榷的，后一种意见［马式（饰）铜鼓说］是对的。我们可以从如下几方面资料去理解这一问题。

---

① （清）祝淮：《香山县志》卷五《金石第八·汉骆越铜鼓》，道光八年。

（1）从文义上看：前人之所以对"马式"一词产生不同的看法，主要是因为人们对文中关于铜鼓的资料没有正确理解。窃以为《后汉书·马援列传》文中的"援好骑，善别名马"两句，应自成一节。故于"善别名马"的"马"字之后的标点符号应用句号。《后汉书》（中州古籍出版社1996年）中用逗号是不对的。此节资料主要是谈马，即介绍伏波将军马援性"好骑"及其对马所具有的"善别"能力。《后汉书·马援列传》中的"于交阯得骆越铜鼓，乃铸为马式，还，上之"四句为另一节。此节资料主要是叙述铜鼓问题，先是叙述骆越铜鼓的被发现，而后叙述骆越铜鼓被发现后新铜鼓的"乃铸"及新铜鼓"乃铸"后的处置（还，上之）问题，因而文中之"马式"，其所指应是铜鼓，而不是铜马。"铜马说"之所以产生，乃因：一是如《香山县志》所言，"误读传文耳"；二是误将伏波将军马援的"好骑"及其对马所具的"善别"能力与其下文之"马式"相提并论，混为一谈。所以郦道元的"铜马说"难以成立。

（2）从历史资料上看：关于认"马式"为马式（饰）铜鼓问题，早在宋元之际就被提了出来。史学家马端临在《文献通考·乐考·乐七》"大铜鼓"条中云："铜鼓，铸铜为之，作异兽以为饰……昔马援南征交趾，得骆越铜鼓，铸为马式，此其迹也。"其后，广东《香山县志·金石第八·汉骆越铜鼓》亦云："考《后汉书·马援传》称：'援于交阯时得骆越铜鼓，乃铸为马式，还，上之'，云云。今寻其文义，不云'以铸为马式'，而云'乃铸'，是因得铜鼓而铸为马式之词，非以铜鼓铸马可知也。"①又云："伏波善别名马，盖所得铜鼓有铸马者，鞯中口齿唇鬐，身中数式皆备，故效而铸之。谢氏《广西（通）志》乃谓伏波以铜鼓铸马式，盖未见铜鼓有铸马者，故误读传文耳，得此可以正之。"按照《香山县志》的说法，当年伏波将军马援于交阯所得的骆越铜鼓已"有铸马者"。此说恐未必然，因为从越南和我国广西浔江—郁江及左右江地区以及云南晋宁、文山等地所出东汉马伏波之前的骆越类铜鼓鼓面立体饰物均无"有铸马者"，但其谓伏波将军马援"故效而铸之"之说，则是对的，因为广西各地所出东汉伏波将军马援征交阯之后的骆越类（羽人纹一类）铜鼓鼓面蟾

---

① （清）祝淮：《香山县志》卷五《金石第八·汉骆越铜鼓》，道光八年。

饰之间屡有立体马饰出现。可知广西特有的"马式（饰）"铜鼓系出自东汉伏波将军马援南征交趾之后。所以清道光《铜鼓联吟集》卷一花杰《铜鼓歌》云："伏波杰出古名将，征蛮旧迹遗岩峒。铸铜为鼓慑群虏，震耳响如钟撞鲸。"民国二十六年广西《邕宁县志·古迹》"铜鼓"条亦云：广西邕宁"县西一鼓，乾隆间出，底空腰束而面圆，平径二尺，高二尺三寸，有龟属四，作欲跳状，上坐立马将军，盔甲戈戟皆具，与县东之鼓异，此所谓铸为马式者也"。

（3）从考古资料上看：广西的考古资料表明，那种鼓面上"有铸马""上坐立马将军，盔甲戈戟皆具"之铜鼓至今共发现20多面，全出于广西浔江—郁江两岸的藤县、平南、桂平、武宣、象州、金秀、邕宁及贵港市等地[1]。而据考证，这些地区正是当年伏波将军马援南击交趾时途经之地或他的"威灵"所及之区[2]（图12-6~图12-8）。《横州志》卷八"伏波庙"条记载："伏波庙在乌蛮滩，汉伏波将军马援征交阯，驻兵于此，后人立庙祀之。"当年伏波将军马援所率的楼船之师从中原经由古灵渠进入广西境后，即顺漓江而下梧州，再由梧州逆浔江至藤县，复由藤县逆北流江至北流——郁林，而后由郁林顺南流江而下至合浦，最后由合浦"遂缘海而进"击交趾[3]。此一航道，"旧为（我国）入安南之道"[4]，直至唐代，"高骈为安南都护，平蛮北归"时，仍经由南、北流江而归[5]。至明永乐年间，我国之人人越南始改由郁江—左江—平而江（河）而去[6]。故至今位于郁江上游的左右江各县市（凭祥、宁明、龙州、崇左、扶绥、大新）均未见有"马式"（饰）铜鼓之迹。浔江流域以南的广东西南部的罗定、信宜、高州、化州、廉江等县虽也出土过很多铜鼓，但那些铜鼓均为云

---

[1] 蒋廷瑜：《铜鼓史话》，文物出版社，1982年。
[2] 潘世雄：《水族源流初考》，《广西民族研究》1990年第2期。
[3] 《后汉书》卷五十四《马援列传》。
[4] （清）谢启昆：《广西通志》卷一百二十五《关隘略五·博白县》"海门镇"条，同治四年。
[5] （清）谢启昆：《广西通志》卷一百一十六《山川略二十三·川八·博白县》"北势滩"条，同治四年。
[6] （明）黄福：《丛书集成·奉使安南水程日记》。

图 12-6　广西防城港伏波文化公园①

图 12-7　伏波将军马援雕像
（摄于 2017 年 8 月 19 日）

---

① 伏波文化公园位于广西防城港市，防城港市是东汉伏波将军马援南征交趾重大历史事件的主要发生地，由马援南征而产生、形成、发展并传承下来的优秀历史文化"伏波文化"，是防城港市最丰富、历史最悠久的一笔文化遗产，在该市源远流长，影响深远，群众基础广泛。

图 12-8　广西横县伏波庙[1]
（摄于 2010 年 9 月）

雷纹一类铜鼓，"马式"（饰）铜鼓迄今未发现。经实地调查，海南地区的铜鼓也是如此。这是就铜鼓方面说的。从铜马方面而言，古往今来，广西各地的古墓葬所出属东汉或东汉稍后时期之铜马迄未发现。西林县普驮铜鼓葬虽出土过一具铜马，贵港市郊风流岭第 31 号汉墓也出土过一具，但都是西汉时期的[2]，与东汉伏波将军马援南征交趾时代不符。是不是当年伏波将军马援"乃铸"的"马式"（铜马）都已"还，上之"了呢？现在看来，情况未必是这样，因为根据历史的记载，当年伏波将军马援"乃铸"的"马式"不是少数，而是成百上千件（详下文），如果说这"马式"不是铜鼓，而是铜马，这么多铜马，当年伏波将军马援的"还，上之"也"上之"不了这么多的。

据此，笔者以为东汉伏波将军马援"乃铸"之"马式"，所指不是铜

---

[1] 伏波庙位于广西横县云表镇站圩东南 3 千米的郁江乌蛮滩北岸，距县城 28 千米，是为纪念东汉伏波将军马援南征交趾（今越南），平定叛乱、定疆界，在乌蛮滩疏河通航而建的一座祭祀性建筑。其始建年代不详。现存的伏波庙，为明清时期的建筑。

[2] 广西壮族自治区文物工作队：《广西西林县普驮铜鼓墓葬》，《文物》1978 年第 9 期；何乃汉、张宪文：《广西贵县风流岭三十一号西汉墓清理简报》，《考古》1984 年第 1 期。

马,而是铜鼓,是那鼓面蛙饰之间塑有"立马将军,盔甲戈戟皆具"的马饰铜鼓。可资证明的是,《广东新语》表明,马援在南征中"乃铸"的是铜柱、铜船和铜鼓,没有提到铜马。说明《后汉书·马援列传》中之"马式"指的是铜鼓而不是铜马。20世纪50年代初于广西藤县和平区古竹乡出土之骑乘纹铜鼓,面径87.7、高66.2厘米,鼓面中心太阳纹十二芒,主晕饰简化羽人纹,面边塑四大立体蛙,在相邻两蛙之间加塑并列双骑乘饰两组,单骑乘饰一组(另一组为并列双鸟饰)[①]。该鼓为东汉中期物。此一多立体马饰的铜鼓,应为伏波将军马援"乃铸"的"马式"(饰)铜鼓之所遗,也是伏波将军马援"马式"(饰)铜鼓的典型物之一(图12-9)。从历史上说,东汉伏波将军马援虽非南方铜鼓的创铸人,但其在南征中得骆越铜鼓之后曾"效而铸"造过铜鼓。此说欠妥。因为铜鼓为一高技术的产品,而伏波将军马援为河西扶风茂陵人,其部下亦多是北方人,素无铸鼓之技,南征中往来靡定,居走无常,虽得骆越铜鼓也无法"效而铸之",那些"马式"(饰)铜鼓当为伏波将军马援在得骆越铜鼓后责令骆越人的铸鼓工匠特意铸出的,非伏波将军马援"效而铸之"也。对于伏波将军马援"乃铸"的"马式"(饰)铜鼓,清人屈大均在《广东新语·地语》"铜柱界"条云:"伏波既平交趾,或尽收其兵销镕。既铸铜柱五以表汉疆,又为铜船五、铜鼓数百枚,遍藏于山川瘴险之间,以为镇蛮大器。"《铜鼓联吟集》卷四顾涛《铜鼓歌》云:"相传伏波下交趾,铸此千数列荒坰。訇然声起动天地,悬军万里屠长鲸。忽跃二鼓浔江底,至今镗鞳使人惊。"可见马伏波"乃铸"的"马式"(饰)铜鼓,不是少数,而是成百上千面。尽管这些铜

图12-9 鼓面有骑马塑像的古竹鼓
(广西民族博物馆藏,102号鼓;引自广西壮族自治区博物馆:《广西铜鼓图录》,文物出版社,1991年)

---

① 广西壮族自治区博物馆:《广西铜鼓图录》,文物出版社,1991年,第70页,102号鼓。

鼓早已为马伏波或"还，上之"，"或沉之水，或瘗之土"①，"遍藏于山川瘴险之间"，或已"列荒坰"了。1949年以来，为耕者渔者所发现的已达20多面。今后，随着社会生产的发展，"马式"（饰）铜鼓之发现将会更多。

需要解决的问题是，马伏波"乃铸"的铜鼓何以一反骆越类（羽人纹一类）铜鼓之常态在鼓面蛙饰之间加铸立马为饰呢？这一点，前人未曾探讨过。过去，因资料所限，笔者曾认为伏波将军马援"乃铸"的铜鼓之所以以立马为饰是为体现马援新息侯的"威灵"问题②。现在看来，这只是问题的一个方面。更主要的是，如《广东新语·地语》"铜柱界"条所言："伏波既平交趾，或尽收其兵销镕。既铸铜柱五以表汉疆，又为铜船五、铜鼓数百枚，遍藏于山川瘴险之间，以为镇蛮大器。"文中之"蛮"字何所指呢？是指南方人或南方的少数民族吗？笔者看都不是，而是指南方的"蛮烟瘴雨"。也就是说，当年伏波将军马援曾以"马式"（饰）铜鼓和铜船镇住南方的"蛮烟瘴雨"，使马援在南征中"人舟赖以无险"③，以保证南征的胜利。因其如此，所以伏波将军马援在铜鼓、铜船铸就之后，复将它"或沉之水，或瘗之土"，"遍藏于山川瘴险之间"。是故，清《粤西诸蛮胜迹》彭廷椿《铜鼓歌》云："或云伏波讨交趾，山溪霆液涌寒溜。制鼓击之驱烟岚，蛮烟瘴雨霁边堠。"民国九年广西《桂平县志》卷五十五《纪文·诗录一·同前题》《铜鼓滩》诗亦云："汉将勋名遍远郊，独抛征鼓压惊潮。"这一点，海南临高出土的铜釜可以佐证（图12-10）。该铜釜圜底，

图12-10　海南临高县抱才乡出土古代铜釜
（海南省临高县博物馆藏铜釜口径50、高40厘米，重100千克。仰埋，下压油灯碟，碟内置有铜钱；本器需注意釜口上的釜耳数及立体饰物数）

---

① 道光《铜鼓联吟集》吕璜序。
② 潘世雄：《广西铜鼓纹饰的意义》，《古代铜鼓学术讨论会论文集》，文物出版社，1982年。
③ （清）汪森：《粤西丛载·物产》"铜鼓"条。

口径50、高40厘米，重100千克。釜口口沿上塑6只拱形竖耳，两两相对。另于釜口相邻两釜耳之间及各釜耳左右两拱角之上均塑有立体骑乘饰。铜釜出土时釜口朝上，上盖石板。釜腹的底部置3只呈品字形的瓷碟，碟内残留有黑色的油渍物，并置古钱2枚。又于各瓷碟底下垫压古钱1枚。与临高铜釜相类似的铜釜在海南东部的陵水县和西部的东方市也有发现。所异者是，陵水铜釜口径56、高31.5厘米，釜口口沿上塑圆条羽状纹拱形竖耳四只，两两相对。值得注意的是，釜耳左右两拱角及耳的顶部各塑有两端翘起中间凹下的饰物，疑为马鞍，为临高铜釜骑乘饰之简笔。东方铜釜与陵水铜釜大致相同。海南三铜釜釜身饰物及釜腹内的遗物表明，这些铜釜非生活实用器，而是宗教迷信品。在调查中土著的临高人说过："昔时，海边的船民在安龙开港或于新船下水启航前常铸造一多耳铜釜作祭器，祭毕即将其瘗埋于海边的龙头山（海边高地）上，用以镇海神确保新港新船未来海上平安。"这样看来，海南三铜釜实非生活实用器，而是海南古船民于安龙开港或新船下水启航前所铸所瘗铜釜之所遗。南方鼓、釜上之所以以立马为饰与人们对马的看法有关。我国民间素以为马生龙，马与龙均为祥瑞之物，能为人镇妖压邪保平安。在《西游记》中，随唐僧左右的那匹白马，在唐僧遇难时，时而变成白龙高翔于天，时而驰下深渊，为唐僧排忧解难保平安。为了镇妖压邪保平安，古人铸鼓造釜遂以立马为饰。

但在我国，马有多种，以毛色言，有白马、黑马和枣红马等种，一般以枣红马为多，黑马次之，白马最少。那么，古代南方鼓、釜上的立马饰所要体现的该是什么马呢？考虑到我国民间八仙传说中的曹国舅在厌世之余是骑着白马升天成仙的。东汉明帝永平十年（67年），遣使蔡愔等赴西域求佛法，返回时选用白马驮载佛经像至洛阳，次年于洛阳建白马寺以藏佛经[①]。佛教大师赵朴初在提到洛阳白马寺时有诗云：

　　　　天下重一马，千秋护两坟。若教梼杌在，应记楚桑门[②]。

---

① 1979年版《辞海》"白马寺"条，第1762页。
② 《赵朴初与小和尚话古今》，《报刊文摘》1992年5月12日第646期。诗中的"两坟"指天竺僧人迦叶摩腾和竺法兰。当年，蔡愔等人在西域求佛法，在月氏遇上他们，便迎入内地，死后葬于洛阳白马寺内。

诗中之"一马",显然是指从西域驮载佛经回洛阳的那匹白马。传说贞观三年(629年),唐僧往西天求佛经,行前唐太宗特赐他白马一匹。民间认为将白纸马焚化给死者,既可供死者在阴间役用,又可保护死者的阴魂,使之能平安到达彼岸。由于民间对白马有这些看法,所以历代天子帝王离宫出巡时所乘的也是白马,如是坐车则由白马牵引。传说当年周武王率师入商都朝歌和后来还师西岐,所乘的都是白马,而姜太公等文武官员乘的则是枣红马。唐明皇(玄宗)在登基当皇帝之前,外出均骑枣红马,而在登基当上皇帝之后,外出则骑白马。元代的成吉思汗当年驰骋沙场,骑乘的也是白马。明永乐帝(成祖)与菲律宾苏禄国王在北京外出观看马球赛,明帝乘的是白马,苏禄国王虽是王,但因是外宾,故其所乘是枣红马。清康熙帝(玄烨)登基后与群臣外出行猎,骑的也是白马,群臣们骑枣红马。古僧人道士及天子帝王唯白马是用,似非偶然,也非"图洁净"思想所能解,应有一定的宗教意识于其中,所以古人常以白马血作盟誓,或以白马作祭祀的牺牲[①]。可见南方古鼓、釜上之立马饰所要体现的应是白马,只是古代的冶铸工匠无法将金属中的青铜弄成白铜罢了。

总之,笔者以为《后汉书·马援列传》中之"马式"指的不是铜马,而是铜鼓。其之所以以立马为饰,乃因龙马为民间祥瑞物,可以镇妖驱邪。

第三节　铜鼓卜丰年(壮、瑶族风俗)

铜鼓已流传两千多年,在中国大部分地区和民族中已相继退出历史舞台,只留下某些遗迹和历史的回忆,只有很小部分地区和民族还保存着使用铜鼓的古老习俗,成为绵延千古的铜鼓文化的"活化石"。就目前所知,主要集中在广西的红水河流域,以东兰、天峨、南丹、巴马等县最多,田林、西林及云南文山也有不少。

我国的南方和西南少数民族聚居地区,铜鼓有很多。少数民族群众都很喜爱铜鼓,逢年过节或遇红白喜事,常击铜鼓(图12-11~图12-13)。《桂海虞衡志·志器》说:"铜鼓,古蛮人所用,南边土中时有

---

① 舒新城、沈颐、徐元诰等主编:《辞海》合订本全一册,中华书局,1947年,第928页,"白马"条。

掘得者。"《岭外代答·乐器门》"铜鼓"条也称："广西土中铜鼓，耕者屡得之。""交趾尝私买以归，复埋于山，未知其何义也。"

图 12-11 鼓乐声声庆丰年
（南丹白裤瑶击鼓场面）

图 12-12 广西都安瑶族自治县七百弄公社瑶族铜鼓舞
（都安瑶族自治县文化馆卢炳康摄，1981年6月）

图 12-13 水寨欢乐的端节
（潘新丰摄）

历史记载表明，我国古代的人，由于时代的局限，比较迷信，曾以为那些沉重而冰冷的铜铁之物，可以镇压蛟龙、水神之类。而古代的布越人，历来崇尚多神，迷信占卜（有岁卜、鸡卜、卵卜、茅卜、谷卜、米卜、龟卜、鳖卜、蛙卜、鱼卜、狗卜等），当然也迷信铜铁之物的"金克木之道"了。由于"铜为物之至精，不为燥湿寒暑变其节，不为风雨暴露改其形"①，且铜的音响极佳，南方地区多铜矿，古越人的青铜冶铸技术又是很高的。为"以鼓象其声，以金发其气"②，发挥铜的"克木"作用，古代的布越人遂铸铜为鼓，并大肆举行铜鼓卜以镇压经常为患的蛟龙。可见南方铜鼓虽系民族乐器之一，娱乐的作用是主要的，但因我国素以农立国，农业生产与气候有密切的关系，加之天命观的影响，为了风调雨顺，为了丰收，为了国泰民安，历代常以天子为首祭天求丰收。西汉学者董仲舒曾写有《春秋繁露》之《求雨》《止雨》篇③，民间也常以土鼓、雷鼓和铜钟为媒介求雨求丰收④。在此情况下，南方铜鼓在应用于文化娱乐的同时，也常被用于求雨求丰收活动。这一点，可以从铜鼓上特有的音乐设施和铜鼓上的纹饰含义辨认出来⑤。

源于布越人的广西壮族保留有关于"图额"（$tu^2 \eta u^4$）的传说。按照壮族人的说法，所谓"图额"，指的是水中的蛟龙。它常兴风作浪，制造水旱奇灾，为害凡间，所以人们非常害怕它，又非常憎恨它。"图额"虽然很凶恶，但却很胆小，它害怕铜，害怕铜鼓。人们认为，铜鼓能对付"图额"，镇压"图额"，确保风调雨顺，庄稼丰收。所以，人们对铜鼓非常推崇，视其为神灵之物，平时"或沉之水，或瘗之土"，把它埋葬起来，以为这样，既可以镇压图额，确保风调雨顺，庄稼丰收，又可以从出土铜鼓的铜色判断当年年景。人们还认为，如家有铜鼓而不埋葬，须用铁链或稻草绳将铜鼓套锁于柱头上，不然它会飞奔而去。与壮族杂居的田林木柄瑶和都安巴马的布努瑶也有类似的说法和做法。"水中的蛟龙"瑶语也叫作"图额"，瑶人认为铜鼓不只是"图额"怕，家里的神也怕，如家有铜鼓而不埋葬，家神不敢回归，这样家庭就不兴旺发达了。

---

① 《汉书》卷二十一《律历志第一上》。
② （清）屈大均：《广东新语》"铜鼓"条。
③ （汉）董仲舒：《春秋繁露》卷十六；（清）李调元：《罗江县志》卷二。
④ 《周礼·春官·籥章》："凡国祈年于田祖，龡《豳雅》，击土鼓，以乐田畯。"《辞源·午集》"雷鼓"条：雷鼓为"古人祀天神时用之"。而祭天神当属求雨祈丰收的一种。我国古代铜钟多有"风调雨顺，国泰民安"铭文，表明古铜钟为求雨用器。
⑤ 潘世雄：《铜鼓的音乐性能》，《中国音乐》1982年第4期；潘世雄：《广西铜鼓纹饰的意义》，《古代铜鼓学术讨论会论文集》，文物出版社，1982年。

为了家庭的兴旺发达，平时要将铜鼓埋葬于郊野。瑶族头人兰有理的铜鼓从不放置在家，原因就在这里。

1983年春节，为探索古代布越人卜鼓祈年的风俗，笔者特意到广西田林县和木柄瑶群众一块过年，借以看看他们是如何发掘铜鼓、如何埋葬铜鼓的。紧接着又到广西东兰、巴马、凤山、都安的壮、瑶族地区进行铜鼓调查（图12-14、图12-15），启发良多，收获甚大。为供参考，兹将壮、瑶族的铜鼓卜风俗简述如下。

1

2

图12-14　广西东兰壮族铜鼓舞

1. 新春击鼓祈年的场面，人们手拿道具有鱼、稻穗、南瓜、牛头、玉米、猪等物像，意为通过此可获风调雨顺、五谷丰登、六畜兴旺。后面一排挂着四面铜鼓，前面的皮鼓是助兴性质
2. 后排居中为笔者

图 12-15　广西东兰壮族铜鼓舞

1. 壮族的铜鼓卜

一位从事民族社会文化工作多年的壮族同志经考证后指出，壮族的铜鼓卜原先是与蚂蚜（田鸡）卜①同时进行的。卜时将蚂蚜置于铜鼓面上一并埋入土中，一年之后进行发掘，观看出土铜鼓鼓面的铜色和蚂蚜的骨色如何，以卜当年年景。人们说，出土铜鼓的铜色和蚂蚜的骨色呈金黄色为吉，是年可风调雨顺，作物丰收；呈黑白色为凶，预兆当年年景不佳，须预加防范，以保年成而安定生活。后来，因生齿日众，人事日繁，所葬下的铜鼓常常失窃，为防止铜鼓失窃，遂一改昔日的做法，春节举行蚂蚜卜祈年时，只举行蚂蚜卜，不举行铜鼓卜了。但在举行蚂蚜卜的时候，一定要大敲铜鼓、高唱铜鼓歌。不然，蚂蚜卜就会失灵。对这一说法，笔者询之该地群众，他们都言符合实情。这么说来，壮族的蚂蚜卜，实系原先铜鼓卜的流变。壮族的蚂蚜卜，以东兰、巴马、凤山一带为最普遍而典型。大年初一那天，各村寨的人都要乔装打扮，大敲铜鼓，分头到田间去寻觅蚂蚜。找到了蚂蚜，大家就围拢过来高唱《蚂蚜歌》，歌云：

---

① 俗叫"埋蚂蚜"，是在春节时进行的。此种蚂蚜，东兰壮语叫作"$tu^2 ke^1$"，桂南壮话叫作"$tu^2 he^2$"，这是小田鸡的一种。

大年初一敲铜鼓，请蚂蚜进村同过年。
　　让它（蚂蚜）坐上大花轿，全村男女庆新年。
　　游村三十日，欢乐三十天。
　　又请千人来送葬，还请万人来比"欢"（Vu：n²）①。
　　从此年年降喜雨，从此月月雨绵绵。
　　人畜安宁五谷丰，欢乐歌舞落人间②。

进行蚂蚜卜活动时要打铜鼓，打鼓要齐唱《铜鼓歌》。歌云：

　　打鼓响一声，万村得太平，
　　不受水旱灾，不受虎狼侵。
　　打鼓响二声，五谷得丰登，
　　一穗三百粒，十粒有半斤。
　　……
　　打鼓响十声，报给万众人，
　　来年风调雨又顺，万家笑盈盈。
　　今日埋蚂蚜，求玉皇开恩，
　　祈求及时雨，干旱莫来临③。

2. 木柄瑶的铜鼓卜

　　木柄瑶的铜鼓卜别具一格，饶有古风。木柄瑶原叫盘古瑶，是瑶族的一支，聚居于田林县浪平公社平山大队的平山、瑶湾老寨、瑶湾新寨、花蓬、上坝5个自然村，共58户304人，全是黄家的。据他们说，他们的铜鼓卜已沿袭很久了。其具体做法是：每至农历12月底逢龙、蛇之日（即逢辰、巳日），即椎杀一黑色而健壮的雄性水牛（黄牛不能用，因黄牛耐旱，与雨水无关），以作掘铜鼓祭牲。1949年以后，为保证生产用牛，政府不许随意宰杀好耕牛。木柄瑶胞遵从政府的规定，改以偷吃

---

① 壮语译音，意为唱山歌。
② 覃剑萍：《壮族传统盛节——蚂蚜节》，《广西少数民族民俗调查》（第一集），1982年，第67页。
③ 东兰县城厢公社田峒大队孙孟儒老人（62岁）口述，县文化馆马永全同志记录整理。

粮食和野果为生的山鼠或山雀代之。发掘铜鼓的时间也随之改在农历正月初三。之所以用这些鼠雀作铜鼓祭牲，用木柄瑶的话说："人以粮食为生，上述之鼠雀也是，所以它们也要和人一道来祈年，不然，连它们自己也要被饿死。"但肉食的鸟兽不能用，因为它们与粮食生产无关，同时，铜鼓上已有肉食鸟兽了，再用它去祭铜鼓，铜鼓之神会失灵，鸟兽也会飞奔而去。所用之鼠雀祭牲，要在大年初一分头去猎取。大年初二凌晨（农村习惯以雄鸡初唱为准）即在铜鼓保管员家举行名为"卜多星"（汉义为"开春门"）的赛神活动，向铜鼓之神报告，现在春天来了，可以掘铜鼓了，可以下地闹生产了[①]。大年初三早上，先是用上述祭牲连同各家各户自带来之祭品（米酒、肉类、粽粑等）祭社亭（土地庙），接着举行掘铜鼓仪式。掘鼓时，先是在埋鼓处设坛祭祀，由民族代表（他同时是祭司道人）念经作法，接着由两个男青年挥锄掘鼓。铜鼓出土时，民族代表除注意观察各鼓鼓面铜色外，还要留心审视各鼓鼓腹内的积水量及水色。人们认为，如鼓面中心的太阳光芒及各芒所属铜面的铜色呈金黄色，鼓腹内以积有少量的清水为吉，是年可风调雨顺，五谷丰登，人畜兴旺；反之则为凶兆。经此一番辨认之后，将铜鼓洗净揩干，悬于庭中。之后经民族代表诵经作法，并试击一轮之后，群众就可以大打其铜鼓，大跳其铜鼓舞了。铜鼓一经开打，可以天天打，夜夜打，直打到正月底。到了二月就不能再打铜鼓了。正月底或二月初，择龙、蛇之日并举行祭仪后复将铜鼓卜葬于预先选好的吉地之中。卜葬铜鼓与发掘铜鼓之所以选于龙、蛇之日进行，乃因蛇属龙类，而龙能治水。为防止铜鼓丢失，近若干年来，已变野外卜葬为家室卜葬了。不管是哪一种，卜葬铜鼓都是于夜间在极其保密的情况下进行的，参加者只有上了年纪的民族代表和铜鼓保管员两个人，其他人一概不得过问[②]。

类似木柄瑶的铜鼓卜，在都安、巴马县的布努瑶和南丹县的白裤瑶族中也有（图12-16）。所异者是后者的卜鼓仪式略为简朴。另据报道，贵州省黔南州独山布依族（图12-17）和聚居于云南富宁、麻栗坡等

---

① 按照木柄瑶的习俗，自年初一至初三"开春门"之前，这段时间不事生产，也不打柴舂米。这段时间所需柴米，必须于过年前备好。
② 本节材料写成后，曾送木柄瑶同志审查，他们认为写得完全符合事实。

图 12-16 白裤瑶击铜鼓情形

图 12-17 贵州省黔南州独山布依族铜鼓舞

地的彝族也有卜葬铜鼓的风俗[①]。各地卜鼓的具体做法可以有所不同，但卜鼓的时间在春节、野外卜葬、少数人经手并秘密地进行，则是共同的。

我们透过壮、瑶族的卜鼓风俗，可以知道古代的布越人及其后裔俚僚人，为求丰收，于新春来临时，常铸造铜鼓并进行铜鼓卜以祈年（图12-18～图12-20）。一些与布越人杂居或邻居的兄弟民族可能入其地而染其风。当时人们为保护铜鼓，使铜鼓卜显得灵验，卜葬铜鼓时只由极少数人经手并于夜间秘密地进行，其他人不得而知。在此情况下，在这长长的一年当中，如经手卜葬铜鼓的极少数人有何意外而又来不及告知可靠的人铜鼓之事，铜鼓的卜葬地点，谁能知晓？这并非耸人听闻之谈，历史上确有其事。例如，广西都安七百弄瑶族头人兰有理生前就曾在野外卜葬过5面铜鼓，死时因来不及告知他人，那5面铜鼓至今仍不知埋葬于何方。四川会东一号鼓为布依族铜鼓，该鼓于1956年春节在击鼓祈年之后由梁家的老祖父经手卜葬于屋后山上，不久老祖父突然去世，

图12-18　广西都安七百弄弄腾大队瑶族铜鼓舞

[①] 胡立嘉：《会东布依族传世铜鼓》，《第二次古代铜鼓学术讨论会资料集》，1984年；王大道：《云南富宁、麻栗坡两县铜鼓的调查与研究》，《中国铜鼓研究会第二次学术讨论会论文集》，文物出版社，1986年，第222、223页。

图 12-19　广西都安七百弄保上瑶族猴鼓舞

图 12-20　广西都安七百弄保上大队瑶族打铜鼓

来不及告知他人，铜鼓沉埋地下，谁也不知其处。后来因山洪暴发山土被冲刷，铜鼓突兀于地表方为人知[①]。如果不是山洪帮了忙，大概人们还不知该铜鼓埋葬于何处，唯待后人于偶然中发现了。当然，这并不是说古代的卜铜鼓者个个都出了意外，致使他们经手卜葬的铜鼓都被遗忘于地下了。但古人迷信铜鼓，迷信铜鼓卜，新春来临，为了祈年求丰收，村村卜铜鼓，寨寨葬铜鼓，一年一度，年复一年，一两千年来，铜鼓入土知多少？那些被卜葬于地下的铜鼓，就算是百中遗一或千中遗一（这是极有可能的），为数也够多了。近现代的广西和滇黔川地区，尚保有卜铜鼓之风的毕竟不多了，但尚不断地有"遗忘"的情况发生；古代卜铜鼓之风很盛，"遗忘"的情况当属不少。那些被遗忘于地下的铜鼓，当为后代的耕者所获，所以《桂海虞衡志·志器》"铜鼓"条说："铜鼓……南边土中时有掘得者。"《岭外代答·乐器门》"铜鼓"条亦云："广西土中铜鼓，耕者屡得之。"

第四节　壮族铜鼓舞

由于中国自古以农立国，农业生产与风雨有密切的关系，故上自黄帝时期，下及晚清，"礼天祈年"求雨之举就像一条红线贯穿于我国历史的始终。在"礼天祈年"思潮的影响下，广西的东兰、巴马、凤山、天峨、南丹等县的壮族，每逢新春佳节多有"埋蚂蜴"之举，活动之中敲铜鼓，大唱《铜鼓歌》《蚂蜴歌》，大跳铜鼓舞，虔埋蚂蜴以祈年（图12-21）。

铜鼓在中国已有2000年的历史，铜鼓舞自然也是源远流长。铜鼓舞是在广西、云南的壮族、彝族、瑶族、苗族、布依族等各民族中流传最广、影响最大的古老舞种之一，是壮族当代文化的一个重要组成部分（图12-22）。

[①] 胡立嘉：《会东布依族传世铜鼓》，《第二次古代铜鼓学术讨论会资料集》，1984年；王大道：《云南富宁、麻栗坡两县铜鼓的调查与研究》，《中国铜鼓研究会第二次学术讨论会论文集》，文物出版社，1986年，第222、223页。

图 12-21 壮族铜鼓舞

图 12-22 大气磅礴的壮族铜鼓舞

（引自《风情东南亚 舞出异国情》，《南国早报》2006年10月30日第26版）

我们知道，铜鼓是由炊煮用的铜釜演化而来的。当人们从铜釜内取完食物之后，将铜釜翻倒过来，用木棍敲打，在简单的节奏之下，重现狩猎、采集或农耕中的某些精彩动作，形成了最初的铜鼓舞。当形成之后，铜鼓舞也就作为一种独立的舞种形式广为流传了。如云南彝族"打公节"跳的《妻丽》，是云南东部彝族人民喜爱的古老的传统民间舞蹈，流传在云南文山壮族苗族自治州的富宁、广南、麻栗坡、西畴等县。由于跳《妻丽》时会击铜鼓伴奏，故《妻丽》就是铜鼓舞。聚居于广西田林县的木柄瑶（瑶族的一支），岁终除夕，也有椎牛祭铜鼓、打铜鼓、跳铜鼓舞、卜葬铜鼓的祈年之俗。笔者看过好多南方少数民族的铜鼓舞，但较具规模、表演较为精彩的要算是广西东兰的壮族铜鼓舞了。

1963年6月间，笔者等在广西都安板升地区进行文物普查。为表示对我们广西文物普查队到来的欢迎，板升大队部特意组织了一场地道的壮族铜鼓舞。1982年春节期间，为了解广西壮族卜鼓祈年的具体做法，笔者特意到广西田林县近邻的凤山、东兰、巴马、河池、宜州等县市做铜鼓调查。当时正是各地的壮、瑶族群众欢度春节、大敲铜鼓娱年或卜鼓祈年之际，故笔者此行见闻不少，获益良多。

广西东兰的壮族铜鼓舞是在新春佳节举行埋蚂蚜（此蚂蚜壮话叫作tuke）活动时进行的。埋蚂蚜这一活动盛行于广西的东兰、凤山、巴马等县，其意在于祈求当年风调雨顺，庄稼丰收，生活美好；跳铜鼓舞的用意也是如此。跳舞时，使用的乐器和道具有：铜鼓4面（也有用2面的，但为数较少），皮鼓1个，筛箕1个，竹筒（即竹质的木鱼，壮话叫作bang）1个，另外还有绘有稻穗、玉米苞、大南瓜、水牛头、大肥猪、大鱼等物像的道具6个（图12-23）。上场人数13个人。只见舞场左右两边各挂两面铜鼓，在两排铜鼓中间，斜置一大皮鼓，在皮鼓的前面站立一手捧筛箕的舞者。首先出场的是4名铜鼓师，他们站立于横挂的铜鼓旁，右手拿木槌叩击鼓面，左手持小木棍敲击鼓身作配音，鼓点由慢转快，由疏转密，由低音到高音。一俟各个铜鼓的鼓点合拍以后，一名皮鼓师两手执鼓棍，从人群中跃出，依着铜鼓的鼓点，大打起皮鼓来。他时而正面打，时而侧身打，时而翻身打、转身打、抬腿打，边打边跳，动作活泼自如。当皮鼓声到达高潮时，引出铜鼓声，当皮鼓声和铜鼓声都到达高潮时，拿筛箕和竹筒的人出场，他们紧跟着打皮鼓人的动作起舞。其中，手捧筛箕的舞者翩翩起舞，时而频频舞出各种筛谷播种的动作，表明壮族铜鼓舞与农家筛米祈年有关；时而为打皮鼓人扇风助兴。拿竹筒者左手持竹筒（铜）鼓，将竹筒的一端置于左肩上，右手持小木棍敲击竹筒（图12-24），发出"督督"的响声，意在张扬声势，驱赶山中的猴子和野猪之类，以保护庄稼。往后，待铜鼓和皮鼓的鼓点进入高潮的时候，场上又出现手持以稻穗、玉米苞等物像为道具的6个女子，

图 12-23　广西东兰壮族铜鼓舞

伴随着鼓点翩翩起舞。她们时而左右手挥动图像，手舞足蹈，时而双手捧着图像道具，左看看，右想想，像是在沉思祈祷手中的图像能变成丰收的现实。一个农业民族在春耕时常有的祈年祷丰收的场景，被生动地反映出来了（图12-25、图12-26）。

板升壮族铜鼓舞的这一情况与相邻的东兰大同壮族铜鼓舞的情况极为相似，表明东兰大同壮族铜鼓舞与板升壮族铜鼓舞一样为祈年性的铜鼓舞。

但在这以前，人们常将少数民族的铜鼓舞或击铜鼓为欢的活动说成是在庆丰收。这个意见，未必尽然。如果是这样，则此项活动应在秋收登场后进行。而各少数民族的铜鼓舞，多于农历新春佳节时进行。一年之计在于春，春耕刚刚开始，还没有收获，收成如何也不知道，怎能说这是庆丰收呢？应说是求丰收，是人们祈求在新的一年里风调雨顺，五谷丰登，国泰民安。这是人们在新春佳节的美好祝愿。

图 12-24　竹筒（铜）鼓

图 12-25　广西东兰壮族铜鼓舞
（手持以稻穗、玉米苞等物像为道具的 6 个女子，一人持小木棍敲击竹筒，伴随着鼓点翩翩起舞）

图 12-26 广西东兰壮族铜鼓舞
（左为皮鼓师，两手执鼓棍，依着铜鼓的鼓点打起皮鼓）

历史已经证明，祈雨祷年的那种想法和做法虽然均属唯心的想法，缺乏科学依据，但通过这种热爱乡土、热爱生产劳动、热爱生活的方式，把民族的文化和艺术保存下来，则是难能可贵的。

流传在广西巴马、东兰一带的"铜鼓舞"，因以铜鼓伴奏而得名。过去铜鼓舞是"蚂蚓节"时在埋蚂蚓仪式中跳的（图12-27）。随着历史的发展，少数民族自娱的需要，人们才单独表演。如今广西东兰、天峨等地壮族在跳铜鼓舞时，敲击铜鼓都习惯每4面铜鼓为1组，配合敲奏（图12-28）。这个舞蹈一般由7人表演，其中4人敲击铜鼓伴奏，1人在中间打皮鼓，另两人分别持竹梆和笠帽伴舞（图12-29）。击皮鼓者边击边舞，动作有转身击鼓、仰身击鼓、侧身击鼓、上下击鼓、腿下击棍等，节奏由慢到快，要求表演者身姿灵活，节奏准确。伴舞持笠帽不断为击皮鼓者扇凉助兴。另一人左肩扛木梆，右手持竹棍敲击，在皮鼓与铜鼓间穿插，来回跳跃。铜鼓声、皮鼓声和竹、梆声汇成高低不同的旋律，振奋人心。在铜鼓舞中，铜鼓占有重要的位置。

"铜鼓舞"若隐若现地重现古代骆越人在巫术礼仪中那种感性信仰和追求，仿佛伴着那雄厚而沉朴的鼓声、粗犷的呐喊以及狂热的舞姿而涌

图12-27 广西东兰壮族"蚂蜴节"跳铜鼓舞

(潘新民摄于2013年3月13日)

图 12-28 跳铜鼓舞
（敲击铜鼓习惯每 4 面铜鼓为一组，配合敲奏）

图 12-29 广西东兰壮族铜鼓舞

出画面，使人仿佛身临其境。在广西左江花山崖壁画上，绘有许多大大小小的圆形图像，这种图像有的外有芒星，有的既有芒星，又有芒线；有的外沿附有半环状吊耳。这些圆形图像应是古代骆越铜鼓的写照。在崖壁画中的不同样式铜鼓图像的前边和两侧，有舞人击鼓的图像，可能是所谓"鸣鼓集众，闻鼓而至"举行的祭祀仪式。人们听到鼓声，汇集而来，围着铜鼓，伴着铜鼓深沉浑厚的节奏，作热情跳跃状（图12-30）。若把壮族铜鼓舞与左江崖壁画上的铜鼓舞人联系起来，则不难看出，远在两千多年前，壮族先民的铜鼓舞已较为成熟完善，普遍盛行。

图12-30　广西左江花山崖壁画之击铜鼓图
（引自广西壮族自治区文化厅文物处等：《广西左江岩画》，文物出版社，1988年）

另据报道，"赛铜鼓"是广西东兰、凤山、巴马一带壮族盛行的娱乐活动，是以铜鼓配乐的一种壮族舞蹈[①]。每逢新春佳节，人们将寨里的铜鼓集中置于寨上较平旷的场地，按大小次序排列，使之形成"音阶"。击鼓时，由一个熟知铜鼓音阶和声律的老鼓手敲锣指挥，穿着节日盛装的鼓手和舞伴们应声击鼓和起舞。舞蹈的内容分为"开场""春耕""夏种""秋收""冬藏""迎春"6个部分，反映稻作农业一年四季劳作的全过程和对五谷丰登的祈盼，以及获得丰收的喜悦。鼓手们按指挥者的拍

---

① 罗伏龙：《赛铜鼓》，《南宁晚报》1982年1月21日第3版。

子来掌握击鼓的疏密缓急、轻重高低，以表达壮家四季农事紧张繁忙等情调。舞伴们则听鼓声的节奏，以各种优美的动作表现壮家的劳动和欢乐，形象逼真感人，场面极为活跃。要是指挥有方，鼓手、舞伴协作合拍，鼓声自然嘹亮，山寨十多里甚至几十里以外都能听见。于是，其他山寨便会云合响应，男女老少携铜鼓寻声前来赛鼓。

赛鼓从正月初一开始，十五日达到高潮。要是哪个山寨的代表队表演得极为精彩，各山寨的鼓手们就以经久不息的掌声表示恭贺，而且主赛的男女老少争相邀请那些优胜的鼓手和舞伴们到家中做客。赛鼓收场时最为壮观，那时灯火通明，万鼓齐鸣，千人同舞，鼓声歌声，响遏行云，充分体现了壮族人民团结友爱、乐观上进的精神（图12-31）。

东兰是壮乡，又是"铜鼓之乡"，2003年再次调查登记到的东兰县

图12-31　1992年4月，广西东兰县举行传统的三月三铜鼓山歌会，东兰县壮族敲击铜鼓庆祝"三月三"节

民间收藏的传世铜鼓504面,分布于11个乡(镇)77个行政村179个屯。那里有很多铜鼓资料,所以我三临其地,但对铜鼓情况的了解仍很不够,何时能再上东兰道?

第五节　花山再探——论左江崖画

本节以《花山崖壁画试探》为基础,该文是1978年初组稿的。1980年提交给广西民族研究会讨论,后被收入《广西民族研究参考资料》1981年第一辑。此间,同志们给笔者以很大的鼓励,也提出了一些值得思考的意见。笔者带着问题,四上花山(图12-32)。现将调查所得补充论证如下。

在广西左江地区,最先发现有崖壁画的山是广西宁明县的岜

图12-32　作者在花山考察
(摄于1982年8月)

来(图12-33、图12-34)。经调查,在桂西南的扶绥、崇左、龙州、宁明、凭祥和大新等县市境内的左江(包括左江的支流明江和黑水河)沿岸的悬崖峭壁上,共发现古代崖壁画60多处(图12-35);其间,最先发现有崖壁画的是宁明县的岜来,因该处崖壁画画面最大,图像最多,最引人注目(图12-36)。据测量,画面长170、高40米,总面积为6800平方米,共1300多个图像。按:"岜来"为一古越语地名。壮语中,"岜"指石山,"来"本是指人脸上或器物表面上的黑斑,这里可作"花纹"解,"岜来"可译为"有花纹的石山",即因此而简称为"花山"。可知岜来(花山)是就崖壁画而言。从历史上看,"花山"这个地名属汉译地名,出现较晚,是个新地名。有关花山崖壁画,清汪森《粤西丛载》引明张穆《异闻录》说:"广西太平府(今崇左地区),有高崖数里,现兵马持刀杖,或有无首者……"文中虽提到了崖壁画,但并未言及花山。而清光绪《宁明州志》则说,宁明县的"花山(岜来)距城五十里,峭

图 12-33 第三次考察广西宁明岜来花山时,作者在做现场讲解
(摄于 1982 年 8 月 15 日)

图 12-34 第三次考察花山时专家合影
(作者站在最后排中间)

图 12-35　广西宁明花山沿岸的崖壁画全景

图 12-36　举世闻名的宁明县花山崖壁画
（潘新民摄于 2015 年 7 月 17 日）

壁中有生成赤色人形，皆裸体，或大或小，或执干戈，或骑马，未乱（按：指太平天国运动）之先，色明亮，乱过之后，色稍黯淡。又按沿江一带两岸，石壁如此类者多有"。文中既提到崖壁画，又言及花山，可知"花山"这个地名系出自清光绪年间，至今才一百多年。由于宁明县的岜来（花山）最先发现崖壁画，且该处壁画的画面最大，图像最多，内容最丰富，因而人们常将宁明县的岜来崖壁画视为广西崖壁画的代表，将广西崖壁画称为"花山崖壁画"。从文义上看，"花山崖壁画"一名中"花山"已包含了崖壁画，正确的叫法应是左江崖壁画，或左江花山。

这些崖壁画系用赭红色的赤铁矿石（主要成分 Fe_2O_3，此种矿石壮语叫作"天宁"，天，石也，宁，红也，天宁即红石）打粉浆水绘成，色泽鲜红，笔调粗犷，作风纯朴。画中以人像为多，还有铜鼓、剑、狗等物像（图 12-37）。铜鼓图像多出现在人像的前面或前上方，狗像多在人像的下方。人像中以侧身像为多，且排列成行，两腿向后弯，两手向上伸张作打铜鼓状。也有单个体的正身像，腰间横佩剑把，手脚上下张开作跳跃状（图 12-38）。所有的人物图像生动活泼，内容丰富，深刻地反映

图 12-37　广西宁明花山崖壁画上的铜鼓舞

图 12-38　广西花山岩画

（引自广西壮族自治区文化厅文物处、广西壮族自治区博物馆：《广西左江岩画》，文物出版社，1988年。花山岩画位于广西左江，画面表现的是壮族的一种原始铜鼓舞）

了古代左江地区的社会生活，是研究广西古代社会历史的重要资料。

常为人们所提问的是，左江崖壁画在左江地区的古代社会生活中有何意义呢？对于这个问题，以往的研究者意见很多。较多的人以为唐代的农民斗争是古代左江地区的重要事件，因此多将崖壁画和农民斗争凑在一起，认为这是唐代广西的农民战争集会图[1]，或是唐代广西农民武装斗争的宣传画[2]；此外还有人认为是唐代广西壮族的语言符号[3]；也有人认为是古人用作镇压水鬼的符法[4]。近来更有人以为左江崖画与壮族的歌圩遗迹有关[5]。除作镇压水鬼的符法之说外，其他意见笔者看都难以成立。就所谓壮族语言符号而言，大家知道，唐代广西地区的社会经济和文化已有相当程度的发展，广西壮人韦敬辨撰写的上林县唐代《智城碑》和《六合坚固大宅颂碑》所具的文学水平和所反映的社会情况，就是一个证明。很难设想，当时在有这样的经济和文化水平的情况下，人们还绘制出那样原始粗犷的形象画，还以那样原始粗犷的形象画作为人的语言符号！提到壮族的语言符号，笔者不禁想起唐代广西壮族地区曾一度出现的壮族"土俗字"（方块壮文）。那种方块壮文是模仿方块汉字构成的，每个字均以两个汉字组成，一个记录某事物的壮语读音，另一个表明此读音的含义，如壮语谓"田"为"那"（读 na 音），就将"田""那"二字合并成"畓"（仍读 na 音）字，采用上音下义的办法；壮语谓"年"为"卑"（读 bei 音），就将"年""卑"二字合并成"鉌"（仍读 bei 音）字，采用左音右义的办法；壮语谓"风"为"林"（读 lom 音），就将"风""林"二字合并成"飌"（仍读 lom 音）字，采用左义右音的办法。也有以两个不同意义的汉字组成一个会意字或在汉字的基础上另创新字者。前者如"仈"和"仂"（读 lek 音，指小孩子）；毑（读 me 音，指母

---

[1] 广西少数民族社会历史调查组：《花山崖壁画资料集》，广西民族出版社，1963年。
[2] 黄增庆：《从考古资料来探讨壮族古代社会经济文化与汉族的关系》，《学术论坛》1978年第1期。
[3] 广西少数民族社会历史调查组：《花山崖壁画资料集》，广西民族出版社，1963年。
[4] 广西少数民族社会历史调查组：《花山崖壁画资料集》，广西民族出版社，1963年。
[5] 民族文化编辑部：《花山崖壁画与歌圩》，《民族文化》1984年第3期。

亲）字等。后者如"辿"字（读 hun 音，上的意思）、"廷"字（读 long 音，下的意思）、丕、夰字等。"丕"读 kun 音，在"上面"的意思；"夰"读 dai 音，"下面"之义。这种壮文，每字均用两汉字组成，因笔画过繁，书写不便，加之人们已习惯于使用汉语汉文，故没有被推广开来，仅在民间的山歌本或巫师唱本中有使用。不难看出，这种古壮文与左江崖壁画是截然不同的，说明所谓"语言符号"之说是不能成立的。至于唐代农民战争集会图、庆功图，或唐代农民武装斗争宣传画诸说，大家知道，有关唐代广西农民斗争的历史，在《新唐书》[①]或其他地方志书中都有较详细的记载，如果左江崖壁画也是广西农民军所作，是广西农民战争的产物，为何史籍上只字不提呢？按照那种说法推论，这些崖壁画应出现在当地的政治、经济、文化中心或重要的战斗地点上，这样才能使作品更易于为人耳闻目睹，从而使作品更富有感染力，就像唐宋时期的平蛮碑出现于桂林市的龙隐洞和融水苗族自治县的真仙岩，反映狄青平侬智高事迹的诗刻出现在南宁市郊外的昆仑关一样。左江地区历来都不是广西的政治、经济、文化中心，虽说唐代曾一度是农民起义军活动的地区之一，但农民军都没有在此建立真正且持久的革命政权，斗争始终是流动不定的。在那样的战争环境下，要完成这样的大型崖壁画，在时间、人力和物力上是有困难的，甚至是不可能的。左江以外的一些地区，革命斗争虽也有比较激烈的，但都无类似左江崖壁画那样的遗迹，这是为什么呢？同时，据反映，在福建九龙江和汰溪的沿河峭壁之上，也有极类似左江崖壁画那样的古文化遗迹（岩石刻）[②]，这难道也是唐代农民战争的产物吗？历史告诉我们，在封建社会里，封建统治者总是自命不凡、高人一等的，在他面前，只许点头哈腰、阿谀逢迎，不许有半点叛逆行为，否则，就要遭殃。花山崖壁画如果真是农民战争的产物，是反封建遗迹，封建王朝能允许它存在吗？不会。它会连人带物一扫而光。但情况并非如此，左江崖壁画在封建统治者面前被保留下来了，说明左江崖壁画并非农民战争的产物，与反封建斗争无关。在这里，也许有人会说，左江崖壁画之所以被保留下来，皆因广西是边远地区，封建王朝

---

① （宋）欧阳修、宋祁：《新唐书》，中华书局，1975 年。
② 石钟健：《论广西岩壁画和福建岩石刻的关系》，《学术论坛》1978 年第 1 期。

鞭长莫及。笔者以为这样的说法也难以成立。所谓"鞭长莫及",通常是对一些非反封建而属于人民群众的风俗习尚而言的。如果不是这些,而是反封建的,因为这关系到封建政权的存亡问题,这时,封建统治者无论如何也要横加镇压,决不宽恕,如汉武帝之平南越、马援之南征、唐王朝之镇压黄乾曜、狄青之平侬智高、韩雍之镇压大藤峡瑶民起义、清王朝之镇压太平天国运动和辛亥革命等。其中,韩雍对藤峡起义者除了杀光之外,连起义者的祖坟也给挖了,甚至连该祖坟所在的山岐也被挖被烧,清王朝对参加太平天国运动的人和亲属也是这样,说明所谓"鞭长莫及"之说,也是不存在的。

既然左江崖画不是农民战争的产物,也不是反封建遗迹,那么,曾在文艺舞台上出现的壮族舞蹈《花山战鼓》,当然也是谬误了,因为它就是在农民战争的孕育中产生的。再有的是,持农民战争论的同志对于左江崖画特有的情况(壁画出现在左江及其支流河道转弯水深流急而险要的河边峭壁上)多不注意,个别同志虽或注意了,但也只限于对情况的简介,没有就此进行必要的探讨并弄清其究竟。即便不是因观点而有意回避问题,也是一个遗漏,其所得到的结论至少是不全面的,很难令人置信。所以笔者认为所谓农民战争集会图或农民武装斗争宣传画之说,不论从何方面上说,都是不能成立的。

提到与歌圩有关的问题,清汪森《粤西丛载》引明张穆《异闻录》和清光绪《宁明州志》中虽提到了崖画,但并未言及歌圩。而《岭外代答·蛮俗门》"飞驼"条则说,广西壮俗"上巳日男女聚会,各为行列,以五色结为球,歌而抛之,谓之飞驼。男女目成,则女受驼,而男婚已定"。宋《太平寰宇记·宾州》说,广西宾州壮人"谷熟时里闬同取戌日为腊,男女盛服,椎髻徒跣,聚会作歌"。明代邝露《赤雅·浪花歌》说:"峒女于春秋时,布花果笙箫于名山,五丝刺同心结,百纽鸳鸯囊。选峒中之少好者,伴峒官之女,名曰天姬队。余则三三五五,采芳拾翠于山椒水湄,歌唱为乐。"明代《说蛮》也说:"峒人……春秋场歌,男女会歌为异耳。言会歌则年岁佳,人无疾病。"文中虽提到了歌圩,《赤雅·浪花歌》提到了"山椒水湄",但并未言及崖画。广西的歌圩盛行于右江和红水河流域各县,左江地区各县虽也有歌圩,但远不如上述地区普遍[1]。歌圩的地点多在圩头街尾的山坡，或在路边坡地上，从未有在河边的悬崖峭壁下举行的。歌圩历来是青年男女以歌为媒、谈情说爱之所，从没有在祭祀场合中举行的，因为祭祀活动最讲求庄重、虔诚。至于在春祈秋报时出现的歌圩活动，那是在祭祀结束后青年男女在回家的路上聚集而成的，与祭祀本身无关。上述历史和资料表明，壮族的歌圩与左江崖壁画无关。

提到镇压水鬼之说，笔者以为是有这么一种情况的，但那样的说法还是很不够，如果仅仅是为了镇压水鬼，则这一做法在所有的水域（江河湖海）中都可以进行，不一定是在左江沿岸的悬崖峭壁上。其之所以如此，正好说明这样一个问题：左江崖画与左江河水有关，更确切地说与左江的水患有关。从这个观点出发，再考虑到壁画中有为数较多的铜鼓图像问题，笔者想起广西铜鼓的起源和铜鼓在历史上的作用问题；想起唐代的"铜鼓赛江神"[2]"鸡骨占年拜水神"[3]等诗句；想起岭南的"陆事寡而水事众"[4]"广为水国""越人善用舟"[5]的历史；想起广泛流传于广西壮族地区关于"图额"与铜鼓做斗争的传说（"图额"指的是水龙王，它害怕铜鼓，铜鼓能压制水龙王）；想起《洪水与白牛》[6]《布伯》《雷公的传说》《洪水淹天的传说》[7]《洪水横流歌》[8]以及有关水龙王的传说[9]等民间故事。据研究，广西铜鼓虽是一种乐器，娱乐的作用是主要

---

[1] 广西僮族自治区群众文化资料编辑室：《广西歌圩资料》（第一集），内部资料，1963年。

[2] （唐）许浑：《送客南归有怀》，《全唐诗》。

[3] （唐）柳宗元：《柳州府志》"柳州峒氓"诗。

[4] （汉）刘安：《淮南子》卷一《原道训》。

[5] 《广东新语》卷十四《食语》"舟楫为食"条、卷十八《舟语》"操舟"条。

[6] 民国三十七年（1948年）《思乐县志》卷九。

[7] 广西僮族自治区科学工作委员会、僮族文学史编辑室：《僮族民间故事资料》（第二集），内部资料，1959年。

[8] 徐松石：《粤江流域人民史》，中华书局，1938年，第二十二章"铜鼓研究"。

[9] 广西壮族地区多有谓龙在大河深湾的说法，所以旧式婚联每有"龙在大湾，凤宿屯林"句；太平天国运动时期，冯云山的书房联也有"聊将紫水活蛟龙"句。人们常说，龙会飞，会腾云驾雾，会把水搞到天上去。平时有雨无雨、雨多雨少，人们都认为与龙有关。故在有水旱灾时，民间常有祭水龙王或拜水神之举。

的，但自战国以来，由于农业生产发展的需要和神权思想的影响，广西铜鼓又常被用于赛神求雨祈丰收和赛神止雨消灾活动，与农业生产有密切的关系[①]。花山崖壁画有较多的铜鼓图像，表明崖壁画的意义与铜鼓的作用有关。由于人们对铜鼓有这样一种看法，所以在有旱灾的时候，农民们就在左江边击铜鼓赛江神，以铜鼓之声及其形象压制水龙王，以求风调雨顺，庄稼丰收；在有水灾的时候，又于此击铜鼓赛江神，以铜鼓之声及形象压制水龙王，以祈天公停雷止雨，从根本上消除洪水灾患，确保人畜平安，庄稼丰收，生活美好。《铜鼓联吟集》卷四《铜鼓歌》中的"春祈秋报敦农耕，俗或击以乐田祖……驱疠逐虐巫媪舞，占年赛社银钗横"[②]说明了这一点。除此以外，航运的船民，为了航行上的安全，也常于此击铜鼓赛江神，以铜鼓声及形象压制水龙王，以祈求神灵保佑水上平安。比较起来，后二者（祈求止雨消灾和航运安全）应该是主要的，因为崖壁画多出现在河道转弯水深流急且险要的河边峭壁上，并且越是险要的地方壁画就越多。如明江上的岜来滩，据老船工反映，这是一个险滩，地势极为险要，以往船民操舟至此，无不在岜来山下焚香致祭，祈求神灵保佑。所以岜来的崖壁画画面最大，图像最多，内容最丰富。

对于上述的民间故事，我们是不能过分相信的，但其出现似反映了广西壮族先民在生产生活中与洪水做斗争的情况，就像有关《夏禹治水》故事反映中原古人与洪水斗争的情况一样。古代的广西，因地处祖国南方，"陆事寡而水事众"，"广为水国"，历史上曾有过严重的水灾，威胁着人们的生产生活和生命安全。而在那个时候，由于时代的局限，人们无法理解水灾的成因，也看不到自己有同水灾斗争的主观力量，在势如毒蛇猛兽的洪水面前，只好迷天信鬼，于是就借助于铜鼓，大肆举行"铜鼓赛江神"活动，无名的巫师遂将赛神活动的场面和驱鬼的符法绘画于左江沿岸峭壁上，以为这样就可以更有效地镇压"图额"（江、水神），使之不为人害。这么说来，花山崖壁画乃是"铜鼓赛江神"的遗迹，是

---

① 潘世雄：《广西铜鼓纹饰的意义》，《古代铜鼓学术讨论会论文集》，文物出版社，1982年。

② （清）梁章钜：《铜鼓联吟集》，道光十八年（1838年）刻本。

左江地区古人在生产生活中与洪水斗争的历史记录。顺便说一句，前面所提到的福建崖岩石刻，有人以为这是当地少数民族的摩崖文字[1]。笔者看它不是文字，而是古代的巫师用以赛江（水）神的一种符法，是古闽越人在生产生活中与洪水斗争的历史遗迹。所不同的是，广西左江的是壁画，处于较低级阶段，福建的已由壁画发展为较高级的崖石刻了。

当我们这样认识问题以后，对崖壁画中出现的剑把、狗像和魁字等问题就容易理解了。前者，有人以为这是环首刀，是农民军的武器。笔者看这不是环首刀，而是剑的一种，是古代的巫师在赛神中用于画符驱鬼的工具。考古资料告诉我们，古代的剑，柄部通常是空心的，考古学上叫作"空首剑"，西南地区出土的古铜剑是这样[2]，广西出土的铜剑也是这样，广西田东锅盖岭战国墓和平乐银山岭战国墓、宾阳战国墓出土之铜剑剑首也是空的[3]，湖北随县曾侯乙墓出土的"钟虡铜人"腰间佩的铜剑剑首就是一个大圈[4]（图12-39）。此种剑，因为剑把是空心的，反映在画面上，剑首当然是个圆圈了。文物常识和舞台生活表明，横佩于人腰间

图12-39　1978年湖北随县曾侯乙墓出土的"钟虡铜人"
（腰间佩的铜剑剑首就是一个大圈）

---

[1] 林钊：《华安汰内仙字潭摩崖的调查》，《文物参考资料》1958年第11期。
[2] 童恩正：《我国西南地区青铜剑的研究》，《云南青铜器论丛》，文物出版社，1981年。
[3] 广西壮族自治区文物工作队：《广西田东发现战国墓葬》，《考古》1979年第6期；广西壮族自治区文物工作队：《平乐银山岭战国墓》，《考古学报》1978年第2期；广西壮族自治区文物工作队：《广西宾阳县发现战国墓葬》，《考古》1983年第2期。
[4] 湖北省博物馆：《随县曾侯乙墓》，文物出版社，1980年。

的是剑。壁画上的这个物象均出现在人的腰间,并且又都是横佩着的,说明这是剑而不是环首刀。那么,剑在壁画中的作用何在?《岭外代答·挂剑》说:"云不如是,则鬼物有显,诛。"历史表明,古代南方的越人崇尚多神,尚巫善卜,常有"铜鼓赛江神"和"鸡骨占年拜水神"之举。大家知道,巫师在赛神驱鬼中总是要用剑画符作法的,那种剑有铜铁之分,大小长短不一,剑把上每有金属环,环上并系有红布条(壮话叫作"红"),与壁画上的图像颇相类似。对壁画中的狗像,有人以为这不是狗,而是马,是战斗和崇武精神的反映。笔者不同意这样的意见,因为:第一,壁画上的这个图像似狗而非马;第二,这样的说法与广西的史实不符。有关的历史记载[①]和考古资料[②]证明,广西本无马,广西的马是秦汉以来从中原地区和西南地区输入的,直到宋代(甚至明代)还是这样,所以有俗语说:"黔无驴,桂无马。"因其如此,故广西壮语对马这类家畜无本民族语称,现有的是汉语借词。先秦广西既然无马,人们对马畜一定很生疏,不会将马的形象反映在崖壁画上。笔者认为这是狗,可能就是《逸周书》所记载的那种短狗(王本记作矩狗),其意义与赛江(水)神求雨祈丰收和止雨消灾有关。左江地区的船民告诉我们,崇左歪塔对面之杀狗岭,是因船民常于此杀狗祭江神而得名的。一位从事民族学研究的广东同事说,以往广东人出洋谋生,渡海前必须杀狗祭海神,方能启航。说明民间常以狗作赛水神之用。为什么?气象科学告诉我们,狗由于生理上的原因,对风雨有预应的特性[③]。一般的狗是这样,短狗也不会例外。这本是一种自然现象,但在古代,人们不了解其究竟,以为短狗性觉精灵,能通风雨,又能驱神赶鬼,所以古南越人对短狗非

---

① 《汉书》卷九十五《西南夷两粤朝鲜传》:"高后自临用事……出令曰:'毋予蛮夷外粤金铁田器;马牛羊即予,予牡,毋与牝。'"此外在《桂海虞衡志》《岭外代答》"蛮马"条都提到广西无马,广西的马是从云南大理输入的。

② 在广西,古生物化石种类繁多,有巨猿、大象、犀牛、野猪、野牛、貘、熊、鹿、猴等,但马类化石就很少;在古文化遗址中,各种动物遗骨多有,唯马类遗骨至今未发现;古墓葬遗物很多,有铜器、铁器、金器、陶器、石器,陶器中有屋、牛、猪、羊、狗、鸡、鸭,还有鸡笼、牛车等,但陶马和陶马车至今未发现。

③ 广西宜山县《观天看物识天气》编写组:《观天看物识天气》,广西人民出版社,1974年。

常珍视，视为灵物，以它作供品，又以它作为赛神驱鬼的物象[①]。第三，这样的说法在观点上是错误的。如果说左江古人是崇武好斗的话，那么现代左江地区的人呢？在人或民族的问题上，我们不能说这个地区的人或民族是崇武好斗的，那个地区的人或民族则是善良和平的。至于"魁"字，有两字，一红一白，皆出在崇左驮角壁画上（图12-40）。对此，有两种看法：一种认为与壁画无关，没什么用意；另一种认为是指首领人物，表示大家要服从首领指挥，团结一致对敌。笔者以为这两种说法都值得商榷。广西航道工程师李炳臻同志说："壁画上的'魁'字系指魁星神，这是一种恶神，能镇压妖魔鬼怪，所以在有某种自然灾害的地方，多建有魁星楼或庙以镇之。"广西东兰县武篆的魁星楼是这样，崇左驮角壁画中之"魁"字也是这样。据调查，驮角壁画之"魁"字，是崇左那渼村贡生苏维良于清光绪七年（1881年）在左江涨大水时乘船搭台写上去的，说明此"魁"字与壁画上的人物图像有关，含有镇水之义。

图12-40 崇左驮角山壁画的"魁"字

（引自广西少数民族社会历史调查组：《花山崖壁画资料集》，广西民族出版社，1963年。上边"魁"字，色彩与崖壁画同，但笔迹不同。下边"魁"字为白色，已较模糊，位于过去最高水位处）

关于崖壁画的时代问题，由于无年款，又无文字说明，给断代工作带来莫大困难。在这方面，以往的研究者意见也不一致。有说是上古的、古代的、中古的、一两千年前的，也有说是唐代的[②]。前四种意见，似有点笼统，不够具体，难以取信于人。唐代之说，时代是具体了，但如前所说，缺乏历史证据，不足为信。当然，如认为这是下限，那是对的。前

---

① 在两广地区，民间常有以狗或狗血赛神祈雨和驱神赶鬼的现象。例如，都安瑶族自治县板升地区的壮族，过去每遇天旱，有将铜鼓和狗抬着游村赛神求雨的情况。大新县南部有个叫礜龙的盆地，昔时盆地中央有个地洞直通地下河，人言洞内有水神，道士在洞口设坛赛神时，常将鬼符（其形状极似壁画人像）、茅郎（记音，系一种用茅草叶结成某种形状的物体，据说可以辟邪）、铁锅淋上狗血，投入洞内。

② 广西少数民族社会历史调查组：《花山崖壁画资料集》，广西民族出版社，1963年。

面曾经说过，花山崖壁画有较多的铜鼓图像，表明壁画的意义与铜鼓的作用有关，是古南越人"铜鼓赛江神"的遗迹。在这方面，如果我们能通过考古途径弄清铜鼓用于赛神求雨、止雨活动的时间，则壁画所处的时代也就随之清楚了。据考古报道，云南祥云大波那出土的春秋时期铜鼓，数量少，体型也小，制作粗糙，形制原始简朴，没什么纹饰，仅于鼓面中心处有一简单的太阳纹（四角光芒），表明此为早期铜鼓，除了作为鼓用于文化娱乐活动外，尚无其他带唯心色彩的用途。广西的铜鼓虽多，但迄今未发现春秋时期的铜鼓[①]。广西田东县锅盖岭出土的战国晚期铜鼓，数量虽少，体型也小，但纹饰稍精，鼓面中心太阳纹有八芒，主晕饰飞鹤纹四只（图12-41）。西汉铜鼓数量较多，体型较大，纹饰也较精致，除飞鹤纹外，还有羽人纹、鹿纹等。东汉至南北朝时期铜鼓，数量之多、体型之大、纹饰之精，为前期所未有；除上述纹饰外，还有立体的蟾蜍饰、龟鳖饰和云雷纹等纹饰，一看而知，此为广西铜鼓全盛时期之物。唐代铜鼓数量少了，体型也变小了，飞鹤纹和蟾蜍纹已趋简化，表明此时期的铜鼓已趋于衰落。宋代铜鼓与明清时期铜鼓大体相同，均为小型鼓，鼓面立体饰物已消失，代之而起的有斿幡纹、企鹤纹、猪纹、鱼纹、龙纹、荷锄老农纹和汉铭文等，表明此为铜鼓的尾声。据考证，上述战国以来的铜鼓的各种纹饰，都与风雨有关，是古南越人用作赛神求雨祈丰收和赛神止雨消灾的物像[②]。经调查，今广西田林、都安、

图 12-41　田东锅盖岭鼓
（1977年广西田东县锅盖岭战国晚期墓出土，面径23.3厘米，腰部以下残缺；引自广西壮族自治区博物馆：《广西铜鼓图录》，文物出版社，1991年）

---

① 洪声同志在《广西古代铜鼓研究》(《考古学报》，1974年第1期）中认为广西北流水埇庵巨型铜鼓为春秋晚期物。笔者认为这不是春秋时物，而是魏晋南北朝时期的，铜鼓上的纹饰和有关历史记载，说明了这一点。在首届全国铜鼓学术讨论会上，云南、广东等省同志也指出了这一点。

② 潘世雄：《广西铜鼓纹饰的意义》，《古代铜鼓学术讨论会论文集》，文物出版社，1982年。

巴马等地瑶族和壮族，仍保有以铜鼓求雨祈年之俗，可以为证。唐代铜鼓虽已趋衰落，但社会上仍保有"铜鼓赛江神"之风。宋代虽还有铜鼓，但社会上未闻有"铜鼓赛江神"之举。至于清樊封在《南海百咏续编》卷三"灵应三界庙"条[①]中说的"金钗挞鼓赛江神"一语，可视为至清代民间仍保有"铜鼓赛江神"的余俗，但已不再绘壁画了，因为在明清时期，史籍上对花山崖壁画已有较详细的记载，但并无关于制作壁画之说。而在这个时期，民间的求雨祈丰收和止雨消灾活动，因受汉族影响，多以庙宇、宝塔、字画等物为之。据此，笔者认为，花山崖壁画所处的时代，历时较长，上限可推到战国晚期或稍前，下限到唐，东汉至南北朝时期是其高潮。何以唐以后就不兴壁画了呢？这个问题笔者看应与这个时期人们与汉族人士相接触和对汉文化的接受程度有关。由于历史的原因，唐宋时期广西地区不断爆发农民起义，封建王朝连年用兵广西，这一来，内地来到广西的汉族人士更多了，广西的壮族人民和汉人相接触的机会更多了，对汉文化的接受程度也更深了，于是人们在赛神活动中再不兴原来绘壁画那一套了，改以汉族惯用的庙宇、宝塔和字画等物代之，崇左左江中之歪塔（一名归龙塔，建于明洪武四年）以及崇左驮角山壁画中之"魁"字（清光绪七年那涩村贡生苏维良写上）的出现，就是个证明。

这样的断代是否为时太长了呢？笔者也觉得有些长了，但并不为过。试想，花山崖壁画出现在左江流域广大地区，自东而西，由南而北，连跨六县市，绵延数百里。壁画所在地之险要，画面之大，物像之多，内容之丰富，为崖壁画所罕有。像这样的大型崖壁画，绝非短期所能成就，一定经过了相当长时间的孕育发展。同时，历史上的赛神求雨祈丰收和赛神止雨消灾活动，并非生产生活中常有的事，而是在有水旱奇灾的情况下才举行的。这就是说，花山崖壁画并非成于一旦，而是在相当长的历史时期内陆续绘上去的。这一点，可以从壁画中的某些现象察觉出来。现存的崖壁画，有些已为石钟乳所覆盖，有些已风化掉色，有些则还很鲜红夺目，并有叠压于前者的现象。这些情况，固然与外界自然条件的影响有关，而与壁画出现时间的先后不能说是没有关系的。也就是说，

---

① （宋）方信孺、（明）张诩、（清）樊封著，刘瑞点校《南海百咏　南海杂咏　南海百咏续编》，广东人民出版社，2010年，第221页。

前几种情况的壁画出现的时间较早，历时较长，所以壁画出现不同程度的老化现象；后一种情况的壁画出现的时间较晚，历时较短，所以壁画的色泽犹新（图12-42）。

花山崖壁画在左江地区出现，绝非偶然。我们常常看到，在一些水患较多的地方，常有一些镇水之物出现，如四川乐山市河边之镇水佛像①、湖北旧荆江大堤上之镇水铁牛②、河北沧州地区之镇海铁狮（一作石狮）③、云南漾濞桥东和北京昆明湖畔之镇水铜牛④。其他地方还有以庙宇、宝塔、石碑等物为镇水者（图12-43），如广州之南海神庙、

图12-42　广西宁明花山崖壁画

镇海楼（又名五层楼），香港海滨之镇海楼、天后娘娘、望海观音；广西南宁邕江边之镇江门，桂平弩滩之滩师庙，崇左左江江心中之歪塔（图12-44）以及各地常有之"泰山石敢当"碑等。这是旧社会阶级压迫制度导致的迷信落后的产物。俗语说，左江湾右江滩。左江地区位于桂西南十万大山的北麓，沿江一带，地势较低（海拔常在200米以下），又是石灰岩地带，溶洞伏流多，同时，河床深窄，河道曲折迂回，排水性较差，下游至广西南宁市邕宁区境与自云贵高原一泻而下、滩多水急的右江相会，受右江水顶托，排水性更差。而四周各县，地势则较高（海拔常在500～1000米），各县河水皆汇注于此，每遇大风雨，沿江各处常泛滥

---

①　《佛大王》，《小朋友》1980年第5期。
②　《驯水记》，《广西日报》1974年10月16日第1、4版。
③　王朴：《镇海吼》，《中国少年报》1981年1月7日第3版。
④　光绪版《云南通志》卷二百三十七"铜牛"条，光绪二十七年（1901年）刻本。

图 12-43　广东雷州雷祖祠
（作者后排居中）

图 12-44　广西崇左左江江心中之歪塔

成灾[①]。据《太平府志》记载，自明永乐六年（1408年）至嘉靖四年（1525年）的118年，左江地区共发生大水灾5次，平均23年发生一次。《明江县志》"水泉"条说："明江江面宽约二十丈，每年三月至八月，天降时雨水之深者一丈许，乃至二三丈许，时有淹坏田禾之患。"《思乐县志·思阳水灾赋》说，左江洪水"汹涌异常，奔波可怕，睹浩

---

① 《中国地图册》编写组：《中国地图册·广西》，地图出版社，1973年。

森以心愁，顾婴孩而泪下。欲离苦海，有翼难飞；思上青天，无楂可驾。三朝暴雨，祸即遍乎州墟；两夜狂澜，势欲乎于台榭"。在这种情况之下，古人迷天信鬼，将解除水患的希望寄托于"铜鼓赛江神"及由此而产生的符法（壁画）上，这是很自然的。而据《桂林郡志》《柳州县志》《象县志》《迁江县志》《百色厅志》《邕宁县志》记载，桂东之漓江，桂中之柳江、红水河，桂西之右江和桂南之邕江，虽然历史上也闹过水灾，但灾情都没有像桂西南的左江那样严重，如地处柳江下游的象州县，据《象县志》记载，自宋淳熙元年（1174年）至清光绪二十八年（1902年）的729年，计有旱灾6次，水灾4次，平均182年才发生一次水灾。又据《邕宁县志》记载，自宋崇宁二年（1103年）至清光绪七年（1881年）的779年，位于左、右江下游之邕江，闹水灾6次[①]，平均129年发生一次，灾情远比左江为小。所以上述河流两岸虽然也有悬崖峭壁，但至今未发现有像左江沿岸那样的崖壁画，仅于民间保留有一般的"鸡骨占年拜水神"的习俗。由此可知花山崖壁画的出现与左江地区特殊的地理环境有关，与左江水患频繁的问题有关。

花山崖壁画所在的左江地区为壮族的聚居区之一，而在古代，则为骆越地的一部分。广西壮族来源于骆越，是骆越人的后裔之一[②]。那么，花山崖壁画当为左江本土骆越人的遗作，是广西壮族古代文化遗产的一部分[③]。

第六节　岳（蜂鼓）

一、名称

"岳"（壮语读nyok或ya音，汉语读如广州白话的鄂音）是广西邕宁、横县、武鸣、钦州、灵山、武宣、象州等地壮语对广西各地师公戏

[①] 谢居滨：《邕江特大洪水考》，《南宁晚报》1981年7月21日第2版。
[②] 潘世雄：《对于广西壮族源流问题的探讨》，《百越史研究论文集》（第一辑），1980年，铅印稿，第53页。
[③] 潘世雄：《花山试探》，《广西民族研究论文集》，1980年，第85~96页；潘世雄：《花山崖壁画试探》，《广西民族研究参考资料》（第一辑），广西壮族自治区民族研究所，1981年，第32~37页。

常用的蜂鼓的读音；南宁市郊平话方言因受周围壮语影响，也持"岳"或"乐"音（广西平话与白话对山岳的"岳"字和音乐的"乐"字，读音相同，均发 nyok 音）。此外，还有其他叫法的，如柳州地区壮话叫作"壮岳"（zhuangya），河池地区叫作"枪"（qiang）等。究其含义，壮岳之"岳"字读音如 ya 音，汉语读音、壮岳之"壮"字与河池之"枪"字，在壮语的读音中比较相近，指的是鼓；"壮岳"一词，直译是"鼓岳"，即岳鼓。

汉语对蜂鼓无一定的名称，现在的叫法（蜂鼓），是近年就鼓的形状似蜂而起名的。征之历史，周代的土鼓①，即系陶鼓，显然是就鼓的用料（质地）为名的。南北朝时期的长鼓②与朝鲜语的"杖鼓"一样，都是古越语对鼓类称谓的译音③（同音异译）。至宋代，一反前代的叫法，叫作腰鼓或花腔腰鼓④，这是就蜂鼓的纹饰或鼓的使用情况而言的。值得注意的是，灵山汉语对蜂鼓的叫法颇具历史内容。他们将蜂鼓叫作仗鼓、象鼓、壮鼓。人们解释说，仗鼓与古代的仪仗或打仗问题有关；象鼓则与秦代的象郡有关；至于壮鼓，那是因为这种鼓是壮族先民制作遗留下来的。现在看来，前两种说法，纯属望文生义之谈，不足为信。后一种说法是可取的。从历史上说，灵山一带，西汉以前为骆越地，东汉至魏晋时期为乌浒、俚僚地，这些古人是广西壮族先民的一部分。灵山的蜂鼓当为这些古人或其先民所创制，所有的仗鼓之"仗"字、象鼓之"象"字、壮鼓之"壮"字，与上述的长鼓之"长"字、杖喜之"杖"字等，都是古越语对腰鼓称的同音异译，今广西都安、马山一带壮语对鼓类仍称为壮（zhuang），皮鼓称为壮能（读 neng 音，皮也），铜鼓称为壮朗（读 long 音，铜也），可以为证。至于上述译音后面之"鼓"字，当为后人因受汉语影响而添加上去的。想不到这一添加，民族语加汉语，合五合六，翻译起来，不唯不方便，而且导致文义的重复累赘不清，如上述之仗鼓、象鼓、长鼓……译成汉语，便是"鼓鼓"，没意思了。值得指出的是，类

---

① 《周礼》卷二十四《春官·籥章》。
② 中央新闻纪录电影制片厂纪录片《云冈石窟》，1978 年。
③ 中原地区古为越人地，土鼓（岳鼓）也是越人的，长鼓、杖鼓之称，当译自越语。
④ 本节第二部分所引史料《桂海虞衡志》《岭外代答》。

似的谬误,在古籍和报纸上,屡见不鲜①。现在我们是在做正本清源工作,在蜂鼓名称问题上,我们不可能再步前人的覆辙;我们应该对各种名称进行探索,弄清哪些是其原名,哪些是译音,哪些是误译,最后决定取舍,以还原历史的真面目。

那么,上述之种种名称,哪些是蜂鼓的原名?不难看出,汉语的叫法,有些是就鼓的用料(质地)、形状、纹饰为名的,明显地看出这不是蜂鼓的原名。有些虽属译音,但如前所述,译得很不完备,不能以此为据。河池壮语的"枪"音,指的是鼓,有鼓而无名。其他地区的"岳"音,叫得比较普遍广泛,民族语音也比较浓,这或许就是蜂鼓的原名吧,将蜂鼓统称为"岳"似是可以的。但这是单音词,在现代的艺术生活中使用,似有欠缺不足之处。而柳州地区的壮岳(即岳鼓),音义比较清楚,以此作为蜂鼓的统称,是比较适宜的。但应该指出,这里面的"岳"字为 ya 音,这是汉音,有点汉化了,半汉半壮。在这里,如能将"岳"字读为壮文 nyok 音,将壮岳(zhuangya)读为 zhuangnyok 音,那就好了,这意味着读回了原音,恢复了历史的原貌。要不,将壮岳翻译过来,叫作岳鼓,也可以。

二、有关岳鼓的史料及其产生的历史年代

岳鼓是我国有数的古乐器之一,但史籍上却很少记录它,至今,有关岳鼓的史料能找到的只有如下几条。

《周礼》卷二十四《春官·籥章》篇说:"凡国祈年于田祖,龡《豳雅》,击土鼓,以乐田畯。"土鼓是什么?西汉郑元(一作郑玄)注引杜子春在《周礼》的注释中说:"土鼓,以瓦为匡,以革为两面,可击也。"根据郑玄的解释,那种以瓦为框的土鼓应系陶鼓。《辞海》"鼓"条云:鼓在"远古时以陶为框,后世(才)以木为框,蒙以兽皮或蟒皮⋯⋯"像这样的一种陶鼓,在中原汉族地区似未闻过。纵观中原鼓类,如《周礼》所录之六鼓,雷鼓有八面,鼓神祀(天神);灵鼓有六面,鼓社祭(地祇);路鼓有四面,鼓鬼享(宗庙);鼖鼓长八尺,鼓军事;鼛鼓长丈

---

① 如在广西,有将壮语地名"岜驮""板罗""板李",译成"岜驮岩""板罗村""板李村";在云南,有将傣语树木名"美登",译成"美登木",等等。

二尺，鼓役事；晋鼓长六尺六寸，鼓金奏；无一言及"以瓦为匡，以革为两面"和"乐田畯"的。而在南方的广西壮族地区，这样的一种土鼓的（岳鼓），比比皆是，而且还发现了为数较多的土鼓（即岳鼓）的制造窑址，说明这种土鼓（岳鼓）非中原汉物，而应是南方古越族的。应该说，这是岳鼓的一种，是岳鼓的前驱。如果这个分析不错，则广西各地师公戏所用的岳鼓，资格较老，早在周代周公摄政时期（或以前）就有了（《周礼》是周公摄政后所作），至今已有两千多年的历史了。

往后到了宋代，范成大在《桂海虞衡志·志器》中说："花腔腰鼓，出临桂职田乡，其土特宜鼓腔，村人专作窑烧之，油画红花纹，以为饰。"周去非在《岭外代答·乐器门》"腰鼓"条中也说："静江腰鼓，最有声腔，出于临桂县职田乡，其土特宜，乡人作窑烧腔……其皮以大羊之革……或用蚺蛇皮鞔之，合乐之际，声响特远，一二面鼓已若十面矣。"如果说《周礼》只记录到土鼓（岳鼓）而没有指出土鼓（岳鼓）的产地的话，那么，《桂海虞衡志》和《岭外代答》则已阐明我国的土鼓（岳鼓）就出在祖国南方的广西（图12-45）。

图12-45 广西灵山岳（右）与南宁岳（左）对比

上述历史，可以取得考古学上的证明。考古调查和考古发掘资料证明，在广西的永福窑田岭、藤县中和圩和容县城关镇等宋代窑址中，都出土了为数较多的属于瓷质的岳鼓鼓腔残部。另在象州中平公社和金秀六巷公社的社员家里发现了镌有道光年款的完整的岳鼓鼓腔。这说明自宋以迄清道光年间，广西各地都在大量制造岳鼓（图12-46）。

值得注意的是，广西宋代窑址出产的瓷器和岳鼓质地精良（图12-47），曾远销海外，如日本等地[①]。这样，我们似可以说，广西壮乡是世界岳鼓的故乡！

---

① 郑超雄：《广西瓷器宋时已远销日本》，《广西日报》1980年8月16日第3版。

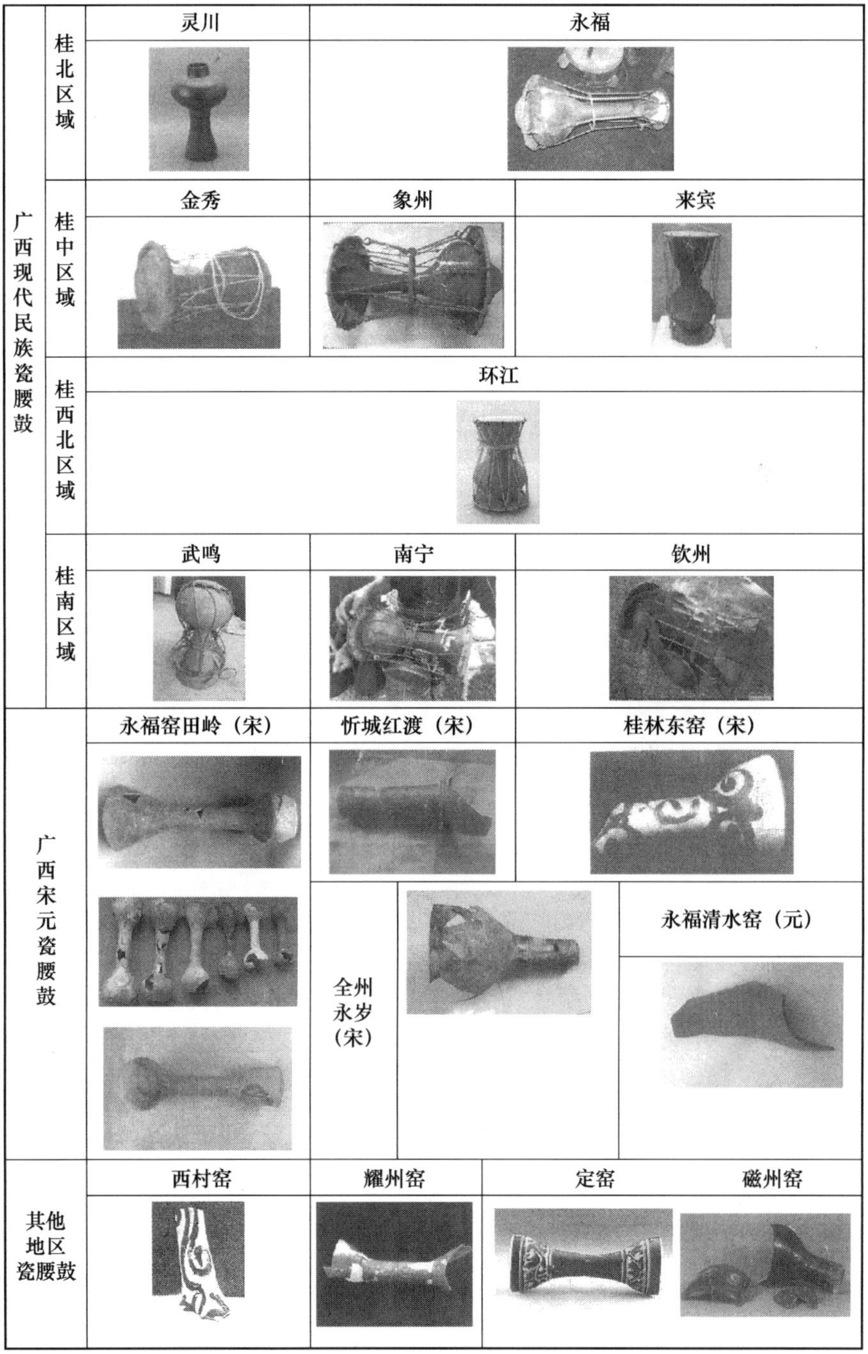

广西现代民族瓷腰鼓	桂北区域	灵川	永福		
	桂中区域	金秀	象州		来宾
	桂西北区域	环江			
	桂南区域	武鸣	南宁		钦州
广西宋元瓷腰鼓		永福窑田岭（宋）	忻城红渡（宋）	桂林东窑（宋）	
			全州永岁（宋）	永福清水窑（元）	
其他地区瓷腰鼓		西村窑	耀州窑	定窑	磁州窑

图 12-46　广西各地与其他地区的瓷腰鼓比较

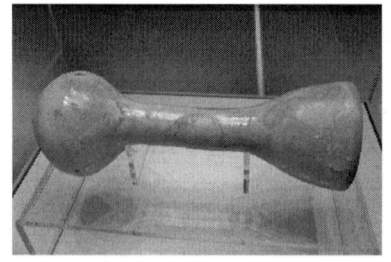

图 12-47　广西宋代窑址出产的瓷腰鼓（岳鼓）

三、岳鼓的地理分布

广西各地民间都收藏有岳鼓（图 12-48），并且还发现了较多的岳鼓制造窑址，如上所述。这里要补充以下几方面内容。

1　　　　　　　　　　　　　　2

图 12-48　岳配小锣
1. 广西来宾岳配小锣　2. 广西南宁（邕宁）岳配小锣

据考古报道，四川成都王建墓（永陵）棺床四周刻有很多乐器，其中右侧（东面）就刻有半立体的岳鼓图像。王建是五代时河南许州人，其棺床以岳鼓为饰，表明王建生前喜爱这种鼓，从而表明五代时在王建的故乡河南和他任官的四川成都地区民间曾流行这种鼓。

往北到中原地区。从 1978 年中央新闻电影制片厂摄制的《云冈石窟》文物纪录片可看到，山西大同市郊云冈石窟也有岳鼓图像，它被叫作长鼓。云冈石窟造像，成就于北魏时期，说明在北魏时期，山西地区民间也流行这种鼓。又据《民族画报》1980 年第 11 期《壮族乐器》介绍，甘肃敦煌壁画和陕西唐墓壁画也有岳鼓图像。该敦煌壁画为北魏时期，说明自北魏至唐代，甘肃陕西地区民间也流行这种鼓。

值得商榷的是，纪录片《云冈石窟》说："从这些雕像造型、服装、装饰，明显地看到外来艺术的影响，反映出我国古代人民与南亚人民的友好往来，也是中外文化交流的历史见证。"这么说来，云冈石窟反映出来的长鼓（即岳鼓），也是外来的了。如果是这样，笔者以为这是值得商榷的。上面所引《周礼》关于土鼓（岳鼓）的记载，表明远在佛教未传入我国的周代，土鼓（岳鼓）就已在我国出现，以后历魏晋南北朝唐宋时期以至清道光年间，我国民间都在大量使用并制造土鼓（岳鼓），并且还远销海外如日本等地。这就说明，那种长鼓（土鼓、岳鼓）不是外来品，而是我国固有的乐器，并由我国流传到海外去。这个源与流的关系，应该弄清楚，不能本末倒置，源流不分。

四、岳鼓在历史上的作用

任何一种器物都有其在社会上的作用。岳鼓在历史上的作用是什么？《周礼》卷二十四《春官·籥章》篇说："凡国祈年于田祖，龡《豳雅》，击土鼓，以乐田畯。"说明周代的人，自天子以至庶民，曾以土鼓（岳鼓）作为祭田神求丰收之用，足见祈年活动的庄重。《桂海虞衡志》诸书对岳鼓虽有所记录，但对岳鼓的社会用途却未涉猎。然而象州和金秀私家收藏的岳鼓腔却镌有"十方庆（兴）旺，四远传扬"这样的铭文，民间师公艺人在击鼓赛神时，嘴里喃喃也总是离不开许福祈年消灾的事，说明岳鼓在历史上常被用于祈年求丰收活动，并且和农业生产有密切的关系（图12-49～图12-51）。

图12-49 广西河池地区壮族的蜂鼓打法

图 12-50　打蜂鼓姿势

［右图为 1976 年彭寿荷（左一）表演的壮族蜂鼓说唱，在北京参加全国调演时的剧照］

图 12-51　民间艺人打蜂鼓

五、岳鼓的族属问题

上文已经提到，岳鼓不是中原汉文化遗物，而应是南方古越族的，这与岳鼓的地理分布并不矛盾。从有关的历史学、考古学、民族学、语言学和地名学资料看，我国古代的越人是一支比较大的族群，其分布地区远较我们现在所知的为大，只是在民族发展的历史长河中，中原地区的越人远在商周时代在与先进的周人（汉族的先民）相接触之后，已自然地和周人相融合而成为周人的一员罢了。而远居于南方的越人，由于自然地理和历史条件的原因，社会进化较慢，与周人的接触与融合也较迟。

后　记

优秀的历史文化传统，是我国各族人民长期积聚的文化精髓，是民族魂的载体，是我们今天发展民族文化的本和源。广西民族文化和民族史是中华文化中极具特色的组成部分，是南方岭南文化的瑰丽篇章。

广西是古代生产和使用铜鼓的重要地区之一，壮族先民"濮人"是铜鼓最先的铸造者和使用者。铜鼓的历史已有2000余年，广西是铜鼓的故乡，广西大地孕育了灿烂的铜鼓文化，铜鼓凝聚了古代壮族及南方其他少数民族的智慧。

近年来，因铜鼓而衍生出来的铜鼓文化正在逐渐引起人们的关注。对于铜鼓文化的绚丽，许多人知之甚少，或者认识肤浅，或者缺乏系统了解。究其原因，一是挖掘、整理、研究的成果，没有被很好地呈现出来；二是对历史文化功能的认识落后，传承意识薄弱。今天，人们不断从报纸、杂志、电视或商品广告中看到铜鼓，铜鼓的图像和铜鼓文化的字眼在各种媒体中出现的频率很高。这是一种活着的铜鼓文化，或者说，是铜鼓文化的再生。人们越来越清楚地认识到铜鼓文化的魅力所在，这已经成为人们的共识，也成就了铜鼓作为广西民族文化的代表，广西文艺界最高奖的称谓就是以铜鼓命名的"铜鼓奖"。拙作《铜鼓新论》为进一步了解壮族的历史和文化，展示南方铜鼓文化的绚丽多姿做出了努力，并在有充分证据的原则下，提出自己的不同意见以图纠正一些历史上的误点，这也是我夜以继日、呕心沥血撰写该论著的初衷。

《铜鼓新论》的内容分为十二个章节，循序渐进，既是一个整体，又各有侧重。全书20余万字，以专题立章节，每章都是一个论证主题。一章一题，各有侧重。本书在写作过程中，旁征博引，引用了许多与铜鼓有关的民俗、民族学、人类学、社会学、语言学、历史学、考古学等多学科知识与证据，以丰富和完善书稿内容。书中用了大量照片插图，为书稿增色。从铜鼓的本名、铜鼓纹饰的含义、铜鼓的音乐性能、铜鼓在历史上的作用,以及铜鼓源于帝尧之土鼓——关于铜鼓起源问题的再探、铜鼓沉瘗探原、铜鼓的铸造地点和族属问题等方面进行探索,以南方铜鼓文化的广阔时空存在和纷繁的表现形态为主体,展现出岭南少数民族浑厚纯朴的民俗民风和熠熠生辉的聪明才智,并通过大量的图片资料呈现,对南方铜鼓文化的综合描绘和展示,尽收眼底。图片绝大部分来自我长年累月的积累,少部分是蒋廷瑜先生(广西壮族自治区博物馆前馆长)、潘新民先生(广西民族医院眼科主任医师,民俗文化摄影家)提供的。我在40多年来的民族史与民族考古的研究工作中,进行了大量的田野考察、交流研究,足迹遍及广西各地和粤、湘、黔、滇诸省,得到了广西壮族自治区有关部门和各地宣传文化部门的支持以及专家学者的指导,书籍中渗透着我对广西历史文化的热爱,研究成果也得以收录其中。

在《铜鼓新论》一书完稿之后,本人计划对《揭广西崖画之谜》一书在花山崖画方面的研究做进一步的补充和完善。

作为原广西花山研究活动组织者之一,我对广西崖画的研究始于1978年冬。当时,我与覃彩銮等同志在广西北流铜石岭发掘遗址,趁空写下了《花山崖壁画试探》一文。1980年底作为论文提交广西民族研究学术讨论会讨论。后被收入《广西民族研究参考资料》1981年第一辑。该小文首次在国内提出的"镇水"论点,即谓花山崖画与左江水患有关。小文发表后,曾获好评,所以我常被组织安排去引导区内外学者和领导前往左江地区参观考察,并讲解花山崖画。至1984年组织又嘱我做花山崖画考察计划。但因篇幅关系,在该小文里只能简单地提纲式地提出观点,好多问题和意见无法表达。我很想在有生之年,把我在这方面的意见写完,为建造壮族的文化大厦增添一砖一瓦。近几年来,我准备了好多资料,连有关的气象资料和我国西北崖画资料也收集了。撰稿时,我将以这些资料做论点的补充和佐证,以弥补我在广西花山崖画方面研究的遗憾!

《铜鼓新论》以原发表论文为基础,限于当时资料收集不全、学术思想不够成熟,经过30多年的酝酿和反复思考、沉淀,如今在铜鼓、花山崖壁画以及壮族、百越族史的研究上思路有了较大进展,故在此基础上进一步补充和完善。此外,由于当时刊物要求和版面所限,没有大量配图,为了方便阅读,这次在书中增加了插图。

在本书即将付梓之际,我衷心感谢广西民族研究中心领导和刘建平等同事的关照,40多年来风雨同舟,互相扶持和勉励,为广西民族史与民族考古事业奉献自我。本书的内容是这些劳动的部分结晶。特别感谢蒋廷瑜先生,我们曾是多年的好邻居和好同事,他欣然命笔,为本书撰写了序,并对书中目录的编定,提出了很好的建议,促成本书的顺利出版。谨致谢忱。

感谢广西民族研究中心和广西壮族自治区民族宗教事务委员会给予的鼓励和支持,以及我的家人长期以来给予我身体的关心和对研究工作

2015年10月2日,作者与夫人潘燕珍合摄于广西三江侗族鼓楼前

的支持，使我得以补上这一笔。感谢科学出版社编辑同志，他们为编辑出版本书付出了巨大的辛劳。在编辑过程中，注重选题选材，审读书稿，校核重要的史实资料，以及编辑大量的图片，努力为读者奉献一席有关南方铜鼓的"文化盛宴"。在论著出版之际，真诚地希望听到读者的意见反馈，以期在可能时进行补充修订。

2017年11月30日于南宁